大数据背景下数字媒体产业
发展现状及前景研究

徐 霄 著

武汉出版社

图书在版编目(CIP)数据

大数据背景下数字媒体产业发展现状及前景研究/徐霄著.--武汉：
武汉出版社,2024.12.
ISBN 978-7-5582-7197-7

Ⅰ.G219

中国国家版本馆 CIP 数据核字第 2024E2M319 号

大数据背景下数字媒体产业发展现状及前景研究
DASHUJU BEIJINGXIA SHUZIMEITI CHANYE FAZHANXIANZHUANG JI QIANJINGYANJIU

著　　者：徐　霄

责任编辑：杨　靓

封面设计：周瑞丹

出　　版：武汉出版社

社　　址：武汉市江岸区兴业路 136 号　　　　邮　　编：430014

电　　话：(027)85606403　85600625

http://www.whchs.com　E-mail:whcbszbs@ 163.com

印　　制：武汉绿色印务有限公司　　　　经　　销：新华书店

开　　本：700mm×1000mm　1/16

印　　张：14.5　　　　　　　　　　　字　　数：292 千字

版　　次：2024年12月第1版　2025年2月第1次印刷

定　　价：78.00 元

前　　言

在 21 世纪的数字化浪潮中,大数据正以其独特的力量重塑着全球经济的各个领域,大数据的涌现及其广泛应用极大地推动了数字媒体和新媒体的迅猛发展,为媒体传播带来了前所未有的变化。在这个时代,数据不仅仅是信息的载体,更是洞察用户行为、预测市场趋势、创新商业模式和优化决策过程的核心资源。大数据技术,作为处理和分析海量数据集的一系列技术和工具,已经成为推动各行各业变革的重要力量。在这一背景下,数字媒体产业,作为信息传播和文化交流的主要渠道,正经历着前所未有的变革。

数字媒体产业,包括视频流媒体、社交媒体、在线游戏、数字音乐和电子出版等,已经形成了一个多元化、互动性强、创新驱动的生态系统。这些平台和内容形式不仅改变了用户的消费习惯,也为媒体产业带来了新的商业模式和增长点。大数据技术的应用,使得数字媒体能够处理和分析海量用户数据,从而实现内容的个性化定制和精准分发,这不仅提高了用户体验,也为企业带来了更高的转化率和收益。然而,大数据技术的应用也带来了一系列挑战,包括数据安全与隐私保护、版权与知识产权保护、技术适应与人才培养、内容同质化与创新难度等问题。这些问题的存在,要求我们对数字媒体产业的发展现状和未来趋势进行深入研究,以期找到解决这些问题的有效途径。

本书旨在通过深入分析大数据技术对数字媒体产业的影响,探讨产业的发展趋势、内在动力、面临的挑战以及未来的发展前景,为数字媒体产业的从业者、研究人员、政策制定者提供参考,为数字媒体产业的健康发展贡献智慧和力量。本书共分为六章,覆盖了数字媒体产业的各个方面。第一章概述了大数据背景下数字媒体产业的基本概念、技术应用及其与大数据的紧密关系,为读者提供了一个坚实的理论基础。第二章探讨了数字媒体产业的发展现状,从全球和中国视角出发,分析了产业的起源、演变、市场规模和增长趋势,以及主要企业的商业模式。第三章进一步探讨了数字媒体产业的内在动力,包括受众需求、数字技术、移动设备和跨媒体集团的作用,以及这些因素如何共同推动产业的发展。第四章探讨了大数据如何推动数字媒体产业的转型,以及新兴技术在内容创作、分发和消费模式中的创新应用,同时分析了这些变化对内容产业的深远影响和带来的新机遇。第五章探讨了数字媒体产业的四化发展趋势——网络化、平台化、艺术化和商业化,通过一系列典型案例,展示了数字媒体领域内领先机构的数字媒体智能化转型和创新发展,为读者提供了实践路径和成功经验。第六章分析了大数据背景下数字媒体产业的主要驱动因素与挑战,包括大数据技术、市场需求、政策支持以及数据安全和版权保护等问题。

　　本书的撰写,旨在为数字媒体产业的研究人员,以及对数字媒体产业感兴趣的读者提供参考,以理解和把握大数据技术对数字媒体产业发展的深远影响,希望通过本书的阅读,读者能够洞察数字媒体产业的现状,预见其未来。本书受到2022年度湖北省级一流本科课程(线上线下混合)"广播节目编辑与制作"(序号:730)、长江大学文理学院校级教研项目"基于校媒合作的卓越新闻传播人才培养模式研究"(项目编号:WL202103)等课题的支持和资助。另外,在编写的过程中,参阅和引用了大量专著和文献资料,在此对各位作者深表谢意,由于水平有限,书中难免有疏漏之处,敬请广大读者批评指正。

徐　霄

2024 年 8 月

目　　录

第一章　大数据背景下的
数字媒体产业概述

在数字化浪潮的推动下,数字媒体产业正经历着前所未有的变革。随着互联网技术、移动通信和人工智能的飞速发展,数字媒体已经成为信息传播和文化交流的主要渠道。大数据技术的应用,使得数字媒体能够处理和分析海量用户数据,从而实现内容的个性化定制和精准发布。这不仅改变了用户的消费习惯,也为媒体产业带来了新的商业模式和增长点。当前,数字媒体产业涵盖了视频流媒体、社交媒体、在线游戏、数字音乐和电子出版等多个领域,形成了一个多元化、互动性强、创新驱动的生态系统。随着5G、物联网等新技术的逐步商用,数字媒体产业的发展前景更加广阔。本章内容将介绍数字媒体与大数据的概念及其关系、大数据技术在数字媒体中的应用、数字媒体产业发展的技术支撑、数字媒体产业与大数据的关系等。

第一节　数字媒体的定义与分类

一、数字媒体时代

随着互联网技术的迅猛发展,人类获取信息的途径已经经历了翻天覆地的变化,尽管曾经作为信息传播主要渠道的报纸、杂志、广播和电视等传统媒体依然存在,并且能够继续发挥其信息传递的作用,但随着互联网的广泛普及和移动互联网技术的不断进步,以智能手机为载体的移动媒体已经逐渐成为信息传播的主要力量[①]。现在,手机已经完美地融合了传统媒体和新兴媒体的优点,汲取了它们的精华,将报纸、广播、电视等多种媒介的信息整合在一起,形成了一个无地域限制、无媒介限制的移动媒体平台。这种变革无形中影响着人们的生活方式,为人们带来了前所未有的便利和快捷。

大数据和信息技术已经渗透人们生活的每一个角落,无论衣食住行,都离不开这些技术的支持。在这样的背景下,基于信息技术和大数据的数字媒体以更加直

---

① 于淼.基于数字媒体的品牌形象动态化设计研究[D].青岛理工大学,2022.

观、互动的形式出现在公众的视野中。这些数字媒体平台不仅提供了丰富多样的信息内容，还通过个性化的推荐算法，使得用户能够更加便捷地获取自己感兴趣的信息。此外，数字媒体还具备实时更新和即时互动的特点，极大地提升了信息传播的效率。互联网技术的进步和移动媒体的崛起正在不断地重塑着我们的世界，使我们的生活变得更加丰富多彩。

二、数字媒体的概念

媒体英文"Media"是来源于拉丁语"Medius"，意为两者之间。媒体是传播信息的媒介。它是人类传递信息与获取信息的工具、渠道、载体、中介物或技术手段，也指传送文字、声音等信息的工具和手段，也可以把媒体看作实现信息从信息源传递到受信者的一切技术手段。媒体有两层含义，一是指如电视、广播、报纸等被大众媒介、储存、呈现、处理、传递信息的实体，即承载信息的物体；二是指从事信息的采集、加工制作和传播的社会组织，即媒体机构，如电视台、杂志、报社等大众媒体①。著名传播学大师马歇尔·麦克卢汉(Marshall McLuhan)的名著《理解媒介：论人的延伸》(Understanding Media：The Extensions of Man)是媒介研究的一部经典著作。在书中，麦克卢汉提出了一个著名论断："媒介即讯息"(The medium is the message)。② 如今，这一观点已成为不同学科领域的学者甚或普罗大众理解媒介的认知捷径。

对于数字媒体而言，媒体是核心，数字媒体可以从技术和艺术两个方面来进行分类理解。技术方面，数字媒体的应用主要使用由计算机和网络组成的平台进行各种操作，而数字(Digital)或数码是使用此平台的基本通用语言。艺术方面，数字媒体是更侧重从思维到手段的综合体，包括如何梳理理念、组织语言手段、把握表现风格直至最终形成作品的表达形态。数字媒体艺术是数字技术与艺术设计相结合而产生的新的视觉艺术领域，更深意义上是视觉上的媒体的深入探索与创新，是在数字技术的支持下，对艺术审美、思维、感受等方面进行的创新性变革③。

数字媒体广义而言，就是媒体信息的采集、存取、加工和分发的数字化过程。现今主流的媒体形式有文字、图形、图像、音频、视频和动画等。数字媒体的发展不只涉及互联网和IT行业，它将成为所有产业未来发展的驱动力。数字媒体通过影响消费者的行为而深刻地影响着各个领域的发展。由于其强大的发展性和关联性，数字媒体产业在国际上至今没有统一而明确的概念定义和范畴界定。

---

① 喻芳.当代艺术载体的文本语言[D].湖北美术学院，2019.
② 谢金文,邹霞.媒介、媒体、传媒及其关联概念[J].新闻与传播研究,2017,24(03):119-122.
③ 于淼.基于数字媒体的品牌形象动态化设计研究[D].青岛理工大学,2022.

数字媒体是指以二进制数的形式记录、处理、传播、获取过程的信息载体,这些载体包括数字化的文字、图形、图像、音频、视频和动画等逻辑媒体,以及存储、传输、显示逻辑媒体的实物媒体①。该定义指出数字媒体包含了数字媒体内容和数字媒体技术两部分,即不只是单纯的数字化内容,还包括为内容提供支持的媒体处理理论、技术和硬件。数字媒体为数字化的内容作品和信息,并以现代网络为主要传播载体,通过完善的服务体系,发布到终端和用户进行消费的全过程。

以上描述体现了数字媒体具有的数字化、网络化和可感知性的特征。其中数字化强调数字媒体的生成、存储、传播和表现的整个过程中采用数字化技术,这是数字媒体的基本特征;网络化强调数字媒体需通过网络传输手段将信息发布到终端设备和用户,这是数字媒体的传播特征;可感知性强调数字媒体中涉及的内容信息最终需要通过丰富多彩的感知手段在终端展现,这是数字媒体的内容特征②。

三、数字媒体的分类

随着网络的发展和普及,数字媒体对人们的影响也在不断加深,相对于其他媒体形式,数字媒体通过本身的一些特性如易生成、可复制、便于修改等,使得数字媒体不仅在量级上急剧增加,各种新的数字媒体形式也不断出现。网络作为现在的第四大媒体,同时也是数字媒体的主要传播途径,也在不断加速数字媒体的发展,将数字化信息以各种形式进行飞速传递,这种传播方式也是其他媒体所不能比拟的,数字媒体作为一个还在不断向外延伸发展的学科③,按照不同的分类方法,可分为以下几类。

(1) 按时间属性可分为静止媒体和连续媒体。静止媒体是指内容不随时间改变的数字媒体,如图片和文字等。连续媒体是指内容随时间改变的数字媒体,如音频和视频等。

(2) 按来源属性可分为自然媒体和合成媒体。自然媒体是指客观世界里存在的景物、声音等,经过专门的设备进行数字化编码之后得到的数字媒体,如数码相机拍摄得到的照片等。合成媒体是指采用特定的符号和算法,由计算机生成的文本、图片、视频、音频和动画等④。

(3) 按组成元素可分为单一媒体和多媒体。顾名思义,单一媒体是指信息载体是由单一信息组成的,如文本;而多媒体则指的是多种信息载体的表现形式和传

①　李寿芳. 数字媒体视阈下的新闻制作与传播[J]. 新闻爱好者,2012(14):57-58.
②　宗绪锋,韩殿元. 数字媒体技术基础[M]. 北京:清华大学出版社,2018.
③　郭永鑫. 多维传达[D]. 南京艺术学院,2020.
④　贾寒. 数字媒体在影视动画中的实践探讨[J]. 大观,2021(9):100-101.

递方式,如视频、动画等。

另外,相关专家也从产业的角度,基于媒体的内容特征对数字媒体进行了分类,将数字媒体划分为数字动漫、数字影音、网络游戏、数字学习、数字出版和数字展示6个内容领域。其中,数字动漫包括计算机2D和3D卡通动画;数字影音是指运用计算机图形学等制作技术,进行数字影音作品的拍摄、编辑和后期制作;网络游戏的主要形态包括大型在线网络游戏、桌面游戏、网页游戏和手机游戏等;数字学习主要指通过网络平台,向学员提供更为灵活的数字化学习、培训服务和动态反馈等;数字出版包括电子书的网络阅读、电子期刊的网络发行和按需印刷的网络出版等;数字化展示是以虚拟现实或增强现实技术为基础,为消费者提供更具有沉浸效果的媒体展现,大型会展、数字博物馆等是其主要的应用场所。

(一)传统媒体与新媒体

传统媒体与新媒体的区别与融合一直是数字媒体产业发展的核心议题。传统媒体主要指报纸、电视、广播等媒介形式,而新媒体则涵盖互联网、社交媒体、移动应用等[①]。这两者在内容生产、传播渠道和用户互动方式等方面存在显著差异。在大数据背景下,传统媒体正在积极寻求与新媒体的融合,以增强自身竞争力和适应不断变化的数字环境。

传统媒体和新媒体在内容生产和传播渠道方面存在显著差异。传统媒体的内容生产通常具有较长的制作周期,内容质量和专业性较高;而新媒体的内容生产速度快,更新频率高,更加注重用户的即时需求和反馈。例如,传统电视新闻需要经过策划、采访、剪辑等一系列流程,而新媒体平台上的新闻可以通过社交媒体即时发布,用户可以实时获取新闻动态。在传播渠道上,传统媒体依赖于有限的广播电视频段、报纸发行网点等,而新媒体则通过互联网实现内容的全球传播,用户可以通过电脑、手机、平板等多种终端设备随时随地访问内容。

新媒体具备更高的互动性和个性化服务能力。传统媒体的传播模式以单向传播为主,用户只能被动接受信息,难以实现实时互动。而新媒体则通过大数据、人工智能等技术手段,可以深入分析用户行为和兴趣,提供个性化的内容推荐和服务。例如,用户在社交媒体平台上可以点赞、评论、分享内容,与内容生产者和其他用户互动,从而形成一个开放的、多向的传播网络。此外,新媒体平台还可以根据用户的浏览历史、喜好等数据,精准推送用户感兴趣的内容,以提高用户的黏性和满意度。

传统媒体和新媒体在广告营销策略上也存在明显不同,传统媒体的广告形式

---

① 周晓蒙.习近平关于全人类共同价值重要论述的国际传播研究[D].曲阜师范大学,2024.

较为固定,例如电视广告、报纸广告等,受众范围广但针对性差,广告效果难以量化。而新媒体则通过大数据分析,实现精准广告投放。广告主可以根据用户的行为数据,进行人群细分,推送个性化广告。在电商平台上,用户搜索过的商品可能会出现在社交媒体的广告栏中,这样不仅提高了广告的到达率和转化率,也提升了用户的购买体验。

新媒体的迅猛发展对传统媒体构成了显著挑战,受众群体的分散化现象日益明显,互联网的广泛普及导致越来越多的受众选择通过新媒体渠道获取信息,从而使得传统媒体的受众基础逐渐缩减,《超高清视频产业发展行动计划(2019—2022年)》指出,预计到 2025 年年底,全国地级及以上电视台以及具备条件的县级电视台将全面实现从标清向高清的升级转换,这反映出传统媒体正致力于提升技术水准,以抵御新媒体带来的影响。商业模式的变革亦是挑战之一,传统媒体主要依赖广告和订阅收入,而新媒体则通过多样化的盈利方式,内容付费、会员服务、广告分成等,构建了更为灵活的商业模式,这迫使传统媒体必须对其商业模式进行创新,以寻求更广泛的收入渠道。据国家广播电视总局的数据显示,2024 年上半年,全国广播电视服务业的总收入达到 6683.57 亿元,同比增长 7%,这一数据表明传统媒体正通过加速数字化转型来增强其市场竞争力。[①]

在大数据背景下,传统媒体与新媒体的融合发展成为必然趋势。党的二十大报告指出,要"加强全媒体传播体系建设,塑造主流舆论新格局",这为新时期媒体推进融合发展指明了方向[②]。传统媒体通过借鉴新媒体的技术优势,努力提升自身的数字化水平,实现内容的多渠道发布。例如,国家广播电视总局发布的《关于进一步加快推进高清超高清电视发展的意见》提出,到 2025 年,底全国地级及以上电视台和有条件的县级电视台要全面完成从标清到高清的转化,这为传统媒体的数字化转型提供了政策支持。同时,新媒体通过学习传统媒体的内容制作经验,提高了内容的专业性和权威性。例如,截至 2024 年上半年,广电 5G 用户达到 2522.71 万户,这一数据表明新媒体正在通过提升技术水平,增强自身的传播能力。

总的来看,传统媒体与新媒体的融合发展不仅是产业发展的趋势,也是应对市场竞争和技术变革的重要举措。在大数据的驱动下,两者将继续保持互补合作,共同推动数字媒体产业的高质量发展。

(二)融合媒体与智媒体

在大数据时代,媒体行业正经历着深刻的变革,融合媒体和智媒体的崛起成为

① 规划财务司.2024 年上半年广播电视服务业主要数据情况[EB/OL].国家广播电视总局,(2024-08-01)[2024-09-1]).https://www.nrta.gov.cn/art/2024/8/1/art_114_68363.html.

② 胡晓帆.浅析电视媒体与新媒体的融合创新[J].陕西青年职业学院学报,2023(02):87-90.

数字媒体产业发展的重要趋势。融合媒体指的是传统媒体与新媒体之间的深度结合，通过整合多种媒介形式，实现信息的全方位、多角度传播；智媒体则更进一步，依托人工智能、大数据和云计算等先进技术，实现智能化的信息生产、管理和分发，为用户提供更加精准和个性化的服务。

融合媒体的核心在于资源整合与协同创新。随着互联网技术的发展，传统媒体的受众逐渐被新媒体分流。为应对这一挑战，传统媒体纷纷推进数字化转型，借助大数据、云计算、5G 等技术手段，升级内容生产和传播方式。例如，许多传统报纸、电视台和广播电台都开通了官方网站、移动应用和社交媒体账号，形成了覆盖纸质媒体、在线媒体和社交媒体的全媒体传播矩阵。这种多渠道的内容发布模式不仅扩大了传播范围，还能够根据用户的偏好进行定制化推送，以提高用户黏性和满意度。

在技术驱动下，传统媒体和新媒体的融合已经深入内容生产、传播和运营的各个环节。超高清视频、虚拟现实（VR）、增强现实（AR）和混合现实（MR）等新技术的应用，使得媒体内容更加生动、互动性更强，用户体验得到极大提升。例如，虚拟主播、全景视频、互动游戏等新形式让用户不仅是内容的接受者，更是参与者，极大地增强了内容的吸引力。

智媒体的出现则标志着媒体领域智能化的进一步升级。智媒体利用人工智能、大数据等技术，能够进行更高级的内容制作和管理。通过对用户行为的数据分析，智媒体可以精准把握用户需求，进行内容的智能推荐和精准分发。例如，基于用户的阅读历史、搜索记录和社交媒体互动情况，智能推荐系统能够实时推荐用户感兴趣的文章、视频和音频等，显著提高用户的沉浸感和满意度。此外，智媒体还能够通过数据挖掘和分析，预测热点话题，优化内容创作策略，从而提升媒体的市场竞争力。

在智能化内容生产方面，人工智能技术的应用使得内容创作和编辑过程变得更加高效和智能。例如，自动化新闻写作机器人能够在短时间内生成新闻报道，大大提高了新闻生产的效率；图像识别和自然语言处理技术则可以辅助记者完成图片和文本的智能标注，优化新闻编辑流程。智能互动广告也是智媒体的重要应用之一，通过实时分析用户行为，智能广告系统可以实现广告的精准投放，提高广告的转化率和投资回报率。

融合媒体和智媒体的发展也带来了新的挑战，包括技术瓶颈、数据安全、用户隐私保护等问题。融合媒体需要解决多渠道、多平台的内容整合和运营管理问题，而智媒体则需要面对海量数据的存储、处理和解析难题。此外，随着数据分析和智能推荐的深入应用，用户隐私保护和数据安全问题变得尤为重要。如何在技术创新和用户隐私保护之间取得平衡，是未来媒体发展需要重点解决的问题。

总体而言,融合媒体和智媒体的崛起代表了数字媒体产业从形式到内容、从生产到分发的全面升级。两者不仅推动了媒体行业的技术进步和运营模式创新,还为用户提供了更加丰富、个性化的内容体验。未来,随着技术的不断进步和应用的深入,融合媒体和智媒体将在数字媒体产业中发挥越来越重要的作用,从而实现更加高效、精准和智能的信息传播与服务。

第二节　大数据的概念及其特征

一、大数据时代

在 21 世纪的信息化浪潮中,大数据时代的到来标志着一个新的技术革命和产业变革的开始。大数据不仅仅是一个技术概念,它已经成为影响社会经济发展的关键力量。自 21 世纪初,随着互联网的普及和物联网的发展,人类社会的每一个角落都在产生和交换着前所未有的海量数据。这些数据的特点是体量巨大、增长速度快、类型多样且价值巨大,需要新的技术和方法来进行有效的处理、分析和利用。

大数据时代的到来,是与信息技术的飞速发展分不开的。特别是互联网的广泛应用,使得数据的产生、存储、处理和分析成为可能。社交媒体、智能设备、在线交易等活动产生的数据不仅数量巨大,而且具有很高的价值,通过对这些数据的分析可以帮助企业、政府等机构更好地理解市场和用户需求,从而制定更有效的决策与策略。大数据时代的到来,不仅改变了人们的生产和生活方式,也对社会经济发展、管理模式、教育等多个领域产生了深远的影响。在这个时代背景下,理解大数据的概念、特点及其在社会各领域应用的现状与挑战,对于任何一个组织和个人来说,都是一个重要的课题。

二、大数据的概念及其特征

大数据作为一种能够存储、处理和分析海量信息的技术,近年来在诸多领域得到了广泛应用,极大地推动了各行业的数字化转型与升级。尤其是在数字媒体产业中,大数据不仅改变了传统媒体的运作模式,也为新媒体的发展提供了强大的技术支撑。

1. 大数据的概念

对于大数据(Big Data)的概念业界至今尚未形成统一的定义,维基百科

7

(Wikipedia)认为大数据指巨量数据,海量信息或者大资料,这些大规模的数据量无法通过人工方式在一定时间内分析处理成人类所需的信息。大数据在越来越多的领域以不同的方式被运用,其概念也得到了扩展和丰富,时至今日,其概念的发展依然是个动态的过程。就技术角度而言,大数据是指"通过高速捕捉、发现或分析,从大容量数据中获取价值的一种新的技术架构"。业界一般认为大数据是指在传统数据处理应用软件不足以处理的大规模、多样化、高速生成的数据集合。这个概念最早来源于20世纪90年代,随着数据量的爆炸性增长和计算技术的发展,大数据的概念逐渐被提出并得到广泛关注。

2. 大数据的特征

大数据是人类认知世界的技术理念,是在信息技术支撑下,利用全新的数据分析处理方法,在海量、复杂、散乱的数据集合中提取有价值信息的技术处理过程,其核心就是对数据进行智能化的信息挖掘,并发挥其作用。有人说世界的本质就是数据,在当今充满数字化数据的时代,数据处理变得更加容易、更加快速,人们能够在瞬间处理成千上万的海量数据,为了在数据中理解信息内容,发现信息与信息之间的关系,人类从没有像今天这样对数据有那么深刻的认识,实际上,我们应该重新认识数据的特征。[①] 随着互联网、电子商务、社交媒体等数据源的迅猛发展,数据量的暴增不仅在数量上有所体现,而且在数据的复杂性、速度和多样性上也表现出显著特征。大数据通常被定义为具备高容量、高速度、高多样性和高价值的海量数据集合,即通常所说的4V特征。目前,业界虽然对大数据还没有一个统一的定义,但是大家普遍认为,大数据具备 Volume、Velocity、Variety 和 Value 四个特征,简称"4V",即数据体量巨大、数据速度快、数据类型繁多和数据价值密度低。

第一个 V 是体量(Volume),随着互联网和移动互联网的普及,数据的生成速度呈现出爆发式增长,全球每天产生的数据量已达数以百亿计的千兆字节(GB),互联网用户行为、传感器数据、社交媒体内容等都是重要的数据来源。举例来说,社交媒体平台上的每一则用户发布的状态、评论、点赞以及每一次的页面浏览记录,都是可供分析的海量数据。

第二个 V 是速度(Velocity),指的是数据生成和处理的速度。相较于传统数据,大数据的一个显著特征是实时性。数据不断实时生成、快速更新,并需要在极短的时间内完成捕获和处理,以便及时获取有价值的信息。例如在新闻行业中,数据的实时处理和快速传播对于新闻的及时性和有效性至关重要。

第三个 V 是多样性(Variety),反映了数据来源和类型的多种多样性。大数据

---

① 杨怡. 大数据时代深圳市政府人才综合服务平台建设研究[D]. 湖南大学,2018.

不仅包含结构化的数据,例如 SQL 数据库中的数据,亦包括大量半结构化或非结构化数据,例如图像、视频、音频、文本等。这一特征使得大数据相比传统数据体更为复杂,但也带来了丰富的信息价值。例如文本内容、相关图片、用户评论及视频报道等数据的多样性给新闻报道带来了更多的深度和广度。

第四个 V 是价值(Value),指的是大数据的应用价值和经济意义。只有通过有效的数据处理和分析,识别出那些高价值的信息,大数据才能在实践中展示其真正的力量。对于媒体行业来说,利用大数据分析用户行为、偏好,优化内容生产,并进行个性化推荐,从而提升用户体验和企业利润,便是其核心体现。

除了 4V 特征外,大数据还具备复杂性(Complexity)这一额外挑战,这主要是指对大数据进行集成、处理和分析的难度,不同的数据源和类型往往需要不同的技术手段来处理,同时还需要应对数据的实时性、数据清洗和数据安全等多个问题。

结合上述大数据的概念及特征,当前大数据在数字媒体产业中的应用范围主要集中在以下四个方面:一是内容生产与分发方面,通过大数据技术,媒体公司能够分析用户的阅读、观看习惯,并针对不同用户推送个性化的内容,从而提升内容的精准度和用户满意度。二是用户行为分析与精准营销,大数据使得媒体公司可以通过分析用户的访问轨迹、点击率、停留时间等行为数据,深入了解用户的兴趣和需求,进而制定精准的营销策略。三是广告投放与效果评估。基于大数据技术,广告主可以更加准确地定位目标人群,选择最佳投放时机和渠道,从而提高广告的投放效果和投资回报率。广告效果也能够通过数据来进行实时评估,并及时优化广告策略。四是数据安全性及隐私保护,大数据技术的发展也对数据的安全性和隐私保护提出了更高的要求。数据安全性事关企业和用户的根本利益,确保数据在传输、存储和处理过程中的安全防护措施、加密技术和权限管理是大数据技术中不可或缺的一部分。

数据成为新时代的宝贵资源。对于数字媒体产业而言,充分利用大数据技术来提升内容生产和分发效率,优化用户体验,进行精准营销,将为产业带来前所未有的发展机遇。未来,随着大数据技术的进一步成熟和应用领域的不断拓展,它必将在数字媒体产业中发挥越来越重要的作用,为整个产业的发展提供强大的动力。

第三节 大数据技术在数字媒体中的应用

一、内容生产与分发

内容生产与分发是数字媒体产业发展中的核心环节,随着大数据技术的不断进步,这一过程获得了前所未有的智能化与精细化发展。大数据技术对于内容生产与分发的重要性在于其能够整合多种数据源,并能实现数据的高效处理与分析,从而为内容的创作、优化和传播提供精准支撑。大数据在内容生产环节的应用主要表现在数据统筹、创意生成、内容优化和个性化制作等方面。

在数据统筹方面,大数据技术可以从多种渠道获取和整合数据,包括用户行为数据、社交媒体数据、市场调研数据、历史内容数据等,从而为内容生产提供丰富的素材和全面的信息支持。通过对这些数据的深入分析,媒体公司能够明确当前的用户需求和市场趋势,为内容的创作提供精准导向。以影视制作为例,利用大数据技术分析观众的观看习惯和喜好,可以指导编剧在剧情设置、人物塑造和情节展开等方面进行优化,从而提升作品的市场竞争力。

在创意生成方面,自然语言处理技术和人工智能生成技术的结合,使得内容创作过程更加智能化和高效化。机器学习算法可以通过对海量文本、图片、视频素材的学习,自动生成新闻稿、故事大纲、广告文案等,有效降低人工创作的成本并提升创意质量。例如,利用生成式对抗网络(GAN)技术,可以生成多样化的创意素材,如广告图片、电影海报等,以提升内容的视觉吸引力和传播效果。

内容优化同样是大数据技术应用的一个重要环节。在内容生产过程中,大数据分析可以对已经生成的内容进行优化调整。这包括内容的标题优化、关键词筛选、影像质量改善等。通过对用户点击率、停留时间、转化率等数据的分析,及时调整和优化内容格式和呈现方式,从而提升用户体验和内容传播效果。例如,在短视频平台上,利用大数据分析观众的喜好和反馈,可以迅速调整视频的封面、标签、标题等,以增加视频的点击率和观看量。

个性化制作方面,用户画像和个性化推荐技术的应用,使得内容生产能够更加精准地匹配用户需求。个性化推荐系统通过分析用户的历史行为数据,建立用户特征模型,从而为用户推荐其感兴趣的内容。这一技术广泛应用于今日头条、抖音、快手等平台,有效提升了内容的用户匹配度和满意度。例如,基于用户的观看记录、点赞、评论等数据,个性化推荐系统可以为用户推荐与其兴趣爱好相关的视频内容,以增加用户的黏性和活跃度。

在内容分发方面,大数据技术使得分发系统更加智能化和高效化,传统的内容分发主要依赖于单一渠道和人工操作,存在覆盖面有限、受众定位不精准等问题。

随着大数据技术的发展,智能化的内容分发系统应运而生,使得分发过程更加多元化、精准化和实时化。多元化方面,大数据技术使得内容分发渠道不断丰富。从传统的报纸、电视等单一媒体渠道,发展到如今的互联网、移动终端、社交媒体等多元渠道,内容分发的覆盖范围和受众群体不断扩大。同时,内容分发的形式也更加多样化,包括文字、图片、音频、视频、直播等多种形式,满足了不同用户的多样化需求①。例如,通过多平台分发和多终端覆盖,媒体公司可以实现内容的全方位传播,从而提升内容的传播广度和深度。

精准化方面,大数据技术实现了内容分发的精准定向和目标用户匹配。通过对用户行为数据的分析,内容分发系统可以根据用户的兴趣爱好、地理位置、社交关系等特征,进行精准推荐和定向投放。以个性化广告推送为例,大数据技术可以分析用户的浏览记录、搜索关键词、购物车数据等,生成用户画像,从而进行精准的广告投放,提高广告的点击率和转化率。

实时化方面,大数据技术使得内容分发的过程变得更加高效和及时。智能化的内容分发系统能够实时监测用户的行为和反馈,实时调整分发策略,确保内容在最合适的时间和渠道进行分发。以网络直播为例,分发系统可以通过实时数据分析,实时调整直播内容的推荐策略,确保最大化的观众覆盖和互动效果。

综上所述,在大数据技术的推动下,数字媒体产业的内容生产与分发过程得到了显著优化与升级。大数据技术通过整合多种数据源和应用智能算法,实现了内容生产的创意生成、内容优化和个性化制作,使得内容生产更加精准、高效和智能。同时,大数据技术在内容分发的多元化、精准化和实时化方面发挥了重要作用,提升了内容的传播效果和用户体验。未来,随着大数据技术的进一步发展,内容生产与分发系统将持续进化,为数字媒体产业带来更多创新和机遇。

二、数据分析与用户画像

在大数据浪潮的推动下,数据分析与用户画像的研究已深深嵌入数字媒体产业的核心发展脉络之中,这一过程始于全面而细致的数据收集,跨越至精细的数据处理,最终铸就了目标用户的精准画像。数据作为基石,其广度与深度直接决定了用户画像的精确性与实用性,涵盖了用户的基本资料、行为轨迹、消费历史、社交动态等多个层面。通过对这些数据的综合分析,企业能够洞悉用户的偏好与需求,为产品迭代、内容个性化定制及高效广告投放奠定坚实的基础。

用户画像的构建远非数据的简单堆砌,而是借助大数据技术的强大力量,历经数据清洗的纯净化、数据转换的适配化以及数据挖掘的智能化等复杂工序,确保每一份数据都能精准反映用户的真实面貌,特别是机器学习算法的引入,使得对用户行为模式与潜在需求的捕捉更加敏锐与准确。用户画像的价值,在于其作为精准营销与定制化服务的核心驱动力。在数字媒体领域,这一工具助力企业精准锁定

---

① 涂玉洁.新媒体视角下服装品牌传播模式研究[J].化纤与纺织技术,2023,52(06):50-52.

目标市场,优化产品设计策略,同时提升广告投放的靶向性与效果,通过深度匹配用户兴趣与需求,企业能够推送高度个性化的内容,显著提升用户参与度与转化率。

然而,用户画像的构建与应用之路亦非坦途,数据隐私安全、整合难度等挑战不容忽视。此外,该领域还需融合数据科学、市场营销、用户体验设计等多学科知识,对企业的人才布局提出了更高要求。总之,在大数据背景下,数据分析与用户画像的研究为数字媒体产业的发展提供了新的视角和方法。通过精准的用户画像,企业可以更好地理解和服务于用户,实现精准营销和服务,从而在竞争激烈的市场中获得优势。

展望未来,随着技术的持续革新与应用场景的不断拓展,用户画像的精准程度与应用范围将进一步扩大,为数字媒体产业的蓬勃发展注入源源不断的活力与创新动力。

三、用户行为分析与精准营销

用户行为分析与精准营销已成为数字媒体产业实现商业化的关键工具,这得益于大数据技术的不断进步。同时,用户行为数据的采集、分析和应用能力得到了显著提升。通过深入分析用户的行为数据,媒体企业能够实现精准的内容推荐和广告投放,从而提升用户满意度和市场竞争力。

用户数据采集构成了精准营销的基础,自动化技术逐渐取代了传统的人工收集方式。通过网页抓取、点击流分析等技术,企业能够获得用户的浏览记录、购买历史等多维数据,甚至挖掘出用户的隐性偏好。为确保数据的准确性和质量,需要进行数据清洗与预处理,去除噪声和冗余信息。这一流程包括去重、归一化和缺失值处理,确保后续数据分析的有效性。在建模阶段,企业普遍采用机器学习算法进行用户行为的分群分析,利用聚类或分类技术,生成精准的用户画像。基于协同过滤和内容过滤的推荐系统,媒体公司还能够向用户推送个性化内容,并提升用户的黏性和平台的市场竞争力。

精准营销的核心在于个性化推荐和广告投放。例如,新闻门户通过推荐系统提升用户的阅读率,而广告主则能够根据用户行为数据定制广告,优化点击率和转化率。这种基于数据的营销策略不仅提高了投资回报率,还大幅降低了广告资源的浪费。与此同时,社交媒体数据分析也为精准营销提供了新的视角,通过挖掘用户的社交行为,企业能够识别潜在客户和意见领袖,并通过情感分析调整营销策略。

在数据分析中,深度学习技术的应用日益广泛,通过卷积神经网络(CNN)、循环神经网络(RNN)等模型,企业能够处理复杂的用户行为数据。例如,RNN可以捕捉用户行为的时间序列,预测长期偏好;图神经网络(GNN)则有助于分析用户的社交关系,识别影响决策的关键节点。然而,随着数据分析的深入,隐私保护和数据安全问题也成为数字媒体产业不可忽视的挑战。企业不仅需要遵守相关法律法规,保护用户隐私,还必须确保数据的安全性和合法使用。

　　总之,用户行为分析与精准营销是数字媒体产业发展的重要推动力。通过大数据技术,企业能够提供更个性化的内容服务和精准的营销方案,以提升用户体验和广告效益[①]。随着技术的不断进步,精准营销将为数字媒体产业提供更多创新机遇,并推动其持续健康发展。

四、广告投放与效果评估

　　在当前的数字媒体产业中,广告投放优化与效果评估是大数据技术应用的重要组成部分。大数据的应用使得广告投放的精准性和可视化分析的准确性得到了显著提升,为数字媒体产业的发展提供了新的动力和方向。随着大数据技术的发展,广告投放与效果评估可以被分为广告投放的精准化、投放平台与技术的选择、广告效果评估模型的构建以及效果评估指标的测量与分析等方面。大数据技术在广告投放中的应用,主要体现在对用户行为和兴趣的精准捕捉与分析,通过对用户浏览记录、点击热图、搜索记录等多方面的数据进行综合分析,媒体企业可以建立详细的用户画像,这些画像可以帮助企业制定更为精准的广告投放策略,实现"一人一广告"的目标,从而大幅提升广告的投放效果和用户体验。

　　广告投放的精准化离不开对用户数据的深度挖掘和智能算法的应用,通过大数据技术,广告主可以实时监测用户的行为轨迹,了解用户的兴趣偏好,从而调整广告内容和投放策略。程序化购买(Programmatic Buying)是当前广告投放领域的一大趋势,通过自动化的平台,广告主可以根据用户数据实时竞价购买广告资源,以确保广告的精准投放。广告投放不仅仅依赖于数据分析,还需要选择合适的平台和技术。网络广告投放平台主要包括搜索引擎广告、社交媒体广告、展示广告等,不同的平台具有不同的用户群体和互动方式,广告主需要根据其目标受众的特征选择合适的平台进行广告投放[②]。

　　此外,5G、人工智能、云计算、虚拟现实(VR)和增强现实(AR)等新技术的应用,也在不断改变广告投放的方式。例如,VR和AR技术能够为用户提供更加沉浸式的广告体验,增加用户的参与度和互动程度;大数据和AI技术则可以在广告

---

①　王礼伟,王绘娟.基于大数据的品牌数字营销策略优化研究[J].老字号品牌营销,2024(04):30-32.

②　田坤.全能型记者的采编技能与创新思维探究[J].记者摇篮,2024(08):81-83.

投放前、中、后期进行全程数据监测和分析,以提高广告的投放效果和 ROI。

　　广告效果评估是广告投放的重要环节,通过系统的评估,可以了解广告的实际效果,优化后续的广告策略,常见的广告效果评估模型包括 A/B 测试、回归分析、因果关系分析等。A/B 测试是一种常用的广告效果评估方法,通过将广告投放到不同的用户群体,观察各群体的反应,以获取不同广告方案的效果数据,从而确定最佳的广告方案。回归分析和因果关系分析等统计方法,可以从大量数据中提取出广告对用户行为的影响,并建立广告效果的因果关系模型。这些方法能够帮助广告主深入了解广告投放的实际效果,为广告策略的优化提供数据支持。

　　在广告效果评估中,需要选择适当的指标进行测量和分析。常见的广告效果评估指标包括点击率(CTR)、转化率(CR)、返回访客数、ROI、停留时间等。点击率(CTR)是指广告被点击的次数与广告展示次数的比率,反映了广告的初步效果;转化率(CR)是指发生特定行为(如购买、注册等)的用户占广告点击用户的比例,反映了广告的实际效果。通过对这些指标进行综合分析,可以全面了解广告的投放效果,优化广告内容和投放渠道。大数据技术在广告效果评估中的应用,使得这些指标的获取和分析变得更加便捷和高效,可以为广告主提供实时的效果反馈,及时调整广告策略,从而提高广告投放的效率和效果。

　　综上所述,大数据技术在广告投放与效果评估方面的应用,极大地提高了广告的精准度和投放效果。随着技术的不断进步,广告投放与效果评估将会变得更加智能化和自动化,为数字媒体产业的发展提供更强有力的支持。

第四节　数字媒体产业发展的技术支撑

　　数字媒体产业的快速发展离不开一系列技术支撑。这些技术不仅包括传统的硬件和软件基础设施,还囊括了大数据、人工智能、云计算以及物联网等新兴技术。这些技术的深度应用,推动了数字媒体产业各个环节的变革和升级,为其未来发展奠定了坚实基础。

　　传统技术基础设施主要指硬件设备、网络设施和基础软件平台等,这些是数字媒体产业发展的核心支柱。硬件设备包含了服务器、存储设备、网络设备等,网络设施涵盖了互联网宽带、移动通信网络和数据中心等,而基础软件平台主要包括操作系统、数据库管理系统和开发工具等。

　　随着数字媒体内容的爆炸式增长,对高效、安全的存储设备需求不断增加。传统服务器和存储设备在性能和容量方面不断得到提升,以支持海量数据存储和高速处理。例如,目前主流的数据中心已普遍采用 SSD 固态硬盘以提高数据读写速度,同时,高性能计算(HPC)服务器也逐步应用于媒体内容的实时渲染和处理。

网络设施是支撑数字媒体内容高效传输和分发的关键。5G 技术的普及和 IPv6 的广泛应用,使得网络带宽和传输效率显著提升。中国互联网络信息中心(CNNIC)在 2024 中国国际大数据产业博览会"智能经济创新发展"交流活动上发布了第 54 次《中国互联网络发展状况统计报告》(以下简称《报告》)。《报告》显示,截至 2024 年 6 月,我国网民规模近 11 亿人(10.9967 亿人),较 2023 年 12 月增长 742 万人,互联网普及率达 78%。[①]

《报告》显示,上半年域名、IP 地址等互联网基础资源不断丰富,为互联网行业运行和蓬勃发展提供了坚实支撑。一是 IPv6 规模部署和应用持续推进。截至 2024 年 6 月,IPv6 地址数量为 69 080 块/32,较 2023 年 12 月增长 1.5%;截至 2024 年 5 月,IPv6 活跃用户数达 7.94 亿,移动网络 IPv6 流量占比达 64.56%,主要商业网站及移动互联网应用 IPv6 支持率达到 90%。二是国家顶级域名保有量连续十年位居全球第一。截至 2024 年 6 月,我国域名总数为 3187 万个,其中国家顶级域名".CN"数量为 1956 万个,占域名总数的 61.4%,连续十年位居全球第一。

大数据技术在数字媒体产业中的应用广泛而深入,主要体现在数据采集、存储、分析和应用四个方面。通过大数据技术,媒体企业可以对用户行为和内容偏好进行深入分析,提供更精细化的内容推荐和广告投放,以提高用户体验和商业效益。

人工智能技术在媒体内容生产、分发和管理中发挥着至关重要的作用。AI 技术包括自然语言处理(NLP)、图像识别和视频分析等,通过这些技术,媒体企业能够实现智能化的内容生成、精准的用户画像分析,以及高效的内容审核和推荐。云计算为数字媒体产业提供了强大的计算和存储能力,提升了数据处理的灵活性和效率,媒体企业可以利用云平台进行大规模数据处理、媒体内容的存储和分发,节省了硬件成本并提升了业务扩展能力。特别是在直播、视频点播和大数据分析等高计算需求场景中,云计算的优势尤为明显。物联网技术将各类终端设备和媒体内容连接在了一起,形成了一个无缝的数据共享和交互网络。智能电视、智能音箱和可穿戴设备等物联网(IoT)终端,已成为数字内容分发和用户互动的重要入口,利用物联网技术,媒体企业可以更精准地收集用户数据,分析用户的内容消费习惯,进而推送精准的内容和广告。

为了充分发挥上述技术的优势,数字媒体企业通常会构建一个高度集成、灵活可扩展的技术整体架构,这个架构的核心包括数据层、服务层和应用层。数据层负责数据的采集、存储和管理,涵盖了数据库、数据仓库和数据湖等组件。数据层的痛点在于数据来源多样,数据量大,但经过大数据技术的引入,这些问题得到了有

---

① 聂慧超. 我国网民规模近 11 亿,短视频用户黏性最高[N]. 中国出版传媒商报. 2024-08-30.

效缓解。服务层是系统的中枢,处理逻辑和业务规则,包括各类 API 接口、微服务和中间件。通过服务层,数据可以高效、安全地传输和处理,同时提供对外的服务接口供应用层调用。应用层是用户直接交互的部分,包含了各类客户端应用、管理平台和分析工具。结合大数据和 AI 技术,应用层实现了内容生产、分发、用户管理和效果评估的智能化和自动化。

总之,数字媒体产业的发展离不开多种技术的协同支撑,从传统技术基础设施到新兴技术的深度应用,构建了一个完善而强大的技术体系。未来,随着技术的不断进步和融合,数字媒体产业将迎来更多的创新和变革,进一步推动其高质量发展。

第五节　数字媒体产业与大数据的关系

数字媒体产业与大数据技术的结合已经成为当今信息社会中不可忽视的趋势。随着互联网、移动设备、社交媒体和云计算等技术的快速发展,数字媒体逐渐取代了传统媒体,成为信息传播的主要渠道[①]。而与此同时,数据的爆炸式增长使得大数据技术在各行各业中的应用也愈加广泛。数字媒体产业的核心是信息和内容的生产、分发、消费,而大数据技术的引入,改变了整个产业链的运作模式。大数据不仅能够帮助媒体深度分析用户行为,还能为新闻生产、内容分发以及个性化服务提供强有力的技术支持。大数据技术的核心是通过对海量数据的采集、存储、分析和应用,发现隐藏在数据中的价值。在数字媒体产业中,大数据能够精确地捕捉用户的兴趣、习惯和需求,帮助媒体机构进行个性化推荐和内容优化。大数据还推动了数据新闻的兴起,利用数据来揭示新闻背后的真相和趋势。这种新的新闻生产方式,使得媒体能够为用户提供更具深度和广度的报道。在此背景下,研究数字媒体产业与大数据的关系,具有重要的理论和实践意义。

一、大数据助力数字媒体的精准化内容生产

大数据技术的快速发展,正在深刻改变数字媒体产业的内容生产方式。作为一种以数据驱动的技术手段,大数据的核心在于对海量数据的采集、存储、分析与利用,在此过程中,它为内容生产提供了前所未有的洞察力。数字媒体产业的核心资源是内容,而在传统的内容生产模式中,内容的创作和发布通常依赖于编辑、记者的个人经验、主观判断以及有限的信息源。如今,随着大数据的引入,内容生产

---

① 黄爱云.数字经济时代企业营销战略创新路径探索[J].商场现代化,2023(22)：37-39.

已经从过去的"经验驱动"转向了"数据驱动",其精准性、时效性以及用户需求的匹配度都得到了显著提升。

1. 大数据如何改变内容生产的方式

大数据技术通过对大量用户行为数据、兴趣偏好、社交媒体互动等信息的分析,帮助媒体公司更深入地了解受众的需求,从而在内容生产的各个环节作出更加精准的决策。具体而言,大数据改变了传统内容生产方式的几个关键方面。

(1) 大数据极大地提升了内容生产的时效性

在传统媒体环境下,新闻选题和内容生成往往依赖于编辑和记者的经验,他们根据自己对社会热点、公众兴趣的判断,选择内容方向和报道角度。然而,这种方式存在着一定的滞后性和主观性,媒体机构可能无法第一时间捕捉到最具热度的事件或主题。而大数据通过对社交媒体、搜索引擎等平台上的用户行为数据进行实时监测,能够帮助媒体公司迅速捕捉到最新的用户兴趣点和社会热点。例如,当某一事件在社交媒体上引发大量讨论时,大数据系统可以自动识别相关关键词,并将其标记为潜在的新闻选题,从而使得编辑和记者能够快速反应,生成相关内容。这种基于数据的选题方式不仅提高了新闻报道的时效性,还增强了新闻内容对受众的吸引力。

(2) 大数据极大地增强了内容生产的精准性

通过对用户的浏览历史、点击行为、视频观看时长等数据的分析,大数据系统可以深入了解用户的兴趣偏好和行为模式,从而为内容生产提供精准的参考。例如,一家媒体公司可以通过大数据分析发现,某一特定年龄段的用户对体育新闻表现出较高的兴趣,而另一部分用户则更倾向于关注娱乐和时尚内容。基于这些分析结果,媒体公司可以有针对性地调整内容生产的策略,确保所生成的内容能够更好地满足不同受众群体的需求。这种精准化的内容生产方式不仅提高了用户的满意度,还有效增加了内容的点击率和传播效果。

2. 大数据在新闻选题中的应用

大数据在新闻选题中的应用尤为突出,这一技术正从根本上改变新闻生产的逻辑和流程。传统的新闻选题方式往往依赖于编辑团队的直觉和经验,虽然这种方式在过去的媒体环境中发挥了重要作用,但随着信息量的爆炸式增长,以及用户需求的日益多样化,传统的选题方式逐渐显露出其局限性。大数据技术的引入,使得新闻选题不再是主观的、单向的决策过程,而是基于大量数据分析和科学预测的结果。通过对社交媒体上的热词分析,媒体公司可以实时追踪公众关注的焦点话题,并据此快速作出选题决策。具体来说,大数据系统可以对不同社交媒体平台上用户发布的内容进行实时监控，识别出那些频繁出现的关键词、话题和讨论热点，通过对这些数据的进一步分析，系统可以判断某一话题的热度变化趋势，并预测其未来的传播潜力。如果某一话题在短时间内引发了大量的讨论和转发，系统会自动将其标记为潜在的新闻热点，并提示编辑和记者迅速生成相关报道。这种基于数据的选题方式，不仅大幅缩短了新闻生产的反应时间，还有效提升了新闻的关注度和点击率。此外，大数据还可以帮助媒体公司优化选题的传播策略。通过对历史数据的分析，系统可以识别出哪些类型的新闻内容更容易在特定平台上传播开来，或者哪些类型的标题和配图更能吸引用户点击。例如，某些娱乐新闻可能在社交媒体上的传播效果更好，而深度分析类的新闻则更适合在门户网站或新闻应用中发布。基于这些数据分析结果，媒体公司可以为每一个新闻选题制定个性化的传播策略，确保内容能够在最合适的平台上以最合适的方式进行发布，从而最大化新闻的曝光率和传播效果。

3. 大数据在内容创作中的应用

除了选题，大数据还深刻影响了内容创作的过程。在传统的内容生产模式中，记者和编辑根据自己的判断和经验撰写新闻稿或制作视频内容。然而，这种方式往往无法保证内容与用户需求的高度契合。大数据技术通过对用户数据的深度分析，使得内容创作过程更加精准化和个性化。媒体公司可以通过大数据分析用户对不同类型内容的偏好，进而优化内容的呈现方式。如果数据分析显示用户更倾向于观看短视频而非长篇文字报道，那么媒体公司可以根据这一趋势调整内容生产策略，增加短视频的制作比例，或者将长篇报道拆解为更易于消化的短篇内容。此外，大数据还可以帮助内容创作者优化文章的结构、标题和关键词。通过对历史数据的分析，系统可以识别出哪些类型的标题更能吸引用户点击，哪些关键词更容易被搜索引擎识别，从而帮助记者和编辑在内容创作过程中作出更科学的决策。一个典型的例子是美国的新闻聚合网站 BuzzFeed，它是一个基于数据驱动的媒体平台。BuzzFeed 通过大数据技术对用户的点击行为和兴趣偏好进行深入分析，并据此优化内容的生产流程。其编辑团队会根据数据反馈，调整文章的标题、内容结构，甚至是发布时间，以确保内容能够最大限度地吸引用户。这种基于数据的内容创作方式，显著提升了 BuzzFeed 的阅读量和用户参与度。

4. 大数据在内容优化与反馈中的作用

大数据不仅在内容生产的前期决策中发挥作用，还在内容发布后的优化和反馈环节中扮演着关键角色。通过对已发布内容的受众反应数据进行分析，媒体公司可以不断调整和优化内容生产策略，更好地满足用户需求。通过对文章的点击率、阅读时长、分享量、用户评论等数据的分析,媒体公司可以评估某一内容的受欢迎程度。如果数据分析显示某一篇文章的点击率较低,系统可以进一步分析原因,可能是标题不够吸引人,或者内容与用户兴趣不符等。基于这些反馈,媒体公司可以及时调整内容的呈现方式,或者为未来的内容生产提供参考。大数据还可以帮助媒体公司识别出高价值的用户群体。通过对用户行为的深入分析,系统可以识别出那些频繁点击、阅读和分享内容的核心用户群体。媒体公司可以针对这些高价值用户定制个性化的内容推荐,进一步提升用户的参与度和忠诚度。

5. 大数据在内容生产中的未来发展趋势

随着大数据技术的不断进步,内容生产的精准化将进一步深化。未来,媒体公司将不仅仅依赖于现有的用户行为数据,还会更多地利用人工智能和机器学习技术,进行更加复杂的用户需求预测和内容生成。例如,通过对用户历史行为的深度学习,系统可以预测用户未来的兴趣变化,并提前生成相关内容,甚至在新闻事件发生之前,系统就能基于历史数据和趋势预测,生成具有前瞻性的报道。

此外,随着5G、物联网等新技术的广泛应用,媒体公司将能够获取更加丰富的用户数据,从而进一步提升内容生产的精准性。未来的内容生产可能不仅仅局限于文字、图片和视频,而是更多地融合虚拟现实(VR)、增强现实(AR)等技术,提供更加沉浸式的内容体验,而这些新形式的内容生产也将高度依赖于大数据的支持[1]。

大数据通过对用户行为、兴趣偏好、社交互动等数据的深度分析,彻底改变了传统的内容生产方式,使得新闻选题、内容创作、发布和优化等各个环节都更加精准和高效。大数据不仅提升了内容生产的时效性和精准性,还为媒体公司提供了更加科学的决策支持,以确保内容能够更好地满足用户需求。

二、大数据推动内容分发与个性化服务

在数字媒体时代,如何将海量内容高效地分发给用户是一个关键问题。大数据在这一过程中扮演了重要角色。通过对用户行为的深度分析,推荐算法可以根据用户的历史浏览记录、点击习惯、观看时长等,推荐符合其兴趣的内容。这种个性化推荐不仅提升了用户体验,还大大提高了内容的分发效率。当然,这种个性化推荐的背后离不开大数据的支持,数据分析不仅帮助平台了解用户的兴趣,还能够预测其未来的行为,具体体现在以下几个方面。

---

① 王海松. 电影创作中的传统与现代的对话与融合[J]. 艺术评鉴,2023(14):117-122.

1. 用户行为分析与内容推荐

大数据技术在数字媒体中的应用体现在用户行为分析与内容推荐上，通过对用户的浏览记录、点击行为、停留时间、互动频率等进行详细的数据分析，媒体机构能够精准地掌握每个用户的兴趣偏好，从而为其推荐个性化内容，这一过程通常依靠机器学习算法来完成，通过不断优化推荐模型，使得推荐的内容越来越符合用户的需求。比如视频网站美国奈飞公司（Netflix）通过大数据分析用户观看历史、评分、评论等信息，构建了复杂的推荐算法，能够为不同的用户提供高度个性化的影片推荐。新闻网站如"今日头条"也采用类似的技术，根据用户的阅读历史推荐个性化新闻内容。这不仅提高了用户的参与度，还能够显著增加用户的停留时间和黏性。

2. 提升用户体验的策略

在大数据技术的支持下，媒体机构能够深入了解用户的需求和行为，从而制定出更加符合用户习惯的内容分发策略。媒体通过分析用户的访问数据，优化网站或应用的界面设计，使用户能够更快速、便捷地找到感兴趣的内容，而且媒体平台还可以通过数据分析优化内容的呈现形式，如某些用户倾向于观看视频新闻，而另一些用户则更喜欢阅读文字报道，通过大数据分析不同用户的偏好，媒体公司能够为不同用户提供定制化的内容展示形式，从而提升用户体验。

3. 个性化新闻订制的实践

个性化新闻订制是大数据在内容分发中的一个重要应用。通过分析用户的兴趣、阅读习惯、地理位置、社交关系等数据，媒体机构可以为用户量身定制新闻内容。这种定制化服务不仅能够提高用户的满意度，还能够增强用户的忠诚度。

一个成功的个性化新闻订制案例是《纽约时报》推出的个性化新闻推送服务。该服务通过大数据分析，筛选出用户可能感兴趣的新闻内容，并通过邮件、APP 通知等方式推送给用户。用户不仅能够在第一时间获取到自己感兴趣的新闻内容，还能够根据自己的需求进行进一步的个性化设置。

三、大数据可促进媒体融合与资源优化

大数据的应用不仅促进了数字媒体内容生产和分发的变革，也在媒体融合和资源优化方面发挥着重要作用。传统媒体与新兴媒体的融合已经成为行业发展的趋势，而大数据在这一过程中起到了连接和优化的桥梁作用。通过对大数据的深

入分析,传统媒体可以识别出用户的阅读习惯、兴趣偏好,从而优化内容生产和传播策略。

大数据还推动了媒体资源的整合与配置。通过对受众数据、内容数据和传播数据的分析,媒体机构能够优化资源配置,将更多的资源投入到受众最感兴趣的领域。如某些热点话题可能在特定时间段内吸引大量的关注,媒体机构可以及时调整资源,增加对这些话题的报道力度,并通过多种渠道进行分发,还可以利用大数据帮助媒体机构优化广告资源的投放策略。通过分析用户的行为数据,为广告主提供更加精准的广告投放方案,从而提高广告的转化率和投放效率。这种基于大数据的精准广告投放,极大地增强了媒体的商业价值。

比如《人民日报》的"中央厨房",便是媒体融合与资源优化的一个典型案例。该平台依托于大数据技术,将新闻生产、内容分发、用户反馈等多个环节进行整合,实现了全媒体、多平台的内容生产与发布。在这个平台上,记者可以通过大数据分析了解受众的兴趣和需求,从而生产出更加符合受众口味的新闻内容[①]。同时,《人民日报》还通过"中央厨房"平台,将不同部门、不同类型的内容资源进行整合,实现了新闻资源的共享与优化配置。《人民日报》的"中央厨房"平台不仅提高了新闻生产的效率,还通过多元化的内容分发渠道,扩大了新闻的传播范围。这一成功案例表明,大数据技术在媒体融合与资源优化中具有巨大的潜力和应用前景。

四、大数据推动数据新闻的发展

随着大数据技术的成熟,数据新闻逐渐成为新闻领域的一个重要趋势。数据新闻是一种基于数据分析的新闻报道形式,它通过大规模的数据采集、分析和可视化展示来揭示新闻背后的事实和趋势。这种新闻报道形式不仅能够提高新闻的权威性和可信度,还能够更好地满足用户对于深度报道的需求。

通过大数据分析,新闻机构可以挖掘到隐藏在海量数据中的新闻线索。例如,英国《卫报》利用大数据技术,在金融危机期间通过对大量金融数据的分析,揭示了金融市场的潜在风险。这种基于数据的报道方式比传统的文字报道更加直观、有力。此外,数据新闻的制作流程也高度依赖大数据技术。数据采集、清洗、分析、可视化等环节都需要依托强大的数据处理能力。这对新闻从业者提出了新的要求,记者不仅需要具备传统的新闻采写能力,还需要掌握数据分析、编程等技术[②]。

---

① 王子硕.新时代新闻记者采访的"多样态"分析[J].新闻文化建设,2024(07):128-130.
② 马晨.大数据背景下新闻采编方式的多元探索[J].新闻文化建设,2024(07):125-127.

1. 大数据提升新闻时效性

大数据技术使得新闻生产的效率和时效性得到了显著提升。在传统新闻生产中，记者往往依赖于现场采访、翻阅资料等方式来获取信息，这种方式耗时耗力，且新闻发布的时效性较低。而随着大数据技术的应用，媒体机构可以通过大数据平台迅速获取并分析全球各地的新闻事件和趋势。社交媒体平台上的热点话题、突发事件的实时数据，都可以通过大数据技术快速收集并处理，媒体可以第一时间发布相关报道，极大地提升了新闻的时效性。自动化新闻写作工具的兴起也为新闻时效性的提升提供了技术支持。通过大数据分析，自动化新闻系统可以在短时间内生成标准化的新闻报道，尤其是在体育赛事、金融市场等领域，自动生成的新闻不仅快速，还能够保证内容的准确性。

2. 大数据预测新闻报道

大数据驱动的内容生成也使得"预测性新闻"成为可能，大数据不仅仅用于追踪和分析已发生的事件，还能够通过对历史数据的分析进行预测性报道，通过对历史数据和趋势的分析，媒体机构可以提前制作和发布具有前瞻性的内容，进一步增强受众的黏性。例如，通过对气象数据、交通数据、金融数据等多个领域的历史数据进行分析，媒体可以预测未来可能发生的事件，并提前进行报道准备。这种预测性新闻报道不仅增强了新闻的前瞻性，同时也为公众提供了更为全面的信息服务。在天气预报领域，媒体可以通过对历史气象数据的分析，预测未来可能发生的极端天气情况，并及时发布预警信息。同样，在金融市场领域，通过对股市、经济数据的分析，媒体可以预测市场的未来走向，并为投资者提供参考。

3. 大数据驱动新闻编写

数据驱动的新闻编写是一种新兴的新闻生产方式，主要依靠大数据分析结果来指导新闻内容的编写。相比于传统的新闻写作方式，数据驱动的新闻编写更加依赖于数据的支撑。记者可以通过对大量数据的分析，发现新闻线索，并根据数据编写出更加客观、严谨的报道。在调查性新闻报道中，记者可以通过大数据分析发现数据背后的异常，从而揭示某些隐藏的社会问题。2016 年，英国《卫报》曾通过对一系列医疗数据的分析，揭示了医院误诊率较高的问题。这种数据驱动的新闻报道不仅增强了新闻的深度，同时也提高了报道的权威性和可信度。

五、大数据推动产业生态的构建与跨界融合

在数字经济时代，大数据技术不仅改变了数字媒体的内容生产和分发方式，还

深刻影响了整个数字媒体产业生态的构建与跨界融合。传统的行业边界逐渐模糊,各产业之间的融合与合作成为常态,跨界创新的商业模式应运而生。而在这一过程中,大数据技术发挥了至关重要的推动作用。通过对用户行为的深度分析和对产业链上各环节数据的整合,大数据为媒体公司和其他行业提供了更加精准的决策依据,同时帮助它们发现新的商机,优化资源配置,从而实现跨行业协同发展。

1. 大数据推动的产业生态构建

在过去,媒体产业传统上是一个相对独立的行业,其主要业务集中在内容生产、编辑和传播等环节。然而,在互联网和大数据技术的推动下,媒体产业的生态发生了深刻的变革。如今,内容生产和传播仅仅是媒体产业的一部分,广告、电商、金融、娱乐等其他行业也逐步融入这一生态系统中,形成了一个复杂的产业生态网络。

大数据在这一过程中起到了重要的连接和整合作用。通过对用户行为、兴趣偏好、消费习惯等数据的分析,媒体公司可以更加精准地了解用户需求,并根据这些数据调整内容和服务的供给。这种用户需求驱动的商业模式,要求各产业之间的协同合作,以更好地满足用户的多样化需求。例如,用户在观看视频的同时,可能会对视频中的产品产生购买欲望,这时,如果将电商平台与媒体平台打通,用户则可以直接完成商品的购买。这种基于大数据的用户行为分析,促使媒体公司与电商、金融、广告等行业进行合作,从而形成一个紧密的产业生态系统。阿里巴巴旗下的优酷就是一个典型的例子。优酷不仅为用户提供视频内容,还通过大数据分析用户的消费习惯,将其与阿里巴巴的电商平台打通。用户在观看视频的同时,系统会根据用户的观看行为和历史消费记录,推荐相关的商品,用户可以在不离开视频页面的情况下,直接完成购买。这种基于大数据的跨界融合模式,不仅丰富了用户的观看体验,还为媒体公司带来了新的收入来源。

2. 大数据推动的跨界融合

跨界融合是数字经济时代的一大趋势,而大数据在这一过程中扮演了核心角色。通过大数据,媒体公司可以跨越行业边界,与电商、金融、教育、医疗等多个领域进行深度合作,形成新的商业模式和服务形态。大数据通过打通信息孤岛,整合不同产业的数据资源,使得各行业之间的合作更加紧密、协同更加高效。在广告行业,大数据技术使得广告的精准投放成为可能,通过对用户行为数据的分析,广告主可以根据用户的兴趣、消费习惯、地理位置等信息,精准地将广告推送给最有可能产生转化的用户。这种精准广告不仅提高了广告的投放效果,也大幅提升了用户的体验,因为用户只会看到与自己兴趣相关的广告。过去,广告往往是泛泛而投,广告主花费大量资金进行广泛的品牌曝光,但转化率较低。而在大数据的支持下,广告主可以减少无效的广告投放,集中资源针对目标受众,显著提升广告的转化率。

大数据还推动了媒体与金融行业的跨界融合。通过分析用户的消费行为、支付记录、信用评分等数据,媒体公司可以与金融机构合作,提供个性化的金融服务。例如,用户在观看视频或浏览新闻时,系统可以根据用户的消费习惯和财务状况,推荐适合的理财产品或贷款服务。这种"内容＋金融"的跨界融合模式,不仅为用户提供了更加丰富的服务,也为媒体公司和金融机构带来了新的收入来源。

3. 大数据助力创新商业模式

大数据技术不仅推动了现有产业的跨界融合,还催生了许多新的商业模式。通过对用户数据的深度挖掘,媒体公司可以发现新的商机,开发新的产品和服务。例如,基于用户行为数据分析的虚拟现实(VR)、增强现实(AR)等技术的应用,使得媒体公司能够为用户提供更加沉浸式的内容体验[①]。

以游戏行业为例,大数据技术使得游戏公司能够深入了解用户的游戏习惯、游戏偏好、消费能力等信息,从而根据这些数据对游戏内容进行个性化的优化和调整。例如,如果数据分析显示某一类型的用户更倾向于购买游戏中的皮肤道具,游戏公司可以根据这一趋势,增加相应的游戏内购设置,或者推出限时优惠活动,以提升用户的购买欲望。此外,游戏公司还可以通过大数据技术分析用户的游戏行为,实时调整游戏的难度、奖励机制等内容,以增强游戏的互动性和用户黏性。

在影视产业中,虚拟现实(VR)和增强现实(AR)技术的融入为观众带来了前所未有的观影体验。通过大数据分析用户的观影行为和兴趣偏好,媒体公司可以为用户定制个性化的 VR 或 AR 内容。例如,用户可以在虚拟现实设备中,身临其境地体验一部电影的拍摄现场,甚至可以与虚拟人物进行互动。这种基于大数据的个性化内容生产,极大地提升了用户的沉浸感和参与感,从而开辟了新的商业场景和收入模式。

4. 大数据驱动的资源优化与协同效应

大数据在推动产业生态构建与跨界融合的过程中,还有效促进了资源的优化配置和协同效应的实现。在传统的媒体产业中,各产业链环节往往相对独立,资源配置效率较低。而通过大数据技术,媒体公司可以对产业链上下游的数据进行全面整合,从而打破信息孤岛,实现资源的优化配置和协同利用。在影视制作过程

---

① 张辉. 虚拟仿真技术在广播编导中的应用[J]. 电视技术,2024,48(03):93-96.

中,制作公司、发行公司、广告公司等不同环节的数据往往各自为政,难以实现有效的协同。而大数据技术通过对各环节数据的整合,可以帮助制作公司更好地了解观众的需求,从而在内容创作早期就进行精准的市场定位。同时,广告公司可以根据观众数据,精准地选择在何时、何地投放广告,从而在最大化广告效果的同时,避免资源浪费。大数据还可以帮助媒体公司优化内部资源的配置,媒体公司可以通过对员工工作效率、内容生产周期、用户反馈等数据的分析,优化内部团队的任务分配和工作流程,从而提高整体的生产效率。在广告资源的配置上,大数据可以帮助广告主更好地选择投放平台和投放时机,确保广告资源的最大化利用。

5. 未来的跨界融合趋势

随着大数据技术的不断发展,未来的跨界融合将变得更加深入和广泛。5G、人工智能、物联网等新技术的普及,将进一步推动数字媒体产业与其他产业的融合。例如,5G技术的高速网络将为虚拟现实、增强现实等沉浸式内容的传播提供技术支持,而物联网技术则将使得更多的设备和场景能够与数字媒体互动。未来的跨界融合将更加注重用户体验的提升。通过大数据技术,媒体公司可以深入挖掘用户的需求和行为模式,从而提供更加个性化的服务和内容。例如,用户在观看一部电影时,系统可以根据用户的观看习惯,实时推荐相关的衍生商品、周边活动,甚至提供定制化的观影体验。这种"内容＋服务"的跨界融合模式,不仅提升了用户的体验,还为媒体公司和合作伙伴带来了更多的商业机会。

大数据技术在推动数字媒体产业生态构建与跨界融合方面发挥了不可或缺的作用。通过对用户行为数据的深度分析,媒体公司能够与电商、金融、广告等多个行业进行深度合作,形成新的商业模式和服务形态。同时,大数据技术还有效提升了资源的优化配置和协同效应,推动了产业链各环节之间的高效合作。未来,随着大数据技术的不断发展,跨界融合的趋势将变得更加深入和广泛,数字媒体产业将在这一过程中继续创新发展,并开拓新的商业模式和市场机遇。

六、大数据在媒体监管与信息安全中的作用

随着信息技术的迅速发展,大数据已经渗透到数字媒体产业的方方面面,为新闻生产、内容分发、个性化推荐等提供了强有力的支持。然而,伴随着大数据技术的广泛应用,一系列信息安全和媒体监管的问题也逐渐浮出水面。信息安全、用户隐私以及虚假信息的传播,成为数字媒体产业亟须解决的核心问题。因此,在享受大数据带来的便利与效率提升的同时,媒体公司和相关监管机构必须加强对数据的有效管理和监督,确保信息传播的可靠性和安全性,以保护用户隐私,防止数据

滥用和信息泄露。

1. 大数据在内容监管中的作用

大数据技术在媒体内容监管中扮演着越来越重要的角色。传统的内容监管方式往往依赖人工审核,虽然可以保证一定的准确性,但面对今天海量的数字内容,人工审核效率低下,难以应对信息的爆炸式增长。大数据技术的引入,使得媒体公司和监管机构能够通过自动化的方式对海量信息进行实时监测、分析和处理,从而提升内容监管的效率和准确性。

大数据技术可以帮助媒体公司实时监控新闻内容的传播和受众反应。通过对社交媒体、新闻评论区、视频弹幕等用户互动数据的分析,媒体公司可以快速识别出潜在的有害内容。比如,某些敏感话题、极端言论或虚假信息在互联网上迅速传播时,基于大数据的监控系统可以迅速捕捉到这些动态,并通过自动化手段进行预警和处理。这种实时监控不仅能够防止有害信息的进一步扩散,还可以有效保护公众免受虚假信息的误导。

大数据的文本挖掘技术可以帮助媒体公司和监管机构自动识别内容中的不良信息。通过自然语言处理技术(NLP)、情感分析以及图像识别等技术,大数据系统能够对新闻文章、社交媒体帖子、视频内容等进行深入分析。比如,系统可以根据文本中的关键词、情感倾向、传播路径等信息,判断某一信息是否可能具有虚假、煽动性或违法的特征。一旦系统识别出异常内容,便能够立即发出警告,并进一步采取措施,如自动屏蔽或人工审核等。

大数据技术还可以通过用户行为分析,识别信息传播的异常模式。通过追踪信息的传播路径、传播速度、用户互动频率等数据,大数据系统可以发现某些信息的传播速度异常快、互动量异常高,这很可能表明该信息具有炒作、恶意传播或其他不正当目的。在这种情况下,系统可以通过算法模型对信息进行风险评估,确定是否需要进一步审查或干预。

2. 大数据在虚假信息识别中的应用

虚假信息的传播是当今数字媒体产业面临的一个重大挑战。虚假新闻、误导性信息、恶意炒作等现象在社交媒体和新闻平台上屡见不鲜,而这些信息的快速传播不仅损害了公众的知情权,还可能引发社会恐慌和混乱。大数据技术的应用为虚假信息的识别和处理提供了新的解决方案。

通过对信息源的溯源分析,大数据技术能够有效识别虚假信息的来源与传播路径。虚假信息往往通过社交媒体上的多个账户进行大量转发和扩散,而这些账户可能是"水军"或虚假账号。通过对这些账号的行为模式、IP地址、注册时间等数据的分析,系统可以识别出可疑的虚假信息传播源,并对其进行封禁或限制传播。

大数据通过跨平台的数据整合,可以帮助媒体公司更全面地监控信息的传播情况。虚假信息往往会通过不同的社交媒体和新闻平台进行传播,而单一平台的数据监测可能无法全面捕捉到信息的传播动态。通过大数据跨平台的整合能力,媒体公司可以实现对多平台、多渠道的虚假信息监控,从而更好地识别和应对虚假信息的扩散。

自然语言处理技术(NLP)在虚假信息识别中也发挥着重要作用。通过对文本的语义分析,系统可以识别出信息中的不合理之处。例如,虚假新闻的措辞往往具有煽动性、极端化的特征,或者包含大量未经证实的事实。大数据系统可以通过分析这些文本特征,迅速判断信息的真实性,并标记出高风险内容。结合情感分析,系统还能够进一步了解信息传播时的情绪走向,帮助媒体公司及时发现潜在的社会风险。

3. 大数据在用户隐私保护中的重要性

在大数据技术广泛应用的背景下,用户隐私保护成为另一个备受关注的问题。媒体公司在利用大数据分析用户行为、兴趣偏好、消费习惯等数据的过程中,也面临着用户隐私泄露的风险。如果用户的个人信息被不法分子获取,可能会引发一系列安全问题,如身份盗用、信息诈骗等。

媒体公司需要加强对用户数据的收集和存储的监管。尽管大数据为数字媒体产业带来了巨大的商业价值,但在数据采集过程中,媒体公司需要遵守相关法律法规,如《通用数据保护条例》(GDPR)等,确保用户的知情权和同意权。用户的数据在采集和使用前,应当明确告知用户其数据的用途,并获得其明确的授权。同时,媒体公司应采用数据加密等技术手段,确保用户数据在传输和存储过程中的安全性[①]。

大数据技术在用户隐私匿名化方面也发挥着重要作用。为了在保护用户隐私的前提下进行数据分析,媒体公司可以采用"数据脱敏"技术,即在不影响数据分析结果的情况下,将用户的个人身份信息进行加密或者匿名化处理,从而避免数据泄露带来的隐私风险。在进行用户行为分析时,系统可以通过将用户的身份信息与其行为数据分离,从而在不暴露用户个人信息的情况下,进行有效的数据分析。

大数据技术还可以帮助媒体公司实时监控数据访问情况,防止未经授权的访问和数据泄露。通过对数据访问日志的分析,系统可以识别出异常的访问行为,如

---

①　文静. 互联网背景下公证法律服务的创新[J]. 中国公证, 2023(11): 50-51.

某一账户突然频繁访问大量用户数据,或从不常见的 IP 地址发起的访问请求。大数据系统可以通过这些异常行为的检测,及时发出警告并采取措施,防止数据泄露事件的发生。

4. 大数据在信息安全中的应用

除了用户隐私保护,信息安全也是大数据在数字媒体产业中需要重点关注的领域。数据安全事故的频发使得媒体公司必须采取更加严格的安全措施,以防止数据被黑客窃取或恶意攻击。大数据技术在信息安全领域的应用,主要体现在以下三个方面。

一是大数据技术可以用于构建更加智能的网络安全防护系统。通过对网络流量、用户访问行为、系统日志等数据的分析,系统可以自动识别并预警潜在的安全威胁[①]。当系统检测到某一 IP 地址频繁发起异常请求时,可能意味着该 IP 正在进行网络攻击,系统可以立即采取措施,如封禁该 IP 或限制其访问权限。

二是数据加密与多层验证技术是数据安全的重要保障手段。大数据技术可以帮助媒体公司实现更加复杂的加密算法,确保数据在传输和存储过程中的安全性。同时,通过多重身份验证(如双因素认证、行为分析等),媒体公司可以确保只有经过授权的用户才有权访问特定的敏感数据。

三是大数据还可以帮助媒体公司进行安全事件的溯源分析。通过对系统日志、网络流量和用户行为的回溯性分析,系统可以还原安全事件的发生过程,查明数据泄露的具体原因和责任方。这对于快速响应和修复安全漏洞具有至关重要的意义。

总体而言,大数据技术在媒体监管和信息安全中的应用为数字媒体产业带来了巨大的变革。通过大数据的实时监控、文本挖掘、跨平台整合和行为分析,媒体公司可以更有效地识别虚假信息、提高内容监管的效率。同时,大数据技术在用户隐私保护和信息安全保障方面也发挥着重要作用,可以帮助媒体公司防范潜在的安全威胁。在未来,随着大数据技术的进一步发展,媒体公司和监管机构需要持续提升其技术能力,以应对不断变化的信息安全挑战,并确保数字媒体产业的健康、可持续发展。

---

① 谭江汇,周亮,罗小刚. 智能化计算机网络安全技术的应用研究[J]. 中国新通信,2023,25(16):84-86.

第二章　数字媒体产业的发展现状

本章追溯了数字媒体产业的起源与演变,探讨了数字化转型对传统媒体的深远影响,全球数字媒体产业的发展趋势,主要国家和地区的发展现状,以及行业内主要企业的商业模式。特别对中国数字媒体产业的市场规模和增长趋势进行了细致分析,揭示了不同地区的产业布局特点和主要企业的经营策略。探讨了数字媒体产业的主要领域,包括文化创意、出版发行、影视制作、音乐制作以及动漫游戏等,并关注了这些领域的发展动态和内容需求的增长。本章为读者提供了一个宏观而详细的数字媒体产业现状分析,为理解其在全球经济中的重要作用提供了坚实的基础。

第一节　数字媒体产业的发展历程

一、数字媒体产业的起源与演变

(一)数字媒体产业的定义

数字媒体产业是一种新兴的经济活动领域,它涉及使用数字技术进行内容的创作、生产、分发、消费以及管理的全过程。这一产业与传统媒体产业相比,具有更高的技术含量和更强的科技驱动特性。数字媒体产业的兴起,标志着信息社会的到来,以及人类社会信息传播方式的重大变革。

数字媒体产业的核心特征体现在其对数字化技术的广泛应用上。数字化技术不仅变革了信息的存储、传输和处理方式,而且显著拓展了信息表达和交流的范围。该产业的产品涵盖数字图像、数字音频、数字视频、数字动画等多媒体内容,以及基于这些内容的相关服务和应用。从产业构成角度分析,数字媒体产业不仅包含内容的生成和制作,还涵盖了内容的发行、营销、衍生品开发、版权管理等产业链的各个阶段。此外,随着技术的演进和市场的拓展,数字媒体产业的服务模式亦在持续创新,诸如数字广告、数字教育、数字娱乐、数字学习等新兴业务模式的涌现,极大地丰富了该产业的内涵与边界。在数字媒体产业的发展历程中,技术进步发挥了至关重要的作用,数字视频和3D动画技术的发展,使得影视制作领域能够创造出更为真实、震撼的视觉效果,而互联网技术的提升,则促进了社交媒体、网络游戏、在线教育等新业态的迅猛发展。同时,数字媒体产业的迅猛发展也对人才培养提出了新的挑战,这不仅需要具备数字技术的专业人才,还需要具有创新意识和艺术修养的内容创作者,以及能够进行有效内容管理和市场运营的复合型人才。

综上所述,数字媒体产业的定义不仅涵盖了内容的数字化制作与发行,还包括了相关的技术应用、服务模式创新以及人才培养等多个方面。随着科技的不断进步和市场需求的不断扩大,数字媒体产业将继续作为文化创意产业和信息传播产业的重要分支,推动社会文化的进一步发展。

(二)数字媒体产业的重要性

数字媒体产业作为信息时代发展的产物,其重要性在多个维度上得以体现。数字媒体技术的进步显著地改变了信息传播的模式,实现了信息的快速和广泛扩散,这种变革不仅体现在传统媒体向数字化的转型,也体现在新兴媒体形态的不断涌现,例如社交媒体、网络视频、播客等,这些新兴媒体形态的出现,不仅丰富了公众的信息消费方式,也为内容创作者提供了更为多元化的表达渠道。数字媒体技术对教育领域的影响同样深远,在线学习和远程教育的兴起,使得优质教育资源的获取不再受地理位置的限制,这显著提升了教育的普及率和公平性。通过应用数字媒体技术,如虚拟现实(VR)和增强现实(AR),教育体验得到了创新,学习过程变得更加生动和直观。

在文化和创意产业方面,数字媒体技术的应用为艺术、音乐、电影和文学等领域的创新开辟了广阔的空间,利用数字化的生产与创作工具,艺术创作的边界得以拓展,创作者能够借助计算机软件等工具进行更为复杂和精细的创作。此外,数字媒体技术也对商业和广告业带来了革新,企业通过数据分析和精准营销等手段,更深入地理解消费者需求,提升产品的市场竞争力。同时,它还推动了社交媒体和社交技术的发展,这不仅改变了人们的社交方式,还加强了社会联系。通过这些平台,人们可以更便捷地分享生活细节,加强与他人的沟通和交流。

数字媒体技术同样为科学研究和创新提供了新的工具,促进了研究成果的共享和全球性问题的解决,它还推动了政府和社会服务领域的数字化转型,使得政府服务更加透明和高效,例如,数字化政府和在线公共服务的建设,不仅提高了政府工作的效率,也提升了公众的满意度和政府的公信力。

因此,数字媒体产业的发展不仅对信息传播、教育、文化创意产业、商业广告、社交互动、科学研究以及政府社会服务等多个领域产生了深远影响,也为社会经济的发展带来了新的动力和机遇。随着技术的不断进步和应用的不断拓展,数字媒体产业的重要性将继续增长,其在全球经济中的地位也将日益凸显。

(三)数字媒体产业的发展背景

1. 数字技术的发展历程

数字媒体技术的发展历程是一个不断进步和演变的过程,其起源和发展可以追溯到 20 世纪 90 年代初,随着计算机技术和互联网的普及,数字媒体技术的早期发展主要集中在数字化处理技术的应用[①],这一时期,数字音频和数字视频技术开始崭露头角,为数字媒体的后续发展奠定了基础。

进入 21 世纪,随着宽带互联网的广泛普及,数字媒体技术迎来了新的发展阶段。视频分享网站、社交网络等平台的兴起,进一步加速了数字媒体技术的进步。特别是到了 2010 年,移动互联网技术的迅猛发展,使得数字媒体内容的访问和分享变得更加便捷,人们随时随地都能接触到数字媒体内容,这标志着数字媒体技术已经深入人们的日常生活,成为生活中不可或缺的一部分。

在数字媒体技术的发展过程中,多种数字技术的出现和应用,如虚拟现实(VR)、增强现实(AR)、人工智能(AI)、多媒体通信技术、移动应用开发技术、数字音视频技术、数据可视化技术和社交媒体技术等,都在不同程度上推动了数字媒体产业的进步[②]。这些技术不仅丰富了数字媒体内容的表现形式,也为数字媒体的传播和接收方式带来了革新。

数字媒体技术的快速发展,不仅体现在技术层面,还体现在其应用领域的广泛性。从游戏、娱乐、教育、医疗到广告营销、工业制造、城市管理等,数字媒体技术的应用都在不断拓宽。特别是在文创产品设计领域,数字媒体技术的应用为产品设计提供了更多元化、创新性和互动性的体验。

总之,数字媒体技术的发展历程是与信息技术、通信技术的进步紧密相关的。它不仅改变了人们的信息获取和传播方式,也为各行各业的创新和发展提供了新的动力。随着技术的不断进步和应用领域的不断拓展,数字媒体技术的未来发展前景值得期待。

2. 计算机技术和通信技术的进步

随着计算机技术和通信技术的飞速进步,数字媒体产业的发展历程显著地表现出了技术驱动的特征。特别是在网络和移动互联网的推动下,数字媒体技术的

---

①②　李克兢,祁怡然,潘静静,等. 基于数字媒体技术的郑州国棉厂区文创产品开发路径探讨[J]. 上海包装,2024(04):126-128.

应用范围和深度都得到了前所未有的拓展。

计算机技术的进步为数字媒体技术的发展奠定了基础。从最初的大型机、小型机到个人电脑,再到如今的移动计算设备,计算能力的飞跃发展极大地提升了数字媒体内容的创作、处理和传播效率。计算机技术的发展也为数字媒体技术在图形图像处理方面得到全面提升,使得图像处理软件的发展更专业,图像和视频编辑变得轻松可行,而复杂的 CG 技术的应用则为电影、游戏等产业的视觉效果提供了更多的可能性。同时,通信技术的进步为数字媒体内容的传播提供了强有力的支持。早期的 56K 拨号上网时代,人们已经开始通过拨号连接到互联网,进行基本的网络浏览和信息检索。而随着光纤、4G、5G 等高速通信技术的发展,不仅大大提高了数据传输速度,而且也为实时高清视频流、远程协作等应用提供了技术条件。特别是云计算和大数据技术的发展,为数字媒体产业的内容生产、存储、分发和处理提供了新的解决方案。云服务的弹性、可扩展性和成本效益,使得内容创作者和内容提供商能够更加灵活地管理他们的内容和服务,同时也为数据分析和用户画像的建立提供了强大的计算能力。人工智能和机器学习技术正在重塑数字媒体内容的创造、推荐和个性化服务。这些技术能够通过算法对用户行为和偏好进行细致的分析,进而为用户提供量身定制的内容推荐。这种做法不仅提升了用户的体验,还为商业广告等盈利模式开辟了新的机会,通过这种方式,数字媒体平台能够更精准地满足用户需求,同时也为广告主提供了更有效的目标受众定位工具。

综上所述,计算机技术和通信技术的进步不仅极大地推动了数字媒体产业的发展,而且也在不断地塑造着这一产业的未来。随着技术的进一步发展,我们可以期待数字媒体产业将带来更加丰富的内容形式、更加便捷的访问方式和更加精准的服务体验。

3. 数字媒体艺术的兴起与发展

随着信息技术的快速发展,数字媒体艺术作为一种新兴的艺术形态,逐渐成为现代艺术的重要组成部分。数字媒体艺术以数字技术和电子媒体为主要工具和表现手段,它的出现和发展不仅改变了艺术创作的方式,也改变了人们的审美习惯和艺术消费的方式。

数字媒体艺术的起源可以追溯到 20 世纪 60 年代,当时的艺术家们开始尝试使用计算机作为艺术创作的工具。这种艺术形式最初被称为计算机绘画,它标志着艺术与科技的第一次重要结合。进入 20 世纪 70 年代,随着计算机技术的进一步发展,数字媒体艺术开始出现更加成熟和完整的作品,如动画、游戏设计等领域的应用,这些都标志着数字媒体艺术开始进入一个新的发展阶段。

20 世纪 80 年代,随着计算机软硬件技术的飞速进步,数字媒体艺术的创作手段和表现形式也日益丰富。二维图像系统和三维动画系统的出现,为艺术家们提供了更加广阔的创作空间。20世纪90年代,数字媒体艺术不仅在艺术领域得到了广泛的应用,同时也开始进入商业领域,成为一种重要的文化产业。

进入21世纪,数字媒体艺术的应用领域不断扩大,它的发展进入了一个新的高潮。数字媒体艺术不仅在电影、动画等传统艺术形式中得到了广泛应用,也在广告、游戏、教育等多个领域展现出了巨大的潜力。特别是随着互联网的普及和移动通信技术的飞速发展,数字媒体艺术的传播和消费方式也发生了革命性的变化。

总之,数字媒体艺术的兴起与发展,不仅是技术进步的直接结果,也是人类文化创新的重要表现。它的发展不仅为艺术家们提供了新的表现手段,也为普通大众的文化生活带来了新的体验。未来,数字媒体艺术仍将以其独特的魅力和广阔的发展前景,继续在艺术的舞台上发挥着重要的作用。

（四）数字媒体产业的发展阶段

数字媒体产业的发展历程是一个复杂而又充满活力的过程,它不仅反映了技术进步的步伐,还映射出社会文化的变迁和经济模式的转变。从最初的传统媒体到现在的高度数字化、网络化的媒体形式,数字媒体产业经历了多个重要的发展阶段。

1. 初期阶段：计算机技术的初步应用

在数字媒体产业的发展历程中,计算机技术的应用可追溯至20世纪中叶,当时的技术革新为数字媒体的初步应用奠定了基础。在这一时期,计算机技术的应用主要集中在科学计算和数据处理领域,这些应用的实现标志着数字媒体技术的萌芽。

在初期阶段,计算机技术的应用主要集中在研究领域,如天气预测、航天计算以及原子能研究等。例如,早期的天气预测需要依赖复杂的气象模型和大量的数据分析,这些都离不开计算机技术的支持。同样,航天领域中的轨道计算和原子能研究中的原子核结构分析等也是计算机技术的重要应用领域。

随着计算机技术的不断发展,其在军事领域的应用也逐渐增多,计算机辅助设计（CAD）和计算机辅助制造（CAM）的出现,为设计和制造提供了新的可能性,这些应用不仅提高了效率,也为后来数字媒体技术的发展提供了技术基础。

尽管早期的计算机技术应用还存在诸多局限性,计算机的处理能力和存储容量相对有限,这限制了复杂算法的应用,输入和输出设备也相对笨重,限制了计算机技术的普及和应用。此外,编程语言的不成熟和操作系统的局限性也是制约计算机技术发展的因素之一。

尽管存在这些挑战,初期阶段的计算机技术应用为后来的数字媒体产业的发展打下了基础。随着计算机技术的进步,包括硬件性能的提升、存储容量的增加、输入输出设备的改进以及编程语言和操作系统的发展,数字媒体技术得以迅速发展,并逐渐应用于各个领域,如教育、娱乐等,这标志着数字媒体产业的全面爆发。

2. 成长阶段:互联网的兴起与网络时代

20 世纪 80 年代末到 90 年代初,随着个人电脑的普及和互联网的兴起,数字媒体产业的第一波浪潮开始了。这一时期,互联网作为一个全新的信息传播平台,为数字媒体提供了一个全新的舞台。人们开始通过拨号上网来获取信息,这标志着网络媒体的萌芽。20 世纪 90 年代中期,随着互联网技术的进步和网络基础设施的改善,网络媒体开始迅速发展。在线新闻、电子商务、在线视频等内容开始出现,网络媒体的形态更加多样化。这一时期,我们见证了一些互联网公司的兴起,如亚马逊、雅虎等,它们不仅改变了人们的生活方式,也推动了数字媒体产业的商业模式的创新。

(1) World Wide Web 的诞生及其影响

自 1989 年万维网(World Wide Web,简称 WWW)问世以来,它便开启了数字媒体时代的大门,对全球信息传播、媒体产业及社会生活产生了深远的影响。万维网的出现,不仅是技术进步的体现,更是信息时代来临的重要标志。

万维网的发明者蒂姆·伯纳斯-李(Tim Berners-Lee)在 CERN(欧洲核子研究组织)工作期间,为了方便科研人员之间的信息共享,提出并开发了万维网。这一创新将互联网的使用从单一的文本浏览转变为能进行超文本链接的复杂网络结构,极大地丰富了网络的内容和访问方式。

万维网的核心技术之一是超文本标记语言(HyperText Markup Language,简称 HTML),它为网络上的信息建立了标准化的格式,使得文本、图片、声音和视频等多种媒体形式得以在互联网上结合展示,进而形成了后来的网页(Web Pages)。超文本标记语言的出现,极大地促进了互联网内容的创作、发布和传播,为数字媒体的发展奠定了基础。

万维网的出现对媒体产业的影响是多方面的。它极大地降低了信息传播的成本,使得个人和组织能够以前所未有的速度和规模分享内容,还促进了新媒体业务模式的出现,如在线广告、电子商务、网络广告等,这些都为传统媒体行业带来了新的挑战和机遇。万维网也推动了数字媒体教育的发展,众多高校开设了与网络技术和数字媒体相关的课程和专业,培养了一大批适应数字时代需求的专业人才。

(2) 多媒体技术和数字技术的媒体应用

数字化时代,多媒体技术和数字技术的应用已经成为数字媒体产业发展的重要推动力。这些技术不仅改变了传统媒体的生产和消费方式,而且为信息的传递和接收提供了更加丰富多样的表现形式和平台。

多媒体技术的应用为数字媒体产业提供了强大的内容创作和表现手段。通过结合文字、图片、音频、视频等多种媒介,多媒体技术能够以更加直观、生动的形式呈现信息,提高了信息传递的效率和效果。例如,在新闻报道中,多媒体技术的应用可以通过图像、音频等元素,增强报道的现场感和真实性,从而提升新闻的吸引力和观众的信息接收体验。

数字技术的发展,尤其是互联网技术的普及,为多媒体内容的创作、存储、传播和接收提供了更为便捷的平台。数字技术的应用使得内容的创作和分享变得更加灵活和个性化,同时也使得内容的管理变得更加高效。例如,数字媒体技术的应用在 IT 产业中,可以通过大数据分析用户的行为和需求,为用户提供个性化的内容和服务,同时也为企业提供精准的市场定位和营销策略。

数字媒体技术的应用还体现在新媒体的快速发展上。新媒体平台如社交网络、博客、数字广告等,都大量应用了数字媒体技术,以更加直接和互动的方式与用户进行内容的创建和交流。这种互动性不仅增强了用户的参与感,也为内容的传播提供了更加广泛的渠道。在教育领域,数字媒体技术的应用也日益广泛。数字多媒体技术的多样性、交互性、非线性等特点,使其在教育教学中的应用更加灵活和有效。教师可以利用数字多媒体技术创造出更加吸引学生注意力的教学内容,而学生也可以通过这些技术获得更加个性化和深入的学习体验。

多媒体技术和数字技术的应用为数字媒体产业的发展提供了强大动力,不仅丰富了内容的表现形式,也拓展了内容的传播渠道,提高了信息传递的效率和用户体验。随着技术的不断进步,预计未来这些技术将在数字媒体产业中发挥更加重要的作用。

3. 成熟阶段：21 世纪的多元化发展

21 世纪初,随着智能手机和平板电脑的普及,数字媒体产业迎来了第二波浪潮。移动互联网的出现,让数字媒体内容的消费和创作更加便捷,内容形式也更加多样化,包括社交媒体、短视频、直播等。这一阶段,我们看到了社交媒体的兴起,如 Facebook(脸书)、Twitter、Instagram 等,它们不仅改变了人们的社交方式,也成为信息传播的重要渠道。进入 2010 年前后,随着大数据、云计算、人工智能等新技术的应用,数字媒体产业进入了一个全新的发展阶段。内容个性化、个性化推荐、智能化内容生产成为可能。同时,内容付费模式的兴起,如网剧、网络小说等,也为数字媒体产业带来了新的收入来源。至今,数字媒体产业仍在快速发展中,新的技术和商业模式不断涌现。例如,5G 技术的商用化将进一步加速数字媒体内容的传输和消费,VR、AR 等技术的发展也将为数字媒体产业带来新的可能性。总的来说,数字媒体产业的发展历程是与技术进步紧密相连的。每一次技术革新都为数字媒体产业带来了新的机遇和挑战,也都引发了产业内部的结构调整和产业结构的优化。未来,随着技术的不断进步,数字媒体产业还将迎来更多的发展机遇。

(1)数字媒体技术在多个行业的应用

数字媒体技术的应用已深入多个行业,其在不断的技术革新和应用探索中,为这些领域带来了显著的变革。在广告行业,数字媒体技术的应用已经非常广泛,通过数字媒体技术,广告内容可以实现更加丰富多样的呈现方式,如通过视频、3D 动画、虚拟现实(VR)等形式,提高广告的吸引力和影响力,使用 3D 立体影像商品的推广不仅提高了商品的展示效果,而且增强了消费者的购买意愿,从而提升了企业的经济效益。此外,数字媒体技术的应用还使得广告的投放更为精准,通过大数据分析,广告可以根据用户的兴趣和消费习惯进行定向投放,提高广告的转化率。

在网络电视、在线视频及流媒体服务领域,数字媒体技术的应用同样显著,数字技术不仅改变了视频的编码、传输、存储和播放方式,还使得用户体验得到极大提升,通过高清、4K/8K 视频技术,提供更加清晰、震撼的视觉体验;通过流媒体技术,用户可以随时随地访问视频内容,并享受个性化的推荐服务。这些技术的应用极大地丰富了用户的观看体验,并推动了在线视频产业的快速发展。

在教育行业,数字媒体技术的应用也日益增多。数字媒体技术的引入使得教学内容和方法更加多元化,如通过在线教育平台,学生可以随时随地访问学习材料,进行在线交流和讨论,同时利用虚拟现实、增强现实等技术提供沉浸式学习体验。这些技术的应用不仅提高了教学效果,还拓宽了学习的时间和空间限制,促进了个性化学习的发展。

此外,数字媒体技术在 IT 产业中的应用也不容忽视,数字媒体技术的发展使得 IT 产业的服务更加个性化、智能化。通过数字媒体技术可以实现更精准的用户界面设计,提供更加个性化的服务体验。运用大数据、云计算等技术,使得 IT 产业的数据处理和存储能力得到极大提升,同时为用户提供更快速、更稳定的服务。

数字媒体技术的应用已经深入各个行业,它不仅改变了传统行业的运营模式,还为这些行业的发展带来了新的动力和可能性。未来,随着技术的进一步发展,数字媒体技术的应用还将展现出更加广泛和深入的应用前景。

(2)数字媒体艺术的国际化和互动化

数字媒体艺术的国际化和互动化是随着全球化和信息通信技术的发展而日益显著的趋势。数字媒体艺术作为一种新兴的艺术形式,它的发展不仅仅局限于一个国家或地区,而是跨越国界,形成了全球性的文化现象。这种艺术形式的国际化表现在它的创作、传播、展示和接受等多个层面上。

一是数字媒体艺术的国际化体现在它的创作与合作上。随着互联网的普及和数字技术的发展,艺术家们得以在虚拟空间中进行跨文化的交流与合作。这不仅打破了物理空间的限制,也使得不同文化背景的艺术家能够共同参与到数字媒体艺术的创作过程中,从而丰富了这一艺术形式的多样性和包容性。例如,通过网络平台,艺术家们可以实时交流创意、分享作品,甚至在线上工作室中共同完成一件数字媒体艺术作品的创作。

二是数字媒体艺术作品的传播也具有明显的国际化特征。互联网作为一个无国界的平台,使得这些艺术作品能够迅速传播到世界各地,观众无需离开家门就可以欣赏到来自世界各地的艺术创作者的作品。这种即时性和广泛性极大地扩展了数字媒体艺术的受众基础,并为艺术家提供了更广阔的舞台。

三是数字媒体艺术的互动性也是其国际化的一个重要方面。与传统艺术不同,数字媒体艺术作品往往具有较强的参与性和互动性。观众可以通过各种数字设备与艺术作品进行互动,这种互动不仅增加了艺术的参与感和体验感,也使得艺术作品的解读和欣赏变得更加个性化和多元化。例如,虚拟现实(VR)技术的应用,可以让观众在虚拟环境中与艺术作品进行直接的互动。这种沉浸式的体验是数字媒体艺术的一大特色。

四是数字媒体艺术的国际化和互动化也带来了新的艺术教育和学术研究的机遇。随着这一领域的快速发展,越来越多的艺术院校和研究机构开始设立数字媒体艺术相关的专业和课程,致力于培养具有国际视野和互动能力的新时代艺术家。同时,这也推动了相关学术研究的深入,并为艺术理论的发展和艺术史的书写增添了新的篇章。

数字媒体艺术的国际化和互动化是其作为一种现代艺术形式的重要特征之一,它不仅促进了全球文化的交流与融合,也为艺术家提供了更多的创作自由和表达空间,同时也为艺术爱好者提供更加丰富和多元的审美体验。随着技术的不断进步和全球化进程的深入,数字媒体艺术的国际化和互动化将继续深化,其在未来艺术发展中的地位和作用不容小觑。

二、数字化转型对传统媒体的影响

在数字化转型的大潮中,传统媒体面临着巨大冲击,但也孕育了各类转型的机会。数字化转型赋予传统媒体全新的生命力,使其在生产、传播、管理等方面得到显著提升。然而,转型过程中也伴随挑战,包括技术障碍、市场竞争和受众流失等问题。

广告收入模式的变化也对传统媒体的数字化转型具有重要影响。传统媒体依赖广告收益,但在数字化浪潮中,传统广告模式面临挑战。数字广告的精准投放和效果评估相比传统广告模式具有显著优势,使得广告主更倾向于选择数字媒体进行投放。同时,广告技术的发展也给传统媒体带来了新的机遇。通过大数据技术,传统媒体可以实现精准广告投放,依据用户画像进行精准推荐,提升广告效果,增加广告收益。例如,通过数据分析和挖掘,识别潜在的高价值用户,制定个性化广告策略,有效提高广告的点击率和转换率,从而使广告投放更具价值。

数字化转型给传统媒体带来机遇的同时,也伴随着诸多挑战。首先是技术层面的挑战,数字化转型需要先进的技术支持,包括大数据、云计算、人工智能等,而传统媒体在技术储备和应用能力上普遍存在不足。其次是市场竞争的加剧,随着新媒体的快速崛起,传统媒体的市场份额受到挤压,必须不断创新和变革,以应对竞争压力。另外还有用户流失的问题,传统媒体的用户群体逐渐老化,年轻一代更倾向于通过新媒体获取信息,因此,传统媒体需要通过内容创新和平台升级,以吸引更多的年轻用户,保持用户基数的稳定和增长。

在这种背景下,传统媒体应采取积极措施,加快数字化转型的步伐。要加大技术投入,提升技术创新能力。在这一过程中,可以通过与技术公司合作,提高技术应用的效率和水平。优化内容生产和分发体系,利用大数据和人工智能技术,实现内容的精准生产与智能分发,提高传播效果。同时,加强用户互动,提升用户黏性,通过多渠道、多平台与用户建立更紧密的联系,挖掘潜在用户价值。在广告投放方面,积极探索数字广告模式,利用大数据技术,实现精准广告投放,增加广告收益。此外,传统媒体还应注重培养和引进高素质的数字化人才,提升团队的数字化技能和创新能力,为数字化转型提供人才保障。

数字化转型对传统媒体既是挑战,也是机遇。通过积极应对挑战,合理利用技术革新和市场需求,传统媒体能够在数字化浪潮中实现自我革新和突破,重塑竞争力。在未来的媒体生态中,传统媒体与新媒体的融合发展,将推动整个媒体行业的持续进步。

第二节　全球数字媒体产业的发展现状

一、数字媒体产业的全球发展趋势

1. 数字媒体产业的全球市场规模

数字媒体产业作为全球信息化和信息技术发展的重要组成部分,其市场规模的快速增长已成为不可忽视的经济现象。全球数字媒体产业的市场规模不断扩大,其包含的细分市场众多,如数字音频、视频、游戏、移动应用、在线教育、远程教育、数字学习等,这些领域的发展都为全球数字媒体产业的增长作出了重要贡献。

贝哲斯咨询研究报告称,2022年全球数字媒体市场规模为9344.27亿元人民币。然而,不同来源的数据存在一定的差异,例如,另一份报告指出2022年全球数字媒体市场规模为838 248.57万美元。这些数据表明,尽管统计口径和方法有所不同,但整体趋势一致,即全球数字媒体市场正在快速增长。联合国世界人口数据显示,目前全球人口达到80.8亿人,自2023年同期以来,全球人口增加了7400万人,同比增长0.9%。截至2024年年初,全球手机用户人数已达到56.1亿人。GSMA移动智库的最新数据显示,自2023年年初起,全球总人口中有69.4%使用移动设备,全球总数增加了1.38亿(+2.5%)。目前,全球人口中超过66%的人口使用互联网,最新数据显示的全球互联网用户总数为53.5亿人。自2023年年初以来新增用户达9700万,全球互联网用户在过去12个月增长了1.8%。Statista数据显示,2018年至2023年,全球电商营收从1.52万亿美元增长至3.15亿美元,增幅达到惊人的108%,并且该增长趋势将延续至2028年。而在2024年,全球电商营收预计将达到3.64万亿美元。未来几年,全球数字媒体市场预计将继续保持高速增长。根据睿略咨询的预测,到2028年,全球数字媒体市场规模将达到103 405.18亿元人民币,年均复合增长率为11.05%。贝哲斯咨询则预测,到2029年,全球数字媒体市场规模将达到114 117.96亿元人民币。这些预测表明,全球数字媒体市场在未来几年内将继续保持强劲的增长势头。

亚太地区作为全球媒体娱乐产业最发达的市场,其数字媒体产业的发展尤为迅速。中国的数字经济发展迅猛,数字媒体产业的快速增长为国家的经济增长贡献了显著的力量。尤为突出的是中国互联网络信息中心(CNNIC)发布的第54次《中国互联网络发展状况统计报告》显示,截至2024年6月,中国网民规模近11亿人(10.9967亿人),较2023年12月增长742万人,互联网普及率达78%。此外,根据波士顿咨询公司(BCG)的预测,到2035年,中国的数字经济规模预计将达到16万亿美元,这为数字媒体产业的进一步发展提供了广阔的市场空间。[①]

全球数字媒体产业的快速发展不仅推动了市场规模的扩大,还为就业市场带来了大量的工作机会。贝哲斯咨询发布的《数字媒体市场发展前景预测报告:行业规模与增长趋势分析》指出,预计到2029年,全球数字媒体市场规模将达到114 117.96亿元,年复合增长率预估为11.05%。这一数据表明,数字媒体产业的规模正在迅速扩大,对专业人才的需求也在不断增加。如数字媒体专业的毕业生

---

① 芦娟. 武汉数字媒体艺术产业发展及人才培养研究[J]. 中国商论,2018(33):189-190.

可以在广播电视系统、新闻出版、通信公司、广告设计制作公司、动画制作公司、游戏制作公司、会展公司等行业就业。这些行业的需求增长直接推动了就业市场的扩展。随着技术的不断进步和创新,虚拟现实、增强现实、人工智能等新兴技术的兴起,为数字媒体技术专业人才提供了更多的发展机会。这些多样化的工作机会反映了数字媒体产业的广泛应用和对专业人才的高需求,这些新兴技术的应用领域广泛,涵盖了教育、医疗、娱乐等多个行业,进一步扩大了就业市场。数字媒体专业的毕业生可以在多个行业找到就业机会,涵盖了从影视制作到虚拟现实开发的广泛领域。这些新兴技术和应用领域的扩展,使得数字媒体产业成了一个充满机遇的领域。

综上所述,全球数字媒体产业的市场规模在过去几年中呈现出快速增长的态势,其发展速度更是引人瞩目。数字媒体产业的快速发展不仅为全球经济的增长作出了重要贡献,也为全球就业市场提供了大量的工作机会。随着技术的进步和消费需求的不断扩大,预计未来全球数字媒体产业的市场规模将继续保持增长势头。

2. 数字媒体产业的全球主要参与者

在全球范围内,数字媒体产业的快速发展已经吸引了众多的参与者,其中包括国家政府、跨国公司、独立内容创作者和内容创作机构、教育机构以及技术提供商等。这些参与者在不同的层面和方面,共同推动了数字媒体产业的进步与创新。

国家政府层面上,诸多国家已经认识到数字媒体产业对于经济发展和文化软实力的重要性,并通过政策支持、资金扶持、法规制定等方式积极参与其中。例如,英国政府通过定义文化创意产业的范围、设立专门的管理部门、推出数字化战略等措施,促进了本国文化创意产业的快速增长。美国则通过版权产业政策的制定与执行、非政府组织的支持等方式,保障了版权产业的持续健康发展。日本和韩国政府也高度重视文化软实力的提升,通过制定相应的国家战略和政策,推动了本国数字内容产业的快速发展。

在跨国公司层面上,如亚马逊、腾讯、索尼、迪士尼等科技巨头和内容制作公司,它们不仅提供了包括内容创作、分发、平台提供等多元化的服务,而且通过不断的技术创新和内容创新,推动了整个数字媒体产业的升级和内容的多样化。这些公司通过自身的全球网络和强大的市场影响力,对全球数字媒体产业的发展起到了决定性的作用。

独立内容创作者和内容创作机构也是数字媒体产业的重要参与者。随着数字技术的普及和社交媒体平台的兴起,个人和小型团队能够以低成本的方式创作和发布内容,这不仅降低了创意产业的门槛,也加速了创新和内容的多元化。他们的作品往往具有独特性和创新性,是推动行业发展的重要力量。

教育机构在培养数字媒体领域的专业人才方面发挥着关键作用。通过提供相关的课程和培训计划,这些机构不仅为学生提供了必要的技术和创意技能,也为产业界输送了大量的专业人才,这对于维持和推动数字媒体产业的持续发展至关重要。

技术提供商,包括软件开发商、硬件制造商和服务提供商,为数字媒体产业提供了必要的技术基础设施和服务支持。他们通过不断的技术进步和创新,为内容创作、内容分发、内容消费等各个环节提供了强大的技术支撑。

全球数字媒体产业的发展是一个涉及多方参与、多个环节的复杂生态系统,不同的参与者通过各自的角色和贡献,共同推动了产业的进步与创新。未来,随着技术的进一步发展和市场需求的日益增长,全球数字媒体产业将继续保持快速的发展态势。

二、主要国家和地区的数字媒体产业发展现状

1. 北美的数字媒体产业发展

在北美,数字媒体产业的发展已经成为推动经济增长的重要力量。尤其是在美国,数字媒体产业不仅在技术创新上走在世界前列,而且在商业模式的创新、市场规模的扩张以及对经济的贡献方面也显示出强大的动力。

美国的数字媒体产业包括但不限于互联网、社交媒体、在线视频、网络游戏、移动应用、数字出版等领域。这些产业的快速发展得益于美国在信息技术方面的领先地位,以及其健全的创新生态系统。美国拥有的硅谷作为全球创新和技术研发的中心,为数字媒体产业提供了丰富的人才、技术和资本。

美国的数字媒体产业的另一个特点是其对经济的巨大贡献。一些数据指出,数字媒体产业在美国经济中的比重正逐年上升,其产值能占到美国 GDP 的 4% 左右。这一比例的提升,不仅为美国创造了大量的就业机会,也为其经济的多元化发展提供了新的动力。

此外,美国政府对于数字媒体产业的发展也给予了积极的支持。例如,美国联邦通信委员会(FCC)"网络中立性"政策的调整,以及对版权法的不断更新,都在一定程度上为数字媒体产业的发展提供了良好的外部环境。同时,美国还通过各种政策和资金支持,如小企业创新研究计划(SBIR),激励企业进行技术创新和产业升级。

综上所述,北美的数字媒体产业在技术创新、市场规模、经济贡献以及政府支持等方面都表现出了强大的生命力和发展潜力。未来,随着技术的进一步发展和全球化的深入,美国的数字媒体产业有望在全球范围内继续保持其领导地位,并对世界经济产生更加深远的影响。

2. 欧洲的数字媒体产业发展

欧洲的数字媒体产业发展呈现出多元化的趋势,不同的国家和地区在数字化转型的过程中展现出各自的特色和亮点。数字出版作为其中的一个重要组成部分,其发展态势引人瞩目。本节主要探讨欧洲数字出版产业的发展现状及其在全球范围内的发展趋势。

欧洲数字出版产业的发展得到了欧盟的大力支持。自 2014 年起,欧盟委员会投资 14.6 亿欧元实施"创意欧洲"项目,涵盖文化、媒体和跨界项目,其中媒体项目占比最高,这为欧洲数字出版产业的发展提供了坚实的基础和动力。此外,各国政府也纷纷出台相关政策,如法国的文化数字化发展战略和英国的数字化战略,这些政策的出台不仅为数字出版产业的发展指明了方向,也为其提供了发展的动力和保障。

在数字化转型的过程中,大数据和云计算的应用为数字出版产业的发展注入了新的活力。这些技术的应用不仅优化了出版商的生产、运营流程,还为出版内容的创新提供了数据支持,帮助出版商更好地理解和满足读者的需求。例如,通过大数据分析,出版商可以更精准地定位目标读者群体,以实现内容的个性化定制,从而提升用户体验和阅读体验。

此外,人工智能的应用也为数字出版产业的发展带来了新的可能性。人工智能技术的应用不仅能够改变数字出版产品的形态,还能够促进内容生产方式的转型,推动产业的跨界融合。例如,人工智能可以辅助编辑和作者进行内容创作,甚至可以作为独立的内容创作者,创作出符合市场需求的新型出版产品。

尽管数字出版产业在欧洲呈现出积极的发展态势,但也面临着一些挑战。例如,尽管电子书市场在一些国家如英国呈现出增长趋势,但在德国等其他国家,电子书市场的发展并不乐观,这反映出不同国家的文化习惯、消费能力和技术接受度等因素对数字出版产业发展的影响。

综上所述,欧洲数字出版产业在欧盟的支持以及各国政策的推动下,正逐步向数字化、智能化的方向发展。大数据、云计算和人工智能等新兴技术的应用,为产业的创新提供了新的动力。未来,随着技术的进一步发展和市场需求的不断变化,欧洲数字出版产业有望实现更加广泛和深入的发展。

3. 亚洲的数字媒体产业发展

亚洲的数字媒体产业发展呈现出多元化的发展模式,其中以中国、日本和韩国的发展最为显著。这些国家不仅在技术上取得了显著进步,而且在市场应用和产业规模上也有了突破性的发展。

我国的数字媒体产业虽然起步较晚,但发展速度快,已经形成了包括视频图像、动画、网络、互动多媒体、数字设计等为主要形式的产业链[①]。我国的数字媒体产业的快速发展得益于其对发达国家先进经验的借鉴,并结合本国的实际情况进行本土化发展。在政策支持下,我国政府投资建立了多个数字媒体技术产业化基地,如北京、上海、成都等,这些基地不仅提供了良好的发展空间,也促进了相关技术的研发和产业化。此外,我国的数字媒体产业的快速增长也带动了相关服务业和制造业的发展,成为国家新的支柱产业之一。

日本的数字媒体产业近年来取得了显著的发展,尤其在 5G 基础设施建设、大数据整合以及智能媒体等方面取得了重要进展。从市场规模来看,日本的数字媒体市场预计将在 2024 年至 2027 年间以 6.2% 的年增长率增长,到 2027 年市场规模将达到 488.9 亿美元。这一增长趋势表明,日本的数字媒体产业具有巨大的发展潜力和市场前景。在具体产业方面,日本的互联网产业、动漫与游戏产业、数字电视产业等新媒体产业均走在世界前列。尤其是移动新媒体产业的发展经验值得借鉴,日本在高清晰度电视到数字电视的研发上精益求精,并将广播电视与通信进行了很好的融合[②]。日本政府对数字媒体产业的支持体现在人才培养和技术研发上,使得日本在动画制作技术等方面处于国际先进水平。日本政府通过"智慧城市"计划和资金支持,推动了 5G、人工智能和物联网等技术在数字媒体中的应用。日本的广播和电视行业数字化水平也较高,各电视台和内容生产企业通过虚拟现实技术和互动技术,为用户提供了多样化的体验。

韩国的数字媒体产业同样表现突出,特别是在流媒体内容的制作与国际化传播方面。根据澎湃新闻报道,韩国将流媒体产业发展作为国家战略,特别重视将流媒体作为数字媒体的首要发展方向,提出了全面的扶持方案,及时修订相关法规以推进流媒体内容与平台的国际化。全球流媒体市场近年来迅猛增长,2018 年市场规模为 760 亿美元,到 2022 年增至 1410 亿美元,几乎翻了一番。韩国国内的流媒体市场同样快速增长,2019 年市场规模为 8131 亿韩元,2021 年增至

① 贺鹏. 数字媒体时代下的专业课程建设[J]. 中国新通信, 2016, 18(22): 129.

② 阴瑞. 日本移动新媒体产业发展历程及现状研究——评《日本新媒体产业》[J]. 新闻爱好者, 2019 (05): 97.

11 567亿韩元,用户数也从2020年的1810万人增加到2022年9月的2543万人。韩国流媒体产业的国际化发展面临着机遇与挑战。"韩流"内容,如韩剧、K-pop等,在全球具有竞争力,2021年出口额突破70亿美元。韩流内容的出口不仅带来直接收益,还有效带动了旅游、化妆品、电子产品等其他韩国品牌产品的出口,并促进了韩国国内的生产和就业。据韩国进出口银行2022年发布的数据显示,韩流内容出口每增加1亿美元,可带动1.8亿美元的其他产品出口及3.3亿美元的本土生产和2982人就业[①]。然而,韩国本土流媒体平台在国际化发展上相对滞后,面临与全球型平台如Netflix(奈飞)的竞争。为了提升竞争力,韩国政府采取了一系列措施,包括提供系统全面的扶持方案、及时修订法规,以及通过政府和民间共同出资组建大型流媒体基金,以强化本土流媒体平台的国际竞争力。此外,韩国政府还特别强调传播韩国的国际影响力,尤其是网络视听媒体内容的传播。韩国政府计划增加对"K-网络视频服务内容基金"的投资,以支持韩国网络视频服务进军海外市场,并提出打造"全球数字媒体"的目标。这些策略和实践为其他国家在新形势下加强国际传播能力建设、拓展国际传播渠道提供了借鉴。

综上所述,亚洲的数字媒体产业在技术创新、市场拓展和政策支持的共同推动下,呈现出快速发展的态势。各国根据自身的文化特点和技术优势,发展出具有本国特色的数字媒体产业,并在全球范围内形成了一定的竞争优势。未来,亚洲的数字媒体产业有望继续保持增长势头,为全球数字媒体产业的发展作出更大贡献。

三、数字媒体产业的主要企业及其商业模式

在数字媒体产业中,企业借助大数据和人工智能等技术显著提升了内容生产与传播效率,推动了商业模式的创新与转变。以下分析全球主要数字媒体企业及其商业模式,以展示数字媒体产业的发展态势。

facebook(脸书)的商业模式主要是基于社交媒体平台的广告投放。脸书通过对用户信息的深度挖掘和分析,精准定位目标用户,并为广告主提供极具针对性的广告服务。例如,脸书的自助广告工具可以让广告主根据用户的年龄、性别、地理位置、兴趣爱好等多维度特征进行广告筛选和投放。此外,脸书还通过Instagram等子平台扩展其广告业务。这些都得益于庞大的用户基础和丰富的用户数据,脸书在广告投放的精准性和效果评估方面具备显著的竞争优势。

Amazon(亚马逊)作为全球最大的电子商务平台之一,其商业模式除了在线零

---

① 李在荣,安泳珉.韩国流媒体产业的国际化发展策略研究[J].传媒,2023(09):19-21.

售外,还在数字广告、流媒体服务等领域取得了显著成效。亚马逊的广告业务依托其庞大的用户和商品数据,通过 Amazon Advertising 平台为广告主提供精准的广告投放服务。亚马逊能够根据用户的购物行为、浏览历史和商品评价,实现高度个性化的广告推荐。此外,亚马逊的流媒体服务 Amazon Prime Video 也通过会员订阅和广告收入进一步增强了其商业模式的多样性和稳定性。

美国 Netflix(奈飞)公司作为全球知名的视频流媒体平台,以会员订阅和原创内容生产为核心的商业模式得到广泛认可。该公司通过大数据技术分析用户的观影行为,定制化地推荐内容,从而提升用户体验和订阅转化率。该公司还基于数据分析的结果,投资制作或者采购用户喜爱的影视内容,形成了"数据驱动内容生产"的独特商业模式。此外,奈飞公司也在全球范围内推广其原创内容,吸引了大量的国际订阅用户,进一步扩大了市场份额。

字节跳动旗下的短视频平台抖音(TikTok)和新闻聚合平台今日头条(Toutiao)是其核心业务。字节跳动通过人工智能和大数据技术实现个性化信息推送,极大地提升了用户的黏性和使用时长。抖音和今日头条通过内容推荐算法,将最符合用户兴趣的内容精准推送给用户,从而提高广告点击率和转化率。字节跳动的盈利模式主要依靠广告收入,并通过短视频电商等新业务拓展收入来源。

综上所述,全球主要数字媒体企业在大数据和 AI 技术的支撑下,纷纷创新其商业模式,通过精准广告投放、会员订阅服务和内容生产等多种手段实现商业化和盈利。这些企业的成功经验为数字媒体产业的发展提供了宝贵的借鉴意义。

第三节 中国数字媒体产业发展现状

一、市场规模与增长趋势

中国的数字媒体产业近年来展示出迅猛的发展势头,市场规模持续扩大,增长趋势显著。根据国家统计局等权威机构发布的数据,截至 2023 年年底,中国的数字媒体市场迎来了诸多关键性发展机遇,反映了各个细分领域的快速崛起和整体产业结构的不断完善。

在视频流媒体领域,市场规模的迅猛扩展成为整个数字媒体产业增长的主要驱动力。据统计,2023 年,中国的视频流媒体市场收入约达11 524.81 亿元,同比实现大幅增长,其年均复合增长率预计在未来五年内保持在 10% 以上。伴随着人工智能和大数据技术的深度应用,流媒体平台能够提供更加个性化的内容推荐和用户体验,从而吸引并留住大量用户。与此同时,随着5G技术的大规模商用,高清视频内容的制作和分发成本显著降低,进一步推动了市场的快速扩张。

音乐流媒体市场在数字化转型的推动下也实现了显著增长。2023年,中国音乐流媒体市场规模约为170亿元,预计到2028年这一数字将增长至300亿元。这一增长主要得益于用户订阅服务的普及和对高质量内容的不断投入。音乐流媒体平台通过精细化运营和大数据分析,能够精准匹配用户喜好,提升用户体验,并通过广告和会员订阅实现收入的多元化。

在新闻和出版领域,传统出版机构纷纷向数字化转型,开拓新的市场。据统计,2023年,中国的数字出版市场规模约为160亿元,预计到2028年将增至250亿元。通过采用电子书和在线订阅模式,出版机构大大扩展了读者群体,并通过数字广告和付费内容实现新的收入来源。

广告市场的数字化转型也为数字媒体产业的增长提供了强劲动力。2023年,中国的数字广告市场规模约为4500亿元,未来几年预计将达到8000亿元。数字广告依托大数据和人工智能技术,通过精准广告投放,提高了广告的覆盖率和实际效果。领先的广告平台,如facebook(脸书),通过不断完善用户数据积累和投放算法,极大地提升了广告主的投资回报率。

互动娱乐领域如电子竞技和移动游戏同样展现出强劲的增长势头。2023年,中国的互动娱乐市场规模超过2000亿元,预计到2028年达到3500亿元。其中,移动游戏市场的快速增长尤为显著,这主要归因于手机性能的提升和5G网络的普及。电子竞技行业也因其广泛的用户基础和国际赛事的推广,吸引了大量的观众和投资者,成为推动市场扩张的重要因素。

根据清华大学新闻与传播学院、社会科学文献出版社、央视市场研究股份有限公司(CTR)、中国广视索福瑞媒介研究有限责任公司(CSM)、中国新闻史学会传媒经济与管理委员会2023年在北京联合发布的《传媒蓝皮书:中国传媒产业发展报告(2023)》(以下简称"蓝皮书")。蓝皮书显示,2022年中国传媒产业总产值为29 082.5亿元,在经过几十年的高速增长后,中国传媒产业进入以数据为基础、以科技为驱动、产业结构不断优化的结构性调整阶段。

互联网平台已经成为社会信息传播的主要场域,大众媒体、自媒体、社交媒体等多种媒体共生共存,传媒生态呈现多元共生的状态。新技术推动传媒发展浪潮不断向前、传媒时空边界拓宽、传媒生态不断演进,促使传媒产业发展迎来更多可能。元宇宙、云计算、人工智能等技术不断渗透至传媒产业链各环节,媒介应用场景更加多元。随着ChatGPT等人工智能产品的爆红,新技术对全球传媒领域的影响再次引发广泛的讨论。资本力量入局人工智能产业,人类以何种方式处理和应对全面数字化和智能化时代下的人机关系,将成为全球传媒产业发展的未来命题。[①]

综上所述,中国数字媒体产业的市场规模和增长趋势反映了技术进步和用户需求共同推动下的高速发展。大数据、人工智能和 5G 技术在各个细分领域的普及和应用,不仅提升了内容的生产效率和传播效果,还带来了用户体验的显著提升。展望未来,随着技术的不断革新和市场需求的持续增加,中国数字媒体市场将继续保持高速增长,并展现出巨大的潜力和前景。在数字文化、数字广告、视频流媒体、音乐流媒体和互动娱乐等多个领域,中国的数字媒体产业将发挥越来越重要的作用。

二、主要地区的产业布局及其特点

近年来,中国数字媒体产业在技术进步和政策推动下取得了显著发展。这个发展不仅体现在市场规模和增长速度上,还表现为地区产业布局的差异化和特色化。

(一)北京

北京作为我国的政治、文化和科技创新中心,在数字媒体产业的布局与发展方面具有显著优势,因其独特的政治、经济和文化地位,一直是我国数字媒体产业重要的枢纽。北京不仅拥有丰富的媒体资源,还集聚了大量的政府机构和高等教育院校,培育了大量的数字媒体人才。近年来,北京凭借强大的政策支持、丰富的人才资源以及领先的技术创新能力,成为中国乃至全球数字媒体产业的重要枢纽。根据国家权威数据,北京的数字经济规模占 GDP 的比重已超过 40%,而数字媒体产业作为其中的关键组成部分,涵盖了短视频、流媒体、在线教育、数字广告、新闻资讯等多个领域。北京的数字媒体产业不仅有巨头企业的带动,如字节跳动(抖音、今日头条)、爱奇艺、搜狐等互联网巨头的总部均设在北京,还受益于该城市丰富的高校资源和科研机构的技术支持。北京拥有国内领先的互联网基础设施和前沿技术储备,是全国数字媒体技术创新和内容生产的中心之一。

北京的数字媒体产业发展离不开政策的有力支持。北京市政府近年来出台了一系列政策,旨在推动数字经济与文化创意产业的深度融合。例如,《北京市"十四五"时期文化产业发展规划》明确指出,数字媒体产业是文化产业的重要组成部分,强调要推动数字媒体与科技的融合,支持创新型企业做大做强。《北京市促进文

---

① 张守营. 中国传媒产业进入结构性调整阶段[N]. 中国经济导报,2023-08-19(004).

产业高质量发展若干政策》则从财政支持、税收优惠、投融资等多方面为数字媒体企业提供成长空间,尤其在内容创新、版权保护、市场拓展等方面给予了明确的政策引导,这些政策为数字媒体企业提供了政策支持和资金保障。如中关村科技园区,集聚了大量高科技企业和创新型中小企业,为数字媒体产业提供了丰沃的创新土壤。中关村不仅是科技创新的高地,也是数字媒体技术的研发和应用中心。此外,北京还拥有雄厚的文化产业基础,故宫博物院、国家博物馆等文化机构通过数字化手段,实现了文化资源的数字化和全球传播,成为数字媒体产业发展的重要支撑。同时,北京市政府大力推动"文化+科技"的发展模式,鼓励数字媒体企业积极应用人工智能、大数据、虚拟现实(VR)等新兴技术,以提升内容生产和传播的智能化水平。此外,北京市政府还加大了对数字文化创意人才的培养力度,并通过政策引导推动更多创新型企业和创意人才在北京聚集,增强了产业的创新活力和全球竞争力。

在技术创新和产业融合方面,北京的数字媒体产业展现出强大的驱动力。首先,人工智能和大数据技术的深度应用,推动了内容生产和传播模式的变革,特别是在个性化推荐、用户行为分析和数字广告精准投放等领域表现突出。以字节跳动的抖音和今日头条为例,这些平台通过大数据分析用户的行为和兴趣,能够实现精准的内容推荐,极大提升了用户体验和平台的黏性。此外,随着5G技术在北京的逐步推广,数字媒体产业的传播速度和内容质量得到了显著提升,特别是在高清视频、虚拟现实等沉浸式内容的应用场景中,5G技术为未来的数字媒体发展提供了广阔的空间。与此同时,跨产业融合趋势也愈发明显,数字媒体与电商、金融、广告等行业的深度合作催生了新的商业模式,如直播电商、短视频带货等形式的出现,极大地推动了内容的商业化转化。在这种背景下,北京的数字媒体产业不仅在技术上处于前沿地位,还形成了以内容驱动、技术创新为核心的产业生态,推动了全国数字媒体产业的高质量发展。

（二）上海

上海作为中国最具国际化特征的城市之一,其数字媒体产业的发展展现出强烈的国际视野与文化创意特色。凭借其独特的地理位置、开放的经济环境以及丰富的文化资源,上海在中国数字媒体产业版图中占据着重要地位。近年来,上海的数字媒体产业不仅依托其雄厚的影视制作、广告创意和文化传播基础,还在数字技术的支持下快速扩展,形成了涵盖影视制作、广告创意、文化传播、时尚内容等多个领域的完整产业链。根据国家相关部门及上海市政府发布的数据显示,上海的数字文化产业年均增速保持在10%以上,尤其是在影视制作和广告创意产业的引领下,上海逐渐成为中国文化创意产业的核心城市之一。

在政策层面,上海市政府高度重视文化创意产业与数字技术的融合发展,出台了一系列政策措施来推动数字媒体产业的转型升级。如《上海市促进文化创意和设计服务与相关产业融合发展行动计划(2021—2025 年)》《上海市文化创意产业发展"十四五"规划》明确提出,上海将进一步推动文化创意产业与数字经济的深度融合,依托人工智能、5G、云计算、大数据等前沿技术,推动影视、广告、传媒等传统文化行业的数字化转型。另外黄浦江两岸的"一江双城"发展战略也在推动数字媒体产业的集聚和升级,张江高科技园区和自贸区(临港新片区)成为上海重要的数字媒体产业集聚区。这些区域拥有先进的基础设施和完善的配套服务,为数字媒体企业的创新和发展提供了优越的环境。近年来,上海在电竞、影视制作和数字文化贸易等领域表现尤为突出,全球知名的电竞赛事和电影节均在上海举办,并吸引了大量国际知名企业和专业人士的关注和参与。同时,上海市政府还积极营造开放的创新环境,吸引国内外数字媒体企业和创意人才的集聚,打造国际化的文化创意产业高地。通过政策支持,上海的数字媒体产业得以在内容生产、技术应用、市场拓展等多个方面取得显著进展。此外,上海还加大了对中小型文化创意企业的扶持力度,设立专项基金和产业孵化器,以推动创新型企业在数字媒体领域的快速成长。

在国际化和文化创意方面,上海的数字媒体产业呈现出独特的优势。作为中国最具国际化的城市,上海吸引了大量国际传媒集团的区域总部落户,如迪士尼、索尼影视等全球知名企业的亚太总部均设在上海。这使得上海在数字媒体领域拥有与国际接轨的内容生产和传播能力,尤其是在影视制作和广告创意领域,上海的国际合作与跨境传播能力得到显著提升。上海国际电影节、上海广告节等大型文化活动也逐渐成为全球文化产业的重要平台,吸引了大量国际资本和创新资源。此外,上海的文化创意产业与时尚、艺术、设计等领域紧密结合,形成了独具特色的"文化＋时尚＋科技"模式。影视制作公司、广告创意机构以及文化传播企业依托上海的时尚产业与国际文化交流平台,不断推出符合全球受众需求的创新内容,这极大地推动了上海在国际数字媒体产业中的话语权。

技术创新同样是上海数字媒体产业快速发展的重要推动力。上海在人工智能、5G、虚拟现实(VR)等技术领域的研究与应用走在全国前列。5G 技术的推广使得超高清视频、沉浸式内容和虚拟互动成为现实,为数字媒体产业创造了新的内容形式和传播方式。上海的影视制作公司和广告创意机构积极应用这些前沿技术,提升内容的制作质量和用户体验。例如,虚拟现实和增强现实(AR)技术在广告创意中的应用,使得广告内容更加互动化和沉浸化,极大地提高了广告的传播效果和用户参与度。此外,上海的数字媒体企业还积极探索"文化＋科技"的新模式,通过数字技术与文化创意的融合,推动了内容生产的智能化和多样化。例如,依托大数据和人工智能技术,广告公司能够精准分析受众行为,定制广告内容,从而提高了广告的投放效果和转化率。

上海的数字媒体产业在国际化、文化创意和技术创新方面展现出强劲的发展势头。依托其开放的经济环境、丰富的文化资源以及政府的政策支持,上海已逐步成为中国乃至全球数字媒体产业的重要枢纽。未来,随着5G、人工智能等新技术的进一步应用,上海的数字媒体产业将继续在内容创新、技术应用和国际合作方面保持领先地位,推动数字媒体与文化创意产业的深度融合,引领中国数字媒体产业的国际化发展进程。

(三)广东(广州和深圳)

广东省,尤其是广州和深圳,作为中国数字经济的核心区域之一,在数字媒体产业的布局与发展方面具有显著的优势。凭借雄厚的经济基础、领先的科技创新能力以及开放的市场环境,广东省的数字媒体产业在全国范围内占据了重要地位。广东省是中国互联网产业的发源地之一,拥有腾讯、网易等全球知名的互联网公司,这为数字媒体产业的快速发展提供了强有力的支撑。近年来,随着5G技术、人工智能、大数据等前沿技术的广泛应用,广东的数字媒体产业呈现出强劲的增长势头,涵盖了社交媒体、在线游戏、短视频、动漫、音乐流媒体等多个领域。

1. 广州：内容生产与文化创意中心

广州作为广东省的省会城市,数字媒体产业的布局具有鲜明的内容生产和文化创意特色。广州拥有丰富的文化资源和悠久的文化历史,这为数字媒体内容的生产提供了深厚的创意基础。近年来,广州的数字媒体产业逐渐形成了以游戏开发、动漫制作、短视频和文化传播为主的产业结构,成为中国南方重要的数字内容生产基地。

游戏与动漫产业方面,广州是中国游戏产业的发源地之一,拥有一批在国内外享有盛誉的游戏开发公司,如网易游戏和三七互娱等。广州的游戏产业不仅在国内市场占据重要地位,还通过国际合作和海外发行,在全球游戏市场中具有较强的竞争力。此外,广州也是中国动漫产业的重要基地,许多知名的动漫制作公司和工作室都集中于此。广州的动漫产业以内容创新和文化输出为特色,通过与数字媒体平台的结合,推动了动漫内容的多元化发展。

短视频与文化传播方面,随着短视频平台的兴起,广州的数字媒体企业迅速抓住这一风口,推动了短视频内容的快速生产和传播。广州的短视频内容以文化传播、生活方式、娱乐节目等为主,依托南方丰富的文化资源,形成了独具区域特色的内容风格。通过与抖音、快手等短视频平台的合作,广州的短视频产业不仅在国内市场取得了良好的传播效果,还逐渐走向国际市场。

2. 深圳:技术驱动的数字媒体创新中心

深圳作为中国科技创新的前沿城市,数字媒体产业的布局与发展具有显著的技术驱动特色。依托强大的科技创新能力,深圳的数字媒体产业在社交媒体、在线游戏、音乐流媒体等领域表现突出。腾讯作为全球领先的互联网公司,其总部设在深圳,这对深圳的数字媒体产业起到了极大的推动作用。腾讯旗下的微信、QQ、腾讯视频、QQ音乐等产品在中国乃至全球市场中占据了重要位置,深圳的数字媒体产业具有明显的"平台化"特征,通过社交媒体平台的创新与发展,实现了数字媒体内容的高效分发与流通。腾讯旗下的微信是目前中国最大的社交媒体平台之一,不仅在社交互动方面具有巨大的用户规模,还通过微信公众平台、小程序等功能,推动了内容生产与消费的深度融合。此外,腾讯视频作为国内领先的视频流媒体平台,通过与影视制作公司、内容创作者的合作,推动了精品影视内容和综艺节目的生产,极大丰富了数字媒体内容生态。

在线游戏与娱乐内容方面,深圳的在线游戏产业是全球市场的重要参与者。腾讯游戏作为全球最大的游戏公司之一,其研发和发行的游戏产品在全球范围内拥有数以亿计的用户。通过对人工智能和大数据技术的应用,深圳的游戏公司能够根据用户行为进行精准的内容推荐和游戏优化,提升了用户的游戏体验和产品的市场竞争力。此外,深圳的数字媒体产业还在音乐流媒体领域表现突出,QQ音乐、酷狗音乐等平台通过对音乐版权的保护和内容创作者的支持,推动了国内音乐流媒体市场的繁荣。

5G与数字媒体的融合方面,作为中国5G技术的领先应用城市,深圳的数字媒体产业在5G与媒体内容的融合方面走在了全国前列。5G的高速率与低延迟特性,为高清直播、虚拟现实(VR)和增强现实(AR)等新型内容形式提供了技术支持。深圳的数字媒体企业积极探索5G应用场景,推动了超高清视频、沉浸式体验等新型内容的生产与传播。此外,深圳还依托其强大的硬件制造能力,推动了数字媒体终端设备的创新与普及。

3. 政策支持与产业生态

广东省政府高度重视数字媒体产业的发展,并出台了一系列政策措施,推动文化创意产业与数字经济的深度融合。广东省的数字媒体产业政策主要集中在技术创新支持、内容创作激励、市场推广与国际化发展等方面。在《广东省文化和旅游发展"十四五"规划》中明确提出,要加快推动文化产业与互联网、大数据、人工智能等新兴技术的融合发展,打造具有国际竞争力的数字媒体产业集群。通过政策引导,广东省积极支持数字媒体企业在技术研发、内容创作与市场推广方面的创新,从而推动数字媒体产业的健康快速发展。

近年来,广东省会城市广州市也在大力推动数字文化创意产业发展,一方面加快推进落实《关于推进数字文化创意产业高质量发展的实施意见》,另一方面在2023年制定《广州市数字文化创意产业发展行动计划(2023—2028年)》,安排2700万元文化旅游产业发展专项资金扶持数字文化产业项目,重点发展动漫、游戏电竞、数字音乐、创意设计、数字文化装备等支柱产业,优化提升数字影视、网络直播、数字文博、虚拟现实(VR)等特色优势产业,积极培育云上数字体验、沉浸式业态、数字媒体等潜力新兴产业,前瞻布局数字文创等若干未来产业。①

同时,积极开展与粤港澳大湾区的协同发展,广东省的数字媒体产业还得益于粤港澳大湾区的协同发展战略。通过与香港、澳门在文化创意、科技创新等领域的合作,广东的数字媒体企业能够更好地吸引国际资本与人才,从而推动数字媒体内容的国际化传播。粤港澳大湾区的数字媒体产业集群效应显著,深圳、广州、香港形成了强大的产业协同效应,推动了区域内数字媒体产业的整体提升。

4. 面临的挑战与未来发展方向

尽管广东省的数字媒体产业在全国具有领先地位,但也面临一些挑战。首先,内容创新与质量提升仍然是数字媒体企业面临的核心问题。随着内容生产的门槛降低,如何在海量内容中脱颖而出,打造出具有国际影响力的精品内容,成为数字媒体企业亟须解决的难题。其次,随着全球数字媒体市场竞争的加剧,广东的数字媒体企业需要进一步提升在国际市场中的竞争力,尤其是在版权保护、数据隐私等方面,需要与国际标准接轨。

未来,随着5G、人工智能、区块链等技术的进一步发展,广东省的数字媒体产业将迎来更多的发展机遇。通过技术创新与内容创意的深度融合,广东有望在全球数字媒体产业中占据更加重要的地位。尤其是随着粤港澳大湾区的进一步发展,广东的数字媒体产业将继续在创新性内容生产、国际市场拓展和产业生态建设等方面保持领先地位,从而推动我国数字媒体产业的持续进步。

(四)其他地区

除了北京、上海、广州、深圳之外,我国还有其他多个地区在数字媒体产业的发展上取得了显著的成就。这些地区凭借各自的区域优势、政策支持和产业布局,在

---

① 洪钰敏.2023年广州文化产业实现快速增长,产业结构持续优化 广州跃居全国演唱会"第一城"[N].南方日报,2024-01-03.

数字媒体产业的特定领域取得了突破性的进展。以下是四个在数字媒体产业发展方面表现突出的地区:杭州、成都、重庆和西安。这些城市各自凭借其独特的资源和政策优势,形成了差异化的发展路径。

1. 杭州: 内容与电商深度融合的典范

（1）概述与产业现状

作为全国电子商务的中心城市之一,杭州的数字媒体产业与电商产业高度融合,形成了独具特色的"内容＋电商"模式。杭州的数字媒体产业以短视频、直播电商、电子商务平台内容营销为主,在全国范围内具有引领作用。依托阿里巴巴集团,杭州成为全国数字媒体与电商产业融合的发源地,也是全球最大的电子商务平台之一。

杭州的数字媒体产业不仅限于传统的影视、广告等领域,其创造性地将内容生产与商品销售进行深度结合,推动了内容消费与产品销售的相互促进。近年来,随着短视频和直播电商的崛起,杭州涌现出了大量的内容生产者和技术服务商,形成了繁荣的产业生态。根据有关统计数据,杭州的直播电商市场规模在 2020 年突破了千亿元大关,成为全国直播电商的核心城市之一。

（2）核心产业特点

一是体现在直播电商与短视频带货方面。杭州的数字媒体产业与电子商务的结合最为显著的表现就是直播电商和短视频带货。淘宝直播平台的兴起,将主播与消费者、商家、商品直接连接,形成了"内容即商品"的商业模式。在这一模式中,主播通过生产内容(如产品演示、使用体验等),实现了商品的销售转化,极大地提升了消费者的购买体验和商家的销售效率。

二是休现在内容创作与实时互动方面。短视频平台的兴起也为杭州的数字媒体产业注入了新的活力,如依托抖音、快手等平台,杭州的许多内容创作者通过短视频展示产品、生活方式、文化娱乐等内容,吸引了大量用户。短视频带货,尤其是在"双 11"购物节等大型促销活动中,成为推动销售额增长的重要方式。杭州的数字媒体产业通过内容创作与电商销售的结合,形成了较为成熟的商业模式。

三是体现在阿里巴巴的引领作用方面。阿里巴巴作为杭州乃至全国最大的电商平台之一,其旗下的淘宝、天猫、优酷、阿里影业等多个子业务板块共同推动了数字媒体与电商产业的深度融合。阿里巴巴不仅提供了技术基础设施(如大数据、云计算、人工智能等),还通过旗下平台提供内容分发、推荐、广告投放等服务,推动了内容创作者与商家的合作。

（3）政策支持与产业基础

杭州市政府高度重视数字媒体产业的发展,尤其是在直播电商和内容电商领域,出台了一系列政策措施。杭州市政府设立了专项资金,支持直播电商、短视频内容创作和创新,推动数字媒体内容的多元化和创新性。为了推动数字媒体与电商的融合发展,杭州市政府出台了《杭州市数字经济发展规划(2021—2025 年)》,其中明确提出要大力发展数字媒体产业,推动内容创作与电商平台的深度融合。同时,杭州市政府通过税收优惠、资金扶持等政策,鼓励创新型数字媒体企业的发展。依托阿里巴巴和浙江大学等知名企业与高校,杭州还建立了完善的数字媒体产业人才培养体系。杭州市还通过引进高端技术人才和创意人才,为数字媒体产业的创新提供了强大的智力支持,阿里巴巴等企业也通过内部培训和产业合作,培养了大量具有创意能力和技术创新能力的数字媒体人才。

(4)未来的发展方向

随着 5G、人工智能、虚拟现实等技术的普及,杭州的数字媒体产业将继续深化"内容＋电商"的模式。未来,随着直播电商和短视频带货的智能化和互动化升级,消费者与内容之间的互动将会更加紧密。同时,阿里巴巴的全球化布局也将推动杭州的数字媒体企业加速国际化进程,同时进一步开拓全球市场。

2. 成都:内容生产与创意创新的西部中心

(1)概述与产业现状

成都作为中国西南地区的文化与经济中心,近年来在数字媒体产业中展现出强大的内容创作能力和创新活力。成都拥有丰富的文化资源和较低的生活成本,吸引了大量的创意人才和初创企业,特别是在短视频、游戏、动漫等领域表现突出。成都逐渐成为中国西南地区重要的数字内容生产基地。

成都是全国著名的"网红"城市,依托其独特的地域文化和生活方式,成都的内容创作者在短视频和直播平台上表现活跃。根据《2020 年中国短视频行业发展报告》显示,成都的短视频用户数量和内容创作者数量在全国城市中名列前茅,特别是美食、旅游、文化等内容深受用户喜爱。

(2)核心产业特点

短视频与网红经济:成都的短视频产业发展迅速,依托抖音、快手等平台,成都的许多内容创作者通过展示本地的美食、文化、旅游景点等,吸引了大量粉丝。成都的短视频内容以幽默、生活化、接地气为特点,形成了独具特色的"成都风格"。同时,成都的网红经济发展迅猛,一大批本地网红通过短视频和直播平台实现了商业化变现,形成了具有地方特色的内容生产与商业模式。

游戏与动漫产业:成都是中国游戏产业的重要基地,近年来涌现了许多优秀的游戏公司和作品。成都的游戏开发公司不仅面向国内市场,还通过国际合作和海外发行,打入了全球市场,推动了中国游戏产业的国际化进程。此外,成都的动漫产业也在全国占据重要地位,许多知名的动漫制作公司和工作室落户成都,推动了动漫内容的多元化发展。

文化创意与数字媒体融合:成都作为中国历史文化名城,拥有丰富的文化资源,这为数字内容的创作提供了独特的素材。成都市政府也积极推动文化创意与数字媒体的深度融合,通过支持文化创意企业,推动传统文化的数字化转型和创新。成都的数字媒体企业通过对地方文化的创新性开发,推出了一系列受欢迎的数字内容。

(3)政策支持与产业基础

成都市政府高度重视文化创意与数字媒体产业的发展,出台了一系列政策措施,推动数字媒体产业的创新和转型。

政策引导与资金支持:成都市政府出台了《成都市文化创意产业发展规划(2021—2025年)》,明确提出要大力发展数字媒体产业,推动文化创意与数字技术的深度融合。政府还通过设立专项资金、提供税收优惠等方式,支持数字媒体企业和内容创作者的发展。

产业基础与创新环境:成都的数字媒体产业依托其丰富的文化资源和创新环境,形成了较为完善的产业基础。成都市政府积极打造文化创意产业园区,为数字媒体企业和内容创作者提供良好的发展环境。同时,成都的创新生态体系也为数字媒体产业的发展提供了强有力的支持,推动了大量初创企业的涌现和发展。

(4)未来的发展方向

随着数字媒体产业的不断发展,成都将在内容创作和创新方面继续探索新的可能性。未来,随着5G、人工智能等技术的应用,成都的数字媒体产业将在短视频、游戏、动漫等领域实现更大的突破。成都市政府也将继续支持文化创意企业的发展,推动传统文化的数字化创新,进一步提升成都在全国数字媒体产业中的地位。

3. 重庆:以智能化与大数据为驱动的数字媒体新兴基地

(1)概述与产业现状

重庆作为中国西南地区的重要经济中心,近年来在智能化和大数据技术的推动下,数字媒体产业展现出蓬勃的发展势头。依托其强大的大数据和人工智能技术基础,重庆的数字媒体产业以智能化内容生产和精准化用户服务为特色,涵盖了新闻媒体、影视制作、数字广告等多个领域。

重庆的数字媒体产业在新闻媒体与智能化内容推荐方面表现突出。许多本地新闻平台通过大数据分析用户的阅读习惯和兴趣,提供个性化的内容推荐服务,极大提升了用户体验。与此同时,重庆的数字广告产业在大数据和人工智能技术的支持下,实现了精准投放和高效转化。

（2）核心产业特点

智能化内容推荐与分发:重庆的数字媒体企业积极应用大数据和人工智能技术,推动内容推荐和分发的智能化。例如,重庆的新闻媒体平台通过大数据分析用户的阅读习惯和兴趣偏好,提供个性化的内容推荐服务,极大提升了用户的阅读体验。通过智能化的内容分发机制,重庆的数字媒体企业能够更精准地触达用户,提升了内容传播的效率和效果。

影视制作与数字广告:重庆的影视制作产业近年来取得了显著进展,许多影视制作公司和工作室在重庆落户,推动了影视内容的数字化转型。通过与数字媒体平台的合作,重庆的影视制作公司能够更好地实现内容的分发和商业化。此外,重庆的数字广告产业也在大数据技术的支持下实现了精准投放,提升了广告的转化率和市场效果。

（3）政策支持与产业环境

重庆市政府高度重视数字媒体产业的发展,尤其是在智能化内容生产和数字广告领域,出台了一系列政策支持措施。

政策引导与资金扶持:重庆市政府通过出台《重庆市数字经济发展规划（2021—2025年）》,明确提出要推动数字媒体产业的智能化转型。政府通过资金扶持、税收优惠等政策,支持智能化内容生产与数字广告行业的创新发展。

产业集聚与创新平台:重庆市积极建设大数据产业园区和智能化创新基地,吸引了大量数字媒体企业和技术人才的入驻,形成了产业集聚效应。通过与高校和科研机构的合作,重庆的数字媒体产业在技术创新和应用方面取得了显著进展。

（4）未来的发展方向

未来,重庆的数字媒体产业将在智能化内容生产、精准化用户服务和影视制作等领域继续探索新的发展路径。随着大数据和人工智能技术的进一步应用,重庆有望在智能化内容推荐和数字广告市场中占据重要地位,从而推动中国西南地区的数字媒体产业创新发展。

4. 西安:历史文化与数字技术融合的数字媒体新星

（1）概述与产业现状

西安作为中国的历史文化名城,近年来在数字媒体产业的发展中展现出独特的优势。依托丰富的历史文化资源和日益增长的数字技术创新能力,西安的数字媒体产业逐渐形成了文化创意与数字技术深度融合的特色。西安的数字媒体企业在文化传播、影视制作、数字广告等领域取得了显著进展,尤其是在历史文化题材的内容创作方面表现突出。

（2）核心产业特点

文化创意与历史题材内容制作：西安拥有丰富的历史文化资源，这为数字媒体内容的创作提供了独特的素材。西安的数字媒体企业通过对历史文化题材的创新性开发，推出了一系列受欢迎的影视剧、纪录片和短视频内容。通过数字技术的应用，西安的历史文化内容得以更加生动、直观地展现给观众，推动了文化创意与数字媒体的深度融合。

数字广告与技术创新：西安的数字广告产业近年来也取得了快速发展，许多数字广告公司在大数据和人工智能技术的支持下，实现了广告投放的精准化和智能化。通过对用户行为的分析，数字广告公司能够更加有效地进行广告创意和投放策略的优化，提升了广告的市场效果。

（3）政策支持与产业环境

西安市政府高度重视数字媒体与文化创意产业的发展，出台了一系列鼓励政策，推动历史文化资源与数字技术的融合发展。

政策引导与产业扶持：西安市政府出台了《西安市文化产业发展规划（2021—2025年）》，明确提出要大力发展数字媒体产业，推动传统文化和数字技术的结合。政府还通过设立文化产业基金、提供税收优惠等方式，支持数字媒体企业和内容创作者的发展。

文化产业园区与创意基地：西安市政府积极建设文化产业园区和数字创意基地，为数字媒体企业和内容创作者提供了良好的发展环境。通过与高校和文化机构的合作，西安的数字媒体产业在内容创作和技术创新方面取得了显著进展。

（4）未来的发展方向

未来，西安的数字媒体产业将继续探索历史文化与数字技术的深度融合，推动更多具有文化内涵的创新内容走向市场。随着5G和人工智能技术的应用，西安的数字媒体产业有望在文化传播和内容创新方面实现新的突破，进一步提升在全国数字媒体产业中的地位。

以上我国各地区的数字媒体产业呈现出多元化和区域特色化的发展格局。杭州通过"内容＋电商"模式，推动了直播电商和短视频带货的快速发展；成都依托丰富的文化资源和创新环境，成为西部地区内容生产和创意创新的中心；重庆通过智能化与大数据技术的应用，推动了数字媒体产业的精准化发展；西安则通过历史文化与数字技术的融合，形成了独具特色的数字媒体产业生态。随着政策支持和技术创新的持续推进，这些地区的数字媒体产业将继续在全国乃至全球范围内发挥重要作用，从而推动中国数字经济的高质量发展。

（五）主要城市的数字媒体产业布局、差异化和特色化

中国的数字媒体产业在主要城市的布局呈现出差异化与特色化发展，主要体现在以下几个方面，如表 2-1 所示。

表 2-1　主要城市的数字媒体产业布局、差异化和特色化

城市	核心产业特色	重点领域	差异化与特色化
北京	创新中心、政策引领，强大的内容创作和技术研发能力	短视频、流媒体平台、在线教育、新闻资讯类 APP	短视频与娱乐内容生产的中心；强大的内容创作能力与政策合规性；字节跳动（抖音）、爱奇艺等数字媒体巨头总部所在地
上海	国际化视野、文化创意、影视制作、广告创意、文化传播等领域突出	影视制作、广告创意、文化传播、时尚类内容平台	国际化与文化创意结合；跨境合作和国际传播的枢纽；时尚、影视、广告创意的融合
深圳	技术驱动，依托科技创新、社交媒体、游戏、音乐流媒体等领域活跃	社交媒体、在线游戏、短视频、音乐流媒体	技术驱动型的数字媒体产业；腾讯总部所在地，全球著名的社交和娱乐巨头；5G、物联网、人工智能等技术应用广泛
广州	内容生产与文化传播，游戏、动漫、短视频等产业发达	游戏开发、动漫制作、短视频	中国南方的游戏与动漫产业中心；短视频与动漫内容生产丰富；内容创作与传播的强大能力
杭州	"内容＋电商"模式，阿里巴巴旗下的数字媒体与电商紧密结合	直播电商、短视频带货、内容电商融合、在线影视	依托阿里巴巴的电商资源；直播电商与短视频带货模式成熟；电商与内容的深度融合，推动数字经济发展
成都	新兴内容生产基地，文化创意吸引大量青年创作者，短视频、动漫、游戏等领域活跃	短视频、动漫、游戏以及青年文化类内容创作	西南地区的数字媒体新兴中心；生活成本低，吸引大量内容创作者；短视频与游戏产业的创意生产基地

作为首都，北京在政策引领和技术创新方面较为领先，吸引了大量数字媒体巨头的总部落户，特别是在短视频和流媒体领域。上海是国际化的文化创意中心，侧重于影视、广告创意等高端文化产业，并且是跨境合作的枢纽。深圳以技术驱动为

核心的数字媒体产业,腾讯作为全球社交和娱乐巨头影响力巨大,推动了社交媒体和游戏等领域的发展。广州的游戏和动漫产业发达,短视频内容生产繁荣,形成了以内容为核心的数字媒体生态。杭州通过阿里巴巴的资源,推动了"内容＋电商"的深度融合,使得杭州成为数字经济和内容电商的创新中心。成都凭借丰富的文化资源和较低的生活成本,吸引了大量数字内容创作者,成为短视频、游戏和动漫内容的生产基地。

中国主要城市的数字媒体产业布局呈现出各自的特色和优势。北京作为政治和文化中心,数字媒体产业更加注重政策的引导和科技创新。上海依托国际化和文化创意资源,形成了独具特色的数字文化产业。深圳依托科技创新优势,推动了5G、AI等新技术在数字媒体领域的应用。广州则以直播电商和数字内容生产见长,尤其是电商与内容创作的深度融合。杭州凭借数字经济的优势,成为电商与数字媒体融合发展的典范。成都则在数字娱乐和创新创业方面快速崛起,成为西南地区的数字媒体高地。这些城市通过各自的优势和特色,推动了中国数字产业的多样化发展,如表2-2所示。

表2-2 主要城市的数字媒体产业布局、特色、代表产业与企业

城市	数字媒体产业布局	特色	代表产业与企业
北京	创新中心与政策高地	政策支持与监管中心;传统媒体与数字媒体深度融合;强大的人工智能、大数据技术基础	中央广播电视总台、新华社等传统媒体的数字化转型;字节跳动(抖音、今日头条)
上海	国际化与文化创意融合	国际化数字媒体中心;金融与数字技术结合;文化创意与数字媒体融合	哔哩哔哩(B站)、豆瓣电影、爱奇艺、张江高科技园区
深圳	科技赋能的创新之城	5G、AI等新技术的应用;数字媒体与智能硬件、社交媒体融合;创新创业活跃	腾讯(微信、QQ);大疆创新(无人机);深圳湾科技园区
广州	数字内容生产与电商直播	数字内容生产强市;直播电商产业发达;粤港澳大湾区文化中心	网易游戏淘宝、抖音等直播电商;广州天河区数字文化企业
杭州	电商与数字媒体融合	电商与数字媒体深度结合;数字经济生态完善;创新创业氛围浓厚	阿里巴巴(淘宝直播、优酷)短视频、直播平台杭州未来科技城

城市	数字媒体产业布局	特色	代表产业与企业
成都	数字娱乐与创新创业	数字娱乐产业发达;创新创业氛围活跃;西部文化创意中心	完美世界、育碧(游戏产业)短视频与直播内容创作;成都高新区数字媒体企业

三、主要企业及其商业模式

(一)字节跳动(ByteDance):全球数字媒体领军者

1. 企业概况与发展历程

字节跳动(ByteDance)是中国科技行业的后起之秀,成立于 2012 年。尽管成立时间相对较短,但字节跳动凭借其创新的算法驱动内容分发模式,迅速崛起为全球范围内最具影响力的数字媒体公司之一。

字节跳动的创始人张一鸣是一位技术驱动型的企业家,他从一开始就坚持"信息创造价值"的理念,力求通过技术手段改变内容分发方式。张一鸣意识到,随着互联网内容的爆发式增长,用户面临的最大问题是信息过载。传统的内容分发模式依赖于编辑和人工筛选,效率低下且无法满足用户的个性化需求。因此,字节跳动选择了以人工智能(AI)算法为核心的技术路线,通过数据分析和机器学习技术,帮助用户筛选出最符合其兴趣的内容,这一模式在当时的中国互联网行业中具有极大的创新性。

字节跳动的首款产品——今日头条(Toutiao),是一个基于个性化推荐的新闻聚合平台。它打破了传统新闻门户网站以编辑为中心的内容生产和分发模式,转而采用基于用户行为和兴趣的算法推荐。今日头条成功建立了字节跳动在内容领域的领先地位,也为之后推出其他产品奠定了坚实的技术基础。

2016 年,字节跳动推出了其最具全球影响力的短视频应用——抖音(海外版为 TikTok),迅速在全球范围内爆红。抖音的成功进一步巩固了字节跳动在全球数字媒体市场的地位,也成为其商业模式多元化的关键支柱。如今,字节跳动的产品矩阵涵盖了新闻、短视频、长视频、社交、知识分享等多个领域,形成了一个庞大的内容生态系统。公司不仅在国内市场占据主导地位,还通过 TikTok 在全球市场上取得了巨大的突破。

2. 核心产品与生态系统

字节跳动的成功离不开其多元化的产品布局,这些核心产品涵盖了新闻资讯、短视频、长视频、社交等多个领域,形成了一个完备的内容生态系统,以下是字节跳动的几大核心产品,见表 2-3。

表 2-3　字节跳动的核心产品

产品名称	类别	描述	商业模式
今日头条(Toutiao)	新闻资讯	个性化推荐新闻聚合平台	广告收入(信息流广告)
抖音(TikTok)	短视频	用户生成和消费短视频内容的平台	广告收入、用户互动带来的活跃度
西瓜视频	长视频	提供电影、电视剧、综艺等高质量视频内容	广告收入、内容付费(会员服务)
懂车帝	汽车资讯	汽车垂直类资讯与电商平台	广告收入、汽车电商引流
飞书(Lark)	企业服务	企业协作办公平台,包含多种办公套件	企业服务订阅、增值服务

● 今日头条:是字节跳动推出的首款产品,也是中国最受欢迎的新闻聚合平台之一。通过个性化推荐算法,根据用户的阅读习惯和兴趣,自动推送新闻内容,极大地提升了用户的阅读体验。它的商业模式主要依赖广告收入,尤其是信息流广告,广告主可以通过精准的用户画像,向特定人群投放广告。

● 抖音(TikTok):是字节跳动旗下的短视频平台,TikTok 是其海外版。抖音通过简单的滑动操作和算法推荐,用户可以快速浏览大量的短视频内容,极大地增强了用户的沉浸感。抖音的成功不仅在于其内容的广泛性和多样性,还在于平台极高的用户互动性,用户不仅是内容的消费者,还是内容的生产者,这种双向互动的机制极大地提升了平台的活跃度。

● 西瓜视频:是字节跳动旗下的中长视频平台,提供电影、电视剧、综艺、纪录片等多元化的内容。与抖音不同,西瓜视频更注重高质量的视频内容,吸引了大量的中高端用户。西瓜视频的商业模式也依赖广告和内容付费,用户可以通过购买会员享受无广告观看等增值服务。

● 懂车帝:是字节跳动推出的汽车垂直类资讯平台。该平台结合了新闻、视频、互动社区等多种内容形式,帮助用户获得汽车相关的资讯和购买建议。

懂车帝通过广告和汽车电商引流实现商业化。

● 飞书(Lark):是字节跳动推出的企业协作办公平台,其功能类似于Slack和钉钉,飞书不仅一站式整合即时沟通、智能日历、音视频会议、飞书文档、云盘等办公协作套件,更提供飞书OKR、飞书招聘、飞书绩效等组织管理产品,是字节跳动在企业服务领域的重要布局。

字节跳动通过这些核心产品,构建了一个庞大的内容生态系统,用户可以在其平台上获取新闻、观看短视频、参与社交互动、进行知识分享等。这极大地延长了用户在平台上的停留时间。这种全方位的内容布局不仅增加了用户黏性,也为字节跳动提供了多样化的商业变现途径。

3. 商业模式分析

字节跳动的商业模式主要依赖于以下四个方面。

(1) 广告模式

广告是字节跳动最主要的收入来源,无论是今日头条、抖音还是西瓜视频,字节跳动都通过精准广告投放实现了大规模的商业化。字节跳动的广告模式与传统的广告模式有很大的不同,主要体现在以下几个方面:

一是精准投放。字节跳动通过对用户行为的深度分析,能够为广告主提供精准的受众定位服务。基于用户的阅读、观看、点赞、评论等行为数据,字节跳动可以为广告主找到最合适的目标群体,这大幅提升了广告的转化率。二是多样化的广告形式。字节跳动的广告形式非常多样,包括信息流广告、短视频广告、开屏广告等,这些广告不仅不会打断用户的使用体验,还能够通过与内容的结合,增强广告的吸引力。三是推出广告平台——巨量引擎。字节跳动通过整合旗下所有产品的广告资源,推出了"巨量引擎"广告平台,广告主可以通过巨量引擎在今日头条、抖音、西瓜视频等多个平台上进行广告投放,极大地提升了广告的覆盖范围和投放效率。

(2) 内容付费与会员订阅

近年来,随着用户对优质内容需求的增加,字节跳动也开始积极探索内容付费和会员订阅模式。字节跳动通过推出西瓜视频会员、抖音会员等服务,提供无广告、高清画质、独家内容等增值服务,吸引用户付费订阅,还在知识付费领域进行了探索,通过推出好好学习等知识分享平台,字节跳动为用户提供优质的知识付费内容,涵盖职场技能、语言学习、兴趣爱好等多个领域。知识付费不仅为平台带来了新的收入来源,也提升了用户的内容消费体验。

(3) 电商与直播带货

字节跳动近年来在电商领域的布局也颇为引人注目。通过抖音和今日头条,字节跳动开始尝试将内容与电商相结合，推出了抖音小店等电商功能，尤其是在抖音平台上，直播带货成为一种流行的商业模式。许多主播通过直播的方式向观众推荐产品，用户可以直接在平台上完成购买。字节跳动从销售额中抽取佣金，这为公司带来了新的收入来源。

字节跳动的电商模式主要依赖于短视频和直播内容的引流。通过内容吸引用户，然后通过电商功能实现商品的转化销售。这种"内容即商品"的模式不仅提升了用户的购物体验，也为字节跳动带来了巨大的商业机会。

（4）海外市场的商业化

字节跳动在全球化方面的表现尤为突出，尤其是 TikTok 的成功，TikTok 已经成为全球下载量最高的应用之一，广泛覆盖美国以及欧洲、东南亚等地区的市场，TikTok 的商业化路径与抖音类似，主要依赖广告和电商带货。在 TikTok 上，品牌可以通过短视频广告、与 KOL（关键意见领袖）的合作等方式进行营销推广。TikTok 还在积极探索电商功能，通过短视频和直播带货等模式，在全球范围内进行商业化布局。

4. 技术驱动的内容分发与用户增长

字节跳动的核心竞争力在于其强大的技术实力，尤其是其智能推荐算法和大数据分析能力，通过对用户行为数据的深度分析，字节跳动能够为每个用户提供个性化的内容推荐，极大地提升了用户的体验。

一是智能推荐算法。字节跳动的推荐算法是其成功的关键，通过分析用户的阅读、观看、点赞、评论等行为数据，字节跳动能够为每个用户生成独特的内容推荐列表。这种算法不仅能够提升用户的体验，还能够为广告主提供更加精准的广告投放服务。二是大数据分析。字节跳动通过对海量用户数据的分析，能够深入了解用户的行为模式和兴趣偏好。这不仅有助于优化内容推荐，还能为广告主提供更加精准的受众定位服务。三是全球化技术架构。字节跳动在全球市场的成功离不开其强大的技术架构支持，无论是在中国还是海外，字节跳动都能通过分布式计算、云存储等先进技术，确保平台的高效运营和用户体验的一致性。

5. 全球化战略与国际竞争

字节跳动的全球化战略以 TikTok 的成功为代表。TikTok 自 2017 年推出以来，迅速风靡全球，尤其在美国以及欧洲、东南亚等市场获得了巨大的成功。TikTok 的成功不仅使字节跳动成为全球最有影响力的数字媒体公司之一，也使其面临来自国际市场的更多挑战。

国际扩张策略：字节跳动通过收购和自建的方式迅速扩展其国际市场。2017

年,字节跳动收购了美国的短视频应用 Musical.ly,并将其与 TikTok 整合,推动了 TikTok 在全球市场的快速增长。

监管与合规挑战:随着 TikTok 的全球影响力不断扩大,字节跳动也面临着越来越多的监管压力,尤其是在美国,TikTok 因数据安全和隐私问题受到政府的审查。字节跳动为应对这些挑战,采取了一系列措施,包括加强数据安全防护、设立本地化的数据存储中心等。然而,未来 TikTok 在全球市场的合规问题仍将是字节跳动面临的重要挑战之一。

6. 未来发展前景

字节跳动作为全球数字媒体行业的领军者,未来的发展前景非常广阔,以下是公司未来可能的几大发展方向:

一是深化内容生态布局。字节跳动将继续通过技术创新和产品迭代,深化其内容生态布局,公司可能会进一步扩展其在长视频、虚拟现实(VR)、增强现实(AR)等新兴领域的业务,以提升用户的内容消费体验。二是电商与社交的融合。字节跳动已经在电商领域取得了一些进展,未来可能会更加深入地探索内容与电商的融合模式,打造一个更加完整的内容消费闭环。三是全球市场的深耕。TikTok 的成功只是字节跳动全球化战略的开始。未来,公司可能会进一步深耕海外市场,尤其是在东南亚、拉美等新兴市场,将推出更多本地化的内容和服务。

总之,字节跳动凭借其强大的技术优势和独特的商业模式,已经成为全球数字媒体行业的领军企业。通过多元化的产品矩阵、精准的广告投放系统和快速扩张的全球化战略,字节跳动在内容分发、短视频、广告、电商等多个领域取得了显著成就。未来,随着技术的不断进步和全球化进程的加速,字节跳动有望继续引领全球数字媒体产业的发展潮流。

(二) 腾讯(Tencent):社交与数字内容巨头

1. 企业概况与发展历程

腾讯(Tencent)成立于 1998 年,总部位于中国深圳,由马化腾、张志东等人共同创立,腾讯最早以即时通信工具"QQ"起家,经过 20 多年的发展,逐渐成长为全球领先的互联网和科技公司。如今,腾讯的业务覆盖社交、数字内容、游戏、金融科技、云计算、广告等多个领域。

腾讯的崛起很大程度上得益于其对社交、游戏和内容产业的深度布局。1999 年,腾讯推出了其第一个重要产品——即时通信工具 QQ,这款产品迅速风靡中国,成为当时最流行的社交软件,随后,腾讯不断扩展其业务,推出了社交平台微信,并通过投资和并购,迅速占领了游戏、金融科技、数字内容等多个领域,形成了一个庞大的互联网生态系统。目前,腾讯作为全球市值最高的公司之一,在全球范围内拥有超过 10 亿的活跃用户,其核心业务包括社交平台、数字内容分发、游戏开发与发行、广告、金融科技和云计算等。

2. 核心产品与生态系统

腾讯的成功在于其多元化的产品布局和广泛的数字生态系统。表 2-4 是腾讯的几大核心产品和服务。

表 2-4 腾讯的核心产品

产品名称	类别	描述	商业模式
微信(WeChat)	社交平台	拥有超过 12 亿月活跃用户的即时通信工具,集成微信支付、小程序、公众号等功能,构建完整的数字生态系统	广告收入、支付手续费、小程序开发服务费、公众号运营收入、游戏内购分成等
QQ	即时通信	腾讯最早的产品之一,提供即时通信功能,整合社交、娱乐、游戏等多种功能,吸引年轻用户	广告收入、虚拟商品销售、游戏内购分成、会员服务等
腾讯游戏	游戏娱乐	全球最大的游戏公司之一,拥有多款知名游戏产品,如"王者荣耀""和平精英"等,通过自主研发和收购投资巩固市场地位	游戏内购、广告收入、游戏版权运营、电竞赛事收入等
腾讯视频	在线视频	中国最大的在线视频平台之一,提供丰富的电视剧、电影、综艺、动漫等内容	广告收入、会员订阅、内容付费、版权分销等
腾讯新闻	新闻资讯	中国最受欢迎的新闻资讯平台之一,通过个性化推荐和丰富的新闻内容吸引用户	广告收入、内容付费(如高级订阅)、信息流广告等
腾讯音乐	在线音乐	中国最大的在线音乐平台,旗下拥有 QQ 音乐、酷狗音乐、酷我音乐等子品牌,提供丰富的音乐体验	广告收入、付费会员、数字专辑销售、版权运营等
企业微信	企业服务	企业协作平台,集成即时通信、会议、文档协作等功能,面向企业用户	企业服务订阅费、增值服务、API 接口调用费等

● 微信(WeChat):是腾讯旗下最具代表性的社交平台,拥有超过 12 亿的月活跃用户。微信不仅是中国用户最常用的即时通信工具,还通过微信支付、小程序、公众号等功能,构建了一个完整的数字生态系统。微信支付将社交与消费紧密结合,用户可以通过微信完成购物、支付、转账等操作。小程序则为企业和开发者提供了一个低门槛的应用开发平台。

● QQ:是腾讯最早的产品之一,尽管其用户群体年轻化,但 QQ 仍然是中国最具活力的社交平台之一。QQ 不仅提供即时通信功能,还整合了社交、娱乐、游戏等多种功能,吸引了大量年轻用户。

● 腾讯游戏:是全球最大的游戏公司之一,旗下拥有多款全球知名的游戏产品,如"王者荣耀""和平精英"(PUBG Mobile)、"英雄联盟"等。腾讯不仅通过自主研发游戏获得了巨大成功,还通过收购和投资全球知名的游戏公司,如Riot Games(拳头游戏)、supercell(超级细胞)等,强化了其在全球游戏市场的领导地位。

● 腾讯视频:是中国最大的在线视频平台之一,提供丰富的电视剧、电影、综艺、动漫等内容。腾讯视频通过广告、会员订阅和内容付费等方式实现商业化。凭借强大的版权资源和自制内容,腾讯视频在中国在线视频市场占据了重要地位。

● 腾讯新闻:是中国最受欢迎的新闻资讯平台之一,通过个性化推荐和丰富的新闻内容,腾讯新闻吸引了大量用户,并通过广告实现了商业化。

● 腾讯音乐:是中国最大的在线音乐平台,旗下拥有 QQ 音乐、酷狗音乐、酷我音乐等多个子品牌。通过版权合作、自制内容和用户生成内容,腾讯音乐为用户提供了丰富的音乐体验,并通过广告、付费会员、数字专辑等方式实现商业化。

通过这些核心产品,腾讯构建了一个庞大的互联网生态系统。用户不仅可以通过腾讯的社交平台进行沟通,还可以通过其游戏、视频、音乐、新闻等平台获取多种形式的数字内容。腾讯通过其强大的社交网络和全方位的数字内容布局,极大地提升了用户的黏性和停留时间。

3. 商业模式分析

腾讯的商业模式非常多元,涵盖社交、游戏、广告、金融科技、数字内容等多个领域。以下是腾讯的主要商业模式分析。

(1) 社交与广告模式

腾讯的核心业务之一是社交平台,而广告收入则是社交平台商业化的主要方式之一。腾讯通过微信、QQ 等社交平台，为广告主提供了精准的广告投放服务。腾讯的广告模式（见表 2-5）主要体现在以下几个方面：

表 2-5　腾讯的社交平台广告模式

广告类型	平台	广告形式	广告特点	精准投放方式
朋友圈广告	微信	信息流广告	广告出现在朋友圈中，类似于用户生成的内容	基于用户社交关系和行为数据，投放精准用户群体
公众号广告	微信	原生广告、合作推广	广告与公众号内容融合，品牌可通过公众号进行内容营销和推广	通过公众号的订阅用户群体及内容相关性进行投放
QQ 广告	QQ	信息流广告、开屏广告	广告出现在 QQ 动态页面和应用启动时的开屏界面	基于 QQ 用户的画像和兴趣数据，精准识别目标用户

一是朋友圈广告。微信朋友圈广告是腾讯最重要的广告收入来源之一。广告主可以通过朋友圈广告直接将品牌展示给特定用户，腾讯通过用户的社交关系和行为数据，帮助广告主实现精准投放。二是公众号广告。微信还通过公众号为广告主提供了原生广告和合作推广的服务，许多品牌通过与微信公众号的合作，进行内容营销和品牌推广。三是 QQ 广告。QQ 平台也提供了多种形式的广告，包括信息流广告、开屏广告等，广告主可以通过 QQ 的用户画像和兴趣数据，实现精准的广告投放。

腾讯的广告模式依赖于其庞大的用户数据和社交网络。通过精准的用户画像，腾讯能够为广告主提供高效的广告投放服务。这种基于社交的广告模式不仅提升了广告的效果，还为腾讯带来了可观的收入。

（2）游戏收入

腾讯是全球最大的游戏公司之一，其游戏收入占公司总收入的相当大部分。腾讯的游戏业务包括自主研发和代理发行，涵盖了移动端和 PC 端的多个游戏品类。

自主研发：腾讯通过旗下的天美和光子等游戏工作室，开发了多款热门游戏，如《王者荣耀》《和平精英》等，腾讯通过游戏内购、皮肤等虚拟商品的销售，获得了巨大的收入。

代理和投资：腾讯还通过代理和投资全球知名的游戏公司，进一步扩大其在全球游戏市场的影响力。例如，腾讯是《英雄联盟》开发商 Riot Games（拳头游戏）的母公司,还收购了《部落冲突》开发商 supercell(超级细胞)的大部分股权。

腾讯的游戏收入模式主要依赖于游戏内购和虚拟商品销售。通过为用户提供免费的游戏体验,并通过皮肤、道具等虚拟商品实现收入最大化。腾讯创造了一个极具黏性的游戏生态系统。

(3)数字内容与会员订阅

腾讯在数字内容领域的布局非常广泛,包括视频、音乐、新闻等。其商业模式主要依赖于广告和付费会员订阅。腾讯视频通过广告和会员订阅两种方式进行商业化,用户可以选择观看免费内容,但需要忍受广告,或者通过购买会员,享受无广告、高清画质和独家内容。腾讯音乐通过广告、付费会员、数字专辑销售等方式获得收入,通过与唱片公司合作,腾讯音乐为用户提供正版音乐资源,并通过会员订阅和版权分销实现商业化。腾讯新闻通过个性化推荐和广告变现,为用户提供丰富的新闻内容。腾讯新闻的商业模式主要依赖于广告收入。

(4)金融科技与云计算

腾讯不仅在社交和娱乐领域取得了成功,还通过微信支付、微众银行等金融科技产品,构建了一个强大的金融服务体系。

微信支付:该支付已经成为中国最重要的移动支付工具之一,用户可以通过微信支付完成购物、转账、信用卡还款等操作。微信支付不仅提升了用户的支付体验,还为腾讯带来了可观的交易手续费收入。

腾讯云:这是中国领先的云计算服务提供商之一,提供基础设施即服务(IaaS)、平台即服务(PaaS)和软件即服务(SaaS)等多种云服务。腾讯云通过大数据、人工智能、物联网等技术,帮助企业实现数字化转型,并通过云服务收费获得收入。

4. 技术驱动的用户增长与内容分发

腾讯的成功不仅依赖于其庞大的用户基础,还依赖于其强大的技术实力。腾讯通过大数据、人工智能、云计算等技术,提升了用户的体验和内容分发的效率。

一是社交与支付结合的生态闭环。腾讯通过微信和 QQ,构建了一个集社交、支付、购物、娱乐于一体的生态闭环。微信小程序的推出极大地提升了服务的便利性,用户可以通过小程序进行购物、打车、订餐等操作,极大地延长了用户的停留时间。二是智能推荐与个性化体验。腾讯通过数据分析和人工智能技术,提升了内容分发的效率。例如,腾讯新闻和腾讯视频通过用户的行为数据和兴趣标签,进行个性化内容推荐,提升了用户的内容消费体验。三是云计算与 AI 布局。腾讯云和 AI 实验室的技术助力了公司在各个领域的布局,通过 AI 和大数据分析,腾讯不仅加速了产品迭代,还提升了广告投放的精准性和游戏开发的效率。

5. 全球化战略与国际扩张

腾讯的全球化战略主要体现在游戏领域和投资布局。通过收购和投资全球知名公司,腾讯迅速扩大了其国际市场的版图。

一是游戏全球化。腾讯通过收购和投资,成为全球游戏市场的主要参与者。其收购的 Riot Games(拳头游戏)、supercell(超级细胞)等公司,均是全球知名的游戏开发商。腾讯通过这些公司的游戏产品,在全球范围内建立了广泛的用户基础。二是投资全球化。腾讯还通过对全球多家互联网公司的投资,扩展其国际市场。腾讯投资了美国的 Snapchat、特斯拉,以及印度的 Byju's、Flipkart 等公司,这些投资不仅帮助腾讯获得了全球化的经验,也扩展了其在全球互联网市场的影响力[①]。

6. 未来的发展前景

腾讯作为全球顶级互联网公司之一,未来的发展方向可能包括以下几个方面:

一是深化社交电商与支付生态。微信小程序和微信支付已经成为腾讯数字生态中不可或缺的一部分,未来腾讯可能会进一步优化社交电商模式,提升用户的购物体验,并通过支付功能强化其数字金融服务能力。二是加速全球化布局。腾讯将继续加速其全球化进程,尤其是在游戏和云计算领域。通过收购和投资,腾讯可能进一步扩大其在全球市场的布局,尤其是在新兴市场和发达国家的游戏和内容市场。三是探索新技术与前沿领域。

总体而言,腾讯凭借其强大的社交网络和多元化的业务布局,已经成为全球最具影响力的科技公司之一。通过微信、QQ 等社交产品,腾讯构建了一个庞大的用户生态系统,并通过游戏、广告、数字内容、金融科技等多个领域的布局,形成了一个多元化的商业模式。未来,随着全球化进程的加速和新技术的不断发展,腾讯有望继续引领全球科技行业的创新潮流。

(三)阿里巴巴(Alibaba):全球化电商与数字生态的先驱

1. 企业概况与发展历程

阿里巴巴集团(Alibaba Group)成立于 1999 年,由马云等 18 位创始人共同创

---

① 新浪游戏.一掷千金买未来? 腾讯的海外并购策略与其动因[EB/OL].新浪网,(2019-08-22)[2024-09-1]).https://games.sina.com.cn/y/n/2019-08-22/hytcitn1074679.shtml

立,最初的目标是帮助中小企业通过互联网进行全球化贸易。阿里巴巴从 B2B 的电子商务平台起步,逐渐扩展至 C2C、B2C、云计算、金融科技、物流、数字娱乐等多个领域,成为全球领先的综合性数字生态企业。通过旗下多个平台如淘宝、天猫、阿里云、蚂蚁金服(现改名为蚂蚁集团)等,阿里巴巴不仅改变了中国消费者的购物方式,还在全球范围内推动了电子商务和数字经济的发展。

阿里巴巴早期的成功主要得益于其对中国电商市场的深刻理解和快速反应。2003 年,阿里巴巴推出了面向消费者的 C2C 平台淘宝,通过免费的平台模式吸引了大量卖家和买家,并通过支付宝解决了网上支付的信任问题。2008 年,阿里巴巴推出了针对品牌和企业的 B2C 平台天猫,进一步巩固了其在电商领域的领先地位。此外,阿里巴巴通过不断扩展其生态系统,进入云计算、金融科技、物流和娱乐等领域,形成了一个多元化的商业帝国。

2. 核心产品与生态系统

阿里巴巴的核心产品与服务涵盖了从电商到云计算、金融科技、数字娱乐等多个领域,形成了一个庞大的数字生态系统,其核心产品见表 2-6。

表 2-6　阿里巴巴的核心产品

产品名称	类别	描述	商业模式
淘宝	电商平台	C2C 平台,允许个人卖家和小企业直接面向消费者销售商品	佣金收入(交易手续费)、广告收入、增值服务(如店铺装修、数据分析等)
天猫	电商平台	B2C 平台,主要服务于品牌商和大企业	佣金收入(交易手续费)、广告收入、技术服务费、品牌合作费等
阿里云	云计算服务	提供从基础设施即服务(IaaS)到人工智能(AI)和大数据分析等一系列技术服务	按使用量计费(如计算资源、存储资源、网络带宽等)、技术支持服务费、软件解决方案销售等
蚂蚁集团(支付宝)	金融科技	旗下支付宝是中国最广泛使用的移动支付工具之一,提供支付、信贷、理财、保险等一站式金融服务	支付手续费、金融服务费(如贷款利息、理财管理费、保险佣金等)、广告收入、金融科技解决方案销售等

产品名称	类别	描述	商业模式
菜鸟网络	物流服务	通过与第三方物流公司合作，构建高效的全国物流网络，帮助电商平台上的卖家快速完成商品配送	物流服务费、仓储费、增值服务费（如代收货款、特殊包装等）
优酷	数字娱乐（视频流媒体）	中国领先的视频流媒体平台之一，提供丰富的电视剧、电影、综艺等内容	广告收入、会员订阅、内容付费（如付费电影、电视剧）、版权分销等
阿里影业	数字娱乐（影视制作与发行）	通过投资、制作、发行电影和电视剧，增强阿里巴巴的内容消费能力	电影票房分账、电视剧版权销售、广告植入、衍生品销售等

●淘宝和天猫：是阿里巴巴电商业务的核心。淘宝是一个C2C平台，允许个人卖家和小企业直接面向消费者销售商品，而天猫则是B2C平台，主要服务于品牌商和大企业。两者共同构成了目前中国最大的在线购物平台，极大地改变了中国消费者的购物习惯。

●阿里云：是中国最具影响力的云计算服务提供商之一，提供从基础设施即服务（IaaS）到人工智能（AI）和大数据分析等一系列技术服务。凭借其领先的技术水平，阿里云不仅服务于阿里巴巴内部的电商和金融业务，也为全球数百万家企业提供云计算支持。

●蚂蚁集团（支付宝）：是阿里巴巴在金融科技领域的延伸，旗下的支付宝是中国最广泛使用的移动支付工具之一。蚂蚁集团通过金融技术，为用户和中小企业提供支付、信贷、理财、保险等一站式金融服务，极大地推动了中国的普惠金融发展。

●菜鸟网络：是阿里巴巴在物流领域的重要布局，通过与第三方物流公司合作，菜鸟网络构建了一个高效的全国物流网络，帮助电商平台上的卖家快速完成商品的配送。

●优酷和阿里影业：是阿里巴巴在数字娱乐领域的布局。优酷是中国领先的视频流媒体平台之一，而阿里影业则通过投资、制作、发行电影和电视剧，增强了阿里巴巴的内容消费能力。

通过这些核心产品，阿里巴巴构建了一个庞大的数字生态系统，涵盖了电商、支付、物流、娱乐、云计算等多个领域,用户不仅可以在平台上购物,还可以享受从支付到物流、从内容消费到金融服务的完整体验。

3. 商业模式分析

阿里巴巴的商业模式主要依赖于以下几个核心领域:电商、云计算、金融科技、广告和数字娱乐。其生态系统的互联互通使得这些业务相辅相成,形成了一个多元化的收入结构。

（1）电商模式

电商业务是阿里巴巴的核心收入来源,主要包括淘宝和天猫两大平台。淘宝通过向卖家提供增值服务和广告位收费,而天猫则通过收取品牌商的入驻费、交易佣金以及广告收入实现商业化。阿里巴巴通过庞大的商品品类、多样化的卖家和平台流量,吸引了大量消费者,形成了巨大的交易规模。

（2）广告与营销服务

阿里巴巴的电商平台还通过为商家提供精准的广告投放和营销服务获取收入。阿里巴巴通过直通车、钻展等广告工具,帮助商家提升商品曝光率,并通过大数据和算法为广告主提供精准营销。广告收入是阿里电商业务中非常重要的一部分。

（3）云计算业务

阿里云是阿里巴巴增长最快的业务之一,主要通过为企业提供云计算、数据存储、大数据分析、人工智能等服务盈利。随着全球企业对数字化转型的需求增加,阿里云在中国和全球市场的占有率不断提升。该业务通过按需付费和订阅模式获得稳定的收入。

（4）金融科技与支付模式

支付宝是阿里巴巴生态系统中的关键一环,连接了电商、金融和用户。支付宝不仅是一个支付工具,还是一个金融平台,涵盖理财、保险、信贷等服务。通过向用户和商家收取支付交易手续费、金融产品服务费,蚂蚁集团为阿里巴巴提供了可观的收入来源。

（5）物流与供应链服务

菜鸟网络不仅通过整合第三方物流,提供高效的配送服务,还通过智能仓储和大数据优化物流网络,为电商平台提升了用户体验。尽管菜鸟网络本身的盈利模式主要依赖于物流服务费,但其更大的作用是为阿里巴巴的电商业务提供强大的物流支撑。

（6）数字娱乐与会员订阅

数字娱乐业务通过优酷等平台进行视频内容分发,主要依靠广告和会员订阅实现收入。阿里影业则通过电影和电视剧的投资、制作和发行获取收入。此外,阿里巴巴还通过整合电商与娱乐内容,探索"内容即商品"的新型商业模式。

4. 技术驱动的用户增长与内容分发

阿里巴巴的成功很大程度上依赖于其技术驱动的业务模式。通过深度应用大数据和人工智能,阿里巴巴在电商、广告、云计算和物流等领域实现了高效的用户增长和内容分发。阿里云不仅为集团内部各个业务提供技术支持,还通过外部客户不断扩展其规模。阿里巴巴在电商平台上利用大数据精准推送商品,提升用户购物体验;在广告领域,通过算法和数据分析,帮助商家更精准地投放广告。此外,菜鸟网络通过智能物流和大数据优化配送效率,提升了整体供应链的运转效率。

阿里巴巴在技术创新方面的投入,使其能够持续优化用户体验,提高平台的运营效率,并通过不断扩展的技术服务,增强其在全球市场中的竞争力。

5. 全球化战略与国际扩张

阿里巴巴的全球化战略主要围绕电商和云计算展开。通过旗下的 AliExpress 和 Lazada 等平台,阿里巴巴逐步扩大在东南亚、欧洲、拉美等地区的市场份额。AliExpress 作为面向全球消费者的跨境电商平台,为海外用户提供了中国商品,而 Lazada 则通过本地化运营,成为东南亚电商市场的领导者之一。

阿里云在全球化方面也取得了显著进展,特别是在亚太地区的市场占有率持续增长。通过为全球企业提供云计算和大数据服务,阿里巴巴在全球范围内推动了企业的数字化转型。此外,阿里巴巴还通过对全球科技公司和初创企业的投资,进一步加快国际市场的扩展。

尽管阿里巴巴的全球扩张面临着本地化竞争和监管挑战,但其强大的技术和资金实力为其在全球市场的成功奠定了坚实的基础。

6. 未来的发展前景

未来,阿里巴巴可能将进一步深化其在电商、云计算、金融科技等领域的布局,同时加速全球化进程。电商领域,随着线上线下融合的加速,阿里巴巴可能会进一步推动新零售战略,通过整合线上与线下资源,提升消费者的购物体验。云计算业务将继续成为阿里巴巴的重要增长引擎,随着全球企业对数字化转型需求的增加,阿里云有望在全球市场上获得更多的市场份额。

金融科技方面,尽管蚂蚁集团面临着更严格的监管环境,但其在普惠金融和金融科技创新方面的潜力依然巨大。阿里巴巴还可能通过技术创新,加大在人工智能、区块链、物联网等前沿领域的投入,探索更多的商业应用场景。此外,阿里巴巴的全球化战略将继续推进,尤其是在东南亚、欧洲和拉美等新兴市场,阿里巴巴将继续通过电商和云计算业务扩展其国际影响力。

阿里巴巴凭借其强大的电商平台和多元化的业务布局,已经成为全球领先的综合性数字生态企业。通过不断创新技术、扩展全球市场和优化生态系统,阿里巴巴不仅在中国市场保持了领先地位,还在全球范围内推动了数字经济的发展。

(四) 网易(NetEase):科技与内容创新的多元化互联网公司

1. 企业概况与发展历程

网易(NetEase)1997 年由创始人兼 CEO 丁磊在广州创办,2000 年在美国纳斯达克股票交易所挂牌上市,是中国领先的互联网技术公司。网易最初以门户网站起家,逐渐拓展至网络游戏、在线教育、电子商务、音乐、广告等多个领域,网易在中国互联网行业的发展过程中,以技术驱动和内容创新著称,尤其是其在网络游戏领域的成功,使其成为全球领先的游戏开发和运营公司之一。网易通过其多元化的内容生态和创新产品,在中国的数字经济中扮演了重要角色。

网易最早凭借门户网站和免费邮箱业务起步,迅速积累了大量用户基础,随着互联网行业的快速发展,网易逐步进入了网络游戏和在线广告市场,并通过自主研发和代理运营多款知名游戏,奠定了其在全球游戏市场的核心地位。近年来,网易通过布局在线教育(网易有道)、电子商务(网易严选、考拉海购)、音乐流媒体(网易云音乐)等新兴领域,进一步拓展了其业务版图,成为一家多元化发展的互联网科技公司。

2. 核心产品与生态系统

如表 2-7 所示,网易的核心产品涵盖了多个领域,包括网络游戏、在线教育、音乐流媒体、电子商务、门户网站和邮箱等。通过这些核心产品,网易构建了一个涵盖娱乐、教育、消费、内容生产与分发的多元化数字生态系统。

表 2-7　网易的核心产品

产品名称	类别	描述	商业模式
网易网络游戏	网络游戏	自研和代理多款知名游戏,如"梦幻西游""大话西游""阴阳师""荒野行动"等,覆盖国内外市场	游戏内购(虚拟物品、游戏币等)、广告收入、游戏版权运营、电竞赛事合作等

产品名称	类别	描述	商业模式
网易云音乐	音乐流媒体	中国领先的音乐流媒体平台,提供个性化音乐推荐、社交互动、用户评论等功能,形成独特的用户生态	广告收入、会员订阅、数字专辑销售、音乐版权分销、音乐直播打赏等
网易严选	电子商务(自营精选商品)	精选自营商品,主打高性价比和品质,涵盖家居、数码、服饰等多个品类	商品销售利润、品牌合作费、会员制度、数据驱动的供应链管理
考拉海购	电子商务(跨境电商)	专注于海外商品直购服务,提供正品保障、快速物流等,满足用户对国际商品的需求	商品销售利润、跨境物流服务费、关税及税费代理、国际品牌合作
网易有道	在线教育	提供 K12 教育、成人职业教育、语言学习等领域的在线课程,以及智能硬件和学习工具	在线课程销售、智能硬件产品销售、学习工具订阅、企业培训服务、广告收入
网易邮箱	互联网服务	中国最早的免费邮箱服务之一,提供基础的邮件收发、文件存储等功能,与新闻门户结合提供综合信息服务	广告收入、增值服务(如邮箱容量升级、高级功能订阅)、企业邮箱服务

● 网络游戏:是网易最为重要的业务板块之一,网易通过自研和代理运营了多款知名游戏,如"梦幻西游""大话西游""阴阳师""荒野行动"等,网易不仅在中国市场上取得了巨大的成功,还积极拓展海外市场,推出了多款面向全球玩家的游戏。

● 网易云音乐:是中国领先的音乐流媒体平台之一,凭借独特的社区氛围和用户生成内容,网易云音乐吸引了大量年轻用户,平台通过音乐推荐、社交互动、用户评论等功能,形成了一个独特的用户生态,成为中国在线音乐市场的重要玩家。

● 网易严选和考拉海购:是网易在电子商务领域的布局,网易严选主打精选自营商品,强调高性价比和品质,而考拉海购则专注于跨境电商,提供海外商品的直购服务。通过这两个平台,网易在电商领域逐渐树立了品牌优势。

● 网易有道:是网易旗下的在线教育品牌,涉及 K12 教育、成人职业教育、语言学习等多个领域,网易有道通过提供在线课程、智能硬件和学习工具,成为中国在线教育市场的重要参与者。

● 网易邮箱：是中国最早的免费邮箱服务之一，至今仍然是中国市场上使用最广泛的邮箱服务之一。通过邮箱和新闻门户，网易继续为用户提供基础的互联网服务，并通过广告和增值服务实现商业化。

通过这些核心产品，网易不仅在娱乐和内容消费领域取得了成功，还在教育、电子商务等领域形成了多元化的业务布局，构建了一个涵盖游戏、音乐、教育、电商等多个方面的数字生态系统。

3. 商业模式分析

网易的商业模式多元化，涵盖了网络游戏、广告、在线教育、音乐流媒体、电商等多个领域，形成了一个多维度的收入结构。

（1）游戏收入

网络游戏是网易的主要收入来源。通过自研和代理运营，网易在中国和国际市场上推出了多款爆款游戏，涵盖 MMORPG、策略、休闲等多个游戏类型。网易的游戏收入主要来自游戏内购（如虚拟道具、皮肤等）和游戏服务的增值收费。此外，网易还通过全球化战略，将多款游戏产品推向海外市场，进一步扩大了收入来源。

（2）在线广告

网易的门户网站、新闻客户端和邮箱服务仍然为公司带来了稳定的广告收入。通过庞大的用户基础和精准的内容推荐，网易向广告主提供了多样化的广告形式，如信息流广告、展示广告和视频广告。尽管广告业务在网易整体收入中的占比逐渐下降，但仍然是其重要的收入来源之一。

（3）在线教育

网易有道是中国领先的在线教育平台之一，主要通过付费课程、智能学习工具和在线教育硬件盈利。网易有道通过自研和与合作伙伴的联合开发，提供多种类型的在线课程和学习工具，涵盖 K12、成人教育和职业培训等领域。随着中国在线教育市场的快速增长，网易有道已经成为公司营收增长的一个重要驱动力。

（4）音乐流媒体

网易云音乐主要通过广告、会员订阅、数字专辑销售、直播打赏等多种方式实现商业化。凭借其强大的用户社区和内容生态，网易云音乐不仅吸引了大量用户，还通过社交功能提升了用户黏性，成为中国音乐流媒体市场的重要参与者。

（5）电子商务

网易严选和考拉海购是网易在电商领域的重要布局。网易严选通过自营模式,主打高性价比和高品质商品,吸引了大量中产阶级消费者。考拉海购则通过跨境电商模式,满足了中国消费者对海外商品的需求。两者通过商品销售和增值服务获取收入,虽然电商业务在网易总体收入中的占比不大,但近年来增长迅速,成为公司多元化战略的重要组成部分。

4. 技术驱动的用户体验与内容创新

网易的成功离不开其技术驱动的创新文化。作为一家以技术起家的互联网公司,网易在游戏研发、音乐推荐、内容分发等多个领域都深度应用了大数据、人工智能和云计算技术。网易通过游戏引擎的自主研发,提升了游戏的画质和用户体验,尤其是在 MMORPG 和手游领域,网易的技术优势使其游戏产品在市场上具有较高的竞争力。

在音乐流媒体领域,网易云音乐采用了智能推荐算法和大数据分析,为用户提供个性化的音乐内容推荐,提升了用户的使用体验。网易严选通过大数据分析用户需求,优化供应链和商品开发流程,为用户提供高性价比的商品。

技术驱动不仅提升了网易各个产品领域的用户体验,还帮助公司优化了内容分发和广告投放的效率,增强了各业务线的盈利能力。

5. 全球化战略与国际市场扩张

网易的全球化战略主要集中在游戏和音乐领域。通过推出多款面向国际市场的游戏,网易在日本、韩国,以及北美、欧洲等多个市场取得了显著成功,如《荒野行动》在全球范围内拥有大量玩家。此外,网易还与暴雪娱乐、暴雪北美等国际知名游戏公司合作,代理运营《魔兽世界》等知名游戏,进一步巩固了其国际市场的地位。

在音乐领域,网易云音乐也在积极拓展海外市场,通过与国际唱片公司和音乐人的合作,增加国际音乐内容的供给,吸引了全球用户的关注。尽管网易的全球化进程相对较慢,但其在游戏和音乐两个核心领域的国际化布局,已经为公司未来的全球扩张奠定了基础。

6. 未来的发展前景

未来,网易可能将继续围绕游戏、在线教育、音乐流媒体和电子商务等核心业务进行深耕和创新。随着全球游戏市场的持续增长,网易有望通过推出更多自研和代理运营的游戏产品,进一步扩大其全球市场份额。在线教育领域,随着中国教育市场的数字化转型加速,网易有道将继续通过创新的课程设计和智能硬件,满足用户对优质教育资源的需求。在音乐流媒体方面,网易云音乐将继续通过社交功能、用户生成内容和音乐社区,提升用户黏性,并探索更多的商业化路径。电子商务领域,网易严选和考拉海购将继续优化供应链和商品结构,以满足消费者对高品质商品的需求。在全球化方面,网易将继续拓展其在游戏和音乐领域的国际市场,尤其是在新兴市场的布局。通过不断创新和技术升级,网易有望在未来的全球数字经济中占据更加重要的地位。

网易凭借其强大的技术实力和多元化的业务布局,已经成为中国领先的互联网公司之一。通过深入拓展网络游戏、在线教育、音乐流媒体和电子商务等领域,网易不仅在中国市场取得了成功,还通过全球化战略逐步走向国际市场。未来,网易将继续依靠技术创新和内容驱动,开拓新的增长点并巩固其在全球互联网行业的领先地位。

(五)爱奇艺(iQIYI):在线视频平台

1. 企业概况与发展历程

爱奇艺(iQIYI)成立于 2010 年,由百度创立,是我国在线视频平台之一。爱奇艺专注于提供高质量的影视内容、综艺节目、动漫、纪录片等多种形式的数字娱乐内容,覆盖了从视频点播到原创制作的广泛业务,并通过不断扩展其原创内容和影视制作能力,逐步构建了从内容生产到分发的完整产业链。

爱奇艺早期的成功主要得益于其对免费模式的采用,通过广告支持的方式吸引了大量用户,随后逐步推出了会员订阅模式,并通过会员付费、广告收入以及增值服务等多渠道实现商业化。此外,爱奇艺还通过技术创新,特别在人工智能(AI)和大数据分析方面的应用,进一步提升了用户体验和平台运营效率。

2. 核心产品与生态系统

如表 2-8 所示,爱奇艺的核心产品包括在线视频内容(影视剧、综艺、动漫、纪录片等)、原创内容制作以及多种增值服务。爱奇艺构建了一个庞大的内容生态系统,从内容生产、版权采购到分发,实现了内容的全链条覆盖。

表 2-8　爱奇艺的核心产品

产品名称	类别	描述	商业模式
影视剧与综艺节目	娱乐内容	提供大量国内外影视剧集和综艺节目,涵盖多种类型,通过采购热门 IP 和制作原创内容吸引用户	广告收入、会员订阅、内容付费(如超前点播、独家剧集)、版权分销等

产品名称	类别	描述	商业模式
原创内容	内容创作	投入大量资源制作高质量的自制剧和综艺节目,如《延禧攻略》《隐秘的角落》等,增强平台的独特性并拓展国际市场	同上,特别是通过原创内容的成功,提升会员订阅率和内容付费意愿
动漫与纪录片	娱乐内容	提供丰富的动漫和纪录片内容,满足不同年龄段用户需求,与国内外制作公司合作	广告收入、会员订阅、内容付费(针对特定动漫或纪录片系列)
VR(虚拟现实)与互动视频	技术创新	推出 VR 内容和互动视频,探索新技术带来的娱乐形式变革,提供沉浸式观影体验	技术服务费(如 VR 设备租赁或内容订阅)、广告收入(针对 VR 内容)、内容付费(针对高级互动体验)
爱奇艺文学与游戏	内容扩展	涉足网络文学和游戏业务,打造跨平台 IP,实现文学、影视、游戏的联动发展	文学平台订阅费、游戏内购、IP 授权费(给其他平台或制作方)、广告收入(针对文学和游戏平台)

●影视剧与综艺节目:爱奇艺提供了大量的国内外影视剧集和综艺节目,涵盖了电视剧、电影、真人秀、脱口秀等多种类型。通过不断采购热门 IP 和制作原创内容,爱奇艺吸引了大量的影视迷和综艺爱好者,成为中国最主要的娱乐内容消费平台之一。

●原创内容:为了增强平台的独特性,爱奇艺近年来大力投入于原创内容的制作,推出了多部自制剧和综艺节目,如《延禧攻略》《隐秘的角落》《偶像练习生》等。这些作品不仅在国内大受欢迎,还成功走向了国际市场,展现了爱奇艺在原创内容领域的实力。

●动漫与纪录片:爱奇艺提供丰富的动漫和纪录片内容,满足了不同年龄段用户的需求。通过与国内外动画和纪录片制作公司合作,爱奇艺逐渐成为中国动漫和纪录片领域的重要播放平台。

●VR(虚拟现实)与互动视频:爱奇艺在技术创新方面也有明显布局,推出了 VR 内容和互动视频,探索更多样化的娱乐形式,为用户提供沉浸式的观影体验。

●爱奇艺文学与游戏:为了进一步扩展其内容生态系统,爱奇艺还涉足了网络文学和游戏业务。通过与作家、游戏开发者的合作,爱奇艺打造了多个跨平台的IP,实现了文学、影视、游戏的联动发展。

通过这些核心产品,爱奇艺不仅满足了用户对丰富内容的需求,还通过原创内容和技术创新,构建了一个涵盖影视、综艺、动漫、文学、游戏等多领域的数字娱乐生态系统。

3. 商业模式分析

爱奇艺采用了多元化的商业模式,主要包括会员订阅、广告收入、版权分销、内容制作以及其他增值服务。

(1) 会员订阅

爱奇艺的会员订阅模式是其主要收入来源之一。平台提供多种会员服务,用户可以通过购买VIP会员享受无广告播放、高清画质、抢先观看等增值服务。随着用户对优质内容需求的增加,爱奇艺的付费会员数量持续增长,成为公司收入的重要组成部分。同时,爱奇艺还推出了超级VIP会员,提供更高端的体验和权益,如与其他平台联合推出的跨平台会员服务。

(2) 广告收入

广告收入是爱奇艺的另一大收入来源。平台通过向广告主提供多种形式的广告服务,包括贴片广告、信息流广告、品牌植入等,获取广告收入。爱奇艺利用大数据和人工智能技术,精准分析用户画像,帮助广告主进行精准营销,从而提升了广告投放的效果和转化率。

(3) 内容分销与版权授权

爱奇艺通过内容分销和版权授权获取收入,公司不仅为其他平台提供影视剧和综艺节目的版权,还通过与国内外内容生产商合作,联合制作和发行内容。爱奇艺的原创内容还通过授权给海外平台,进一步拓展了在国际市场的影响力。

(4) 内容制作与IP开发

爱奇艺在内容制作领域的投入使其成为自制内容的主要生产者之一,通过自主制作剧集、综艺节目等,爱奇艺不仅降低了对外部版权的依赖,还增强了自身平台的独特竞争力。此外,爱奇艺通过对热门IP的开发,实现了从文学、影视到游戏、衍生品销售的多元化商业模式。

(5) 增值服务与硬件产品

爱奇艺还提供了多种增值服务,如游戏、直播打赏、电商等,进一步扩大了收入来源。爱奇艺还推出了VR设备等硬件产品,结合其丰富的内容资源,探索线上线下融合的商业模式。通过多元化的商业模式,爱奇艺不仅依靠会员和广告收入,还通过内容分销、版权授权、增值服务等方式,实现了较为全面的盈利模式。

4. 技术驱动的用户体验与内容分发

爱奇艺深度应用人工智能、大数据和云计算技术,以提升用户体验和内容分发效率。通过 AI 技术,爱奇艺能够根据用户的观看行为和偏好,提供个性化的内容推荐,以增加用户黏性。大数据分析则使广告投放精准化,帮助广告主提高广告投放的效果。

此外,爱奇艺在视频压缩、画质优化和智能运维方面也进行了大量技术创新,确保用户在不同网络条件下都能享受到流畅的观看体验。爱奇艺还通过自研的内容分发网络(CDN),提升视频传输的速度和稳定性,为用户带来更高质量的流媒体服务。

5. 全球化战略与国际市场扩张

爱奇艺的全球化战略主要集中在亚洲市场,并逐步拓展至北美和欧洲等地。通过与国际内容制作公司和平台的合作,爱奇艺将其原创内容输出到全球多个国家和地区,特别是在东南亚地区取得了显著的市场份额。此外,爱奇艺还通过收购海外流媒体公司和建立海外分公司,加速其国际扩张步伐。

爱奇艺在国际化过程中,面临着与全球其他流媒体巨头的竞争,如 Netflix(奈飞)和 Disney+,但凭借其独特的原创内容和本地化策略,爱奇艺在亚洲市场的竞争中占据了一定的优势。此外,爱奇艺还积极参与国际影视节和内容展会,增强了其在全球影视行业的影响力。

6. 未来的发展前景

爱奇艺未来的发展可能将继续围绕会员增长、原创内容制作和技术创新展开。随着中国视频流媒体市场逐渐进入存量竞争阶段,爱奇艺将更加注重提升内容质量和用户体验,以吸引更多付费会员。原创内容仍将是爱奇艺未来的核心战略之一,通过制作更多精品剧集和综艺,爱奇艺有望进一步提升其品牌影响力,并扩大其国际市场份额。

在技术层面,爱奇艺将继续加大在人工智能、虚拟现实和互动视频等前沿技术领域的投入,探索新型娱乐形式,提升用户体验。同时,随着 5G 网络的普及,爱奇艺将进一步优化其视频传输和内容分发技术,为用户提供更高质量的流媒体服务。

此外,爱奇艺还将继续拓展国际市场,尤其是在亚洲的新兴市场,通过本地化的内容和合作,进一步扩大其全球影响力。

爱奇艺凭借其丰富的内容库、独特的原创内容和技术创新,已经成为中国领先的视频流媒体平台之一。通过会员订阅、广告收入、内容分销等多元化的商业模式,爱奇艺不仅在中国市场取得了成功,还通过全球化战略逐步走向国际市场。随着内容消费需求的不断增加,爱奇艺未来有望通过技术驱动和内容创新,继续引领其在在线视频行业的发展。

第四节　数字媒体产业的主要领域与发展动态

一、文化创意与广告设计

文化创意与广告设计作为数字媒体产业中的重要组成部分,近年来受到了大数据、人工智能、虚拟现实等技术的极大推动。探讨这些技术在文化创意与广告设计中的应用,分析其带来的变革及面对的挑战,对数字媒体产业的发展具有较强的借鉴意义。

文化创意产业中,数字技术的应用提升了内容生产的效率和质量,使文化作品更加多元和丰富。通过大数据分析,艺术家和设计师能够更好地理解观众的偏好与需求,从而创作出更受欢迎的作品。例如,大数据分析工具可用来跟踪和预测受众的兴趣变化,进而优化创意策划和内容制作流程。虚拟现实(VR)、增强现实(AR)和混合现实(MR)等技术在文化创意领域的应用也越来越广泛。这些技术能为观众提供沉浸式体验,使得传统的艺术展览、演出等活动焕发新生。近年来,许多博物馆、艺术展览已经开始利用 AR 技术为参观者提供互动内容,使文化体验更加生动与立体。此外,人工智能技术在文化创意中的应用也不断扩展。例如,通过机器学习技术生成的内容,如音乐、图像甚至小说,逐渐进入公众视野。AI 创作的内容不仅为艺术家提供了新的灵感来源,还在一定程度上提高了创作效率。

在广告设计领域,数字技术同样带来了深刻变革。大数据技术使得广告的精准投放成为可能。通过收集和分析大量用户行为数据,广告主能够准确描绘用户画像,进而实现个性化的广告推送,提高广告的到达率和转化率[①]。例如,电商平台可以根据用户的浏览和购买记录,推荐相关产品广告,从而提高销售额。人工智能技术在广告设计中的应用极大地提升了创意的生成和优化能力。AI 可以根据用户反馈和历史数据,自动生成不同版本的广告创意并进行 AB 测试,选择最优方案。这样不仅节省了广告创意的制作时间,还提高了广告的效果。例如,一些广告公司利用自然语言处理技术生成广告文案,通过计算机视觉技术设计广告图像,从而实现自动化的广告制作。此外,虚拟现实(VR)和增强现实(AR)技术的引入也

---

① 杨桂霞,汤艳秋.社交电商模式在商贸行业中的应用与效果评估[J].科技经济市场,2024(03):155-157.

使广告设计焕发新生。通过 VR 技术,用户可以在虚拟环境中体验产品或服务,从而增强广告的吸引力和互动性。AR 广告通过在现实场景中叠加虚拟信息,为用户提供富有创意的广告体验。例如,一些时尚品牌推出的 AR 试衣镜,通过虚拟换装功能,吸引了大量用户使用和分享。

尽管数字技术在文化创意与广告设计中带来了众多创新与便利,但行业仍面临一些挑战。首先是数据安全与隐私保护问题。大数据的广泛应用要求收集和处理大量用户数据,如果处理不当,则可能导致用户隐私泄露和数据滥用。因此行业需要建立完善的数据保护机制,遵守相关法规,确保用户数据的安全与隐私不被泄露。其次是技术与人才的短缺。新兴的数字技术对专业技术人员的要求较高,而目前市场上高水平的数字技术人才仍较为稀缺。因此,行业需要加大对相关技术人才的培养,鼓励跨学科合作,提升创新能力,达到技术和内容的平衡。尽管技术可以极大地提升创意和广告的效果,但如果过度依赖技术,可能会忽略内容本身。因此,在应用数字技术的同时,仍应注重创意和内容的质量,把握好技术与内容的平衡。

未来,随着数字技术的不断进步和应用的深入,文化创意与广告设计将继续迎来新的发展机遇。结合大数据、人工智能、虚拟现实等技术,文化创意产业将进一步实现内容的创新和多元,广告设计则将更加精准、高效、人性化。为了实现这一目标,行业需要继续探索新技术的应用,加强数据保护,培养高素质的人才,从而推动文化创意与广告设计的可持续发展。总的来说,大数据背景下的文化创意与广告设计充满潜力,通过不断创新和优化,将为数字媒体产业的发展注入新的活力,为用户带来更加丰富和多元的体验。

二、出版发行与数字出版

在大数据背景下,出版发行与数字出版成为数字媒体产业发展的重要方向。通过大数据技术,出版行业获得了前所未有的智能分析和个性化服务能力,显著提升了内容的生产和传播效率。近年来,全球出版产业经历了深刻的数字化变革,传统出版模式受到冲击,但也迎来新的发展机遇。根据国家统计局的数据,截至2023 年年末,全国有线电视实际用户达 2.02 亿户,其中有线数字电视用户为 1.93 亿户,固定互联网宽带接入用户达63 631 万户,这些数据反映了数字化阅读和内容消费的普及。

传统出版旨在通过内容创作、编辑、印刷和发行来满足市场需求。然而,随着数字化趋势加剧,传统出版企业面临着内容传播方式变革的挑战。数字化转型的主要方向包括:一是将纸质内容数字化,推出电子书和在线阅读平台;二是利用大数据技术分析读者的兴趣和市场需求,从而优化内容生产和库存管理;三是借助社会媒体和网络平台扩大传播范围,提升品牌影响力。例如,许多传统出版企业已开始与大型电商平台合作,通过电子书、在线版、付费内容订阅等形式扩展业务模式。这一转型大大减少了成本,提高了灵活性和适应性。数字出版不仅限于将纸质书籍转换为电子书,更涉及使用先进的技术手段,优化内容生产、分发和互动方式。数字出版的特点包括:一是即时性,即内容可以实时更新,满足用户对新信息的即时阅读需求;二是互动性,即通过嵌入音视频、互动问答及虚拟现实技术,增强用户体验;三是个性化,即通过大数据分析读者行为,推荐个性化内容和服务。当前,数字出版已成为主流形式。比如,全球知名的在线阅读平台如 KINDLE、豆瓣阅读等,通过大数据分析,提供个性化推荐服务,使用户能够更便捷地找到自己感兴趣的书籍。

大数据技术为出版发行和数字出版提供了强有力的支持,主要体现在内容生产、用户行为分析、精准营销等方面。大数据技术通过整合多种数据源,分析读者的阅读习惯和偏好,帮助出版社在内容创作环节提供更精准的数据支持。例如,通过对网络搜索词、社交媒体话题和用户评论的分析,出版社可以判断哪些题材最受欢迎,从而调整内容选题和编辑策略。这种基于数据驱动的创作模式,能够有效地提高内容的市场接受度和销售转化率。借助大数据技术,出版企业能够对用户行为进行深度挖掘,获取包括点击、阅读时间、分享、评论等多维度的数据,并通过机器学习算法进行分析,创建精确的用户画像。这不仅可以用于个性化内容推荐,还能优化广告投放策略,提高营销效果。在内容分发方面,大数据通过监测用户的偏好和行为,增强了分发的高效与精准度。利用大数据分析网络流量和用户行为信息,出版企业可以选择最佳的发布时机和渠道,提高内容曝光度和阅读率。同时,大数据技术还支持跨平台分发,扩大传播范围,提高用户黏性。随着 5G、大数据、云计算、人工智能、区块链等新技术的普及和应用,数字出版的未来前景广阔,虚拟现实(VR)、增强现实(AR)等新技术的结合,将使数字出版内容更加丰富和互动。

未来,数字出版将进一步朝着智能化和个性化方向发展。出版企业将更加注重数据的收集与分析,通过不断提升算法与模型的准确度,更好地满足用户个性化需求。同时,内容生产也将更加智能化。智能写作、自动化编辑等技术的应用,将显著提升出版效率和内容质量。未来的数字出版将不仅仅是内容的发布与传播,还将构建起完整的内容生态体系,包括内容创作、传播、营销、付费等环节,以满足用户多样化的需求。在这一过程中,出版企业需要加强与互联网平台、硬件终端及技术服务商的合作,共同推动行业生态的完善与发展。

因此,数字出版不仅是传统出版行业的延伸与补充,同时也是大数据时代背景下,出版发行行业发展的必然趋势。通过技术手段提升内容生产、用户分析和精准营销能力,数字出版将实现更加智能化、个性化和高效化的发展。未来,随着技术的不断进步和应用,数字出版的市场潜力将得到进一步释放,为用户带来全新的阅读体验。

三、影视制作与内容需求增长

在大数据背景下,影视制作行业经历了深刻的变革和提升,内容需求的增长也呈现出显著趋势。大数据技术不仅改变了影视制作的技术手段和流程,还显著增加了内容的多样性和丰富度。

大数据技术使影视制作在内容创作阶段便受益匪浅。通过对观众的行为数据、浏览历史、喜好偏好进行分析,影视制作公司能够更精准地把握市场需求,优化剧本创作和角色设定,并利用用户数据分析,不断调整和提升自制剧的质量和受欢迎度,这种基于数据分析的内容创作策略,不仅提高了影视作品的市场适应性,也大大提高了用户满意度。在影视制作过程中,大数据技术通过流程优化和资源配置,使得制作效率显著提高,成本得到有效控制。数据分析可用于预测拍摄进度、预算控制和资源调配等方面,通过大数据分析制订详细的拍摄计划,预估可能出现的风险并提前制定应对措施,这样不仅能够有效避免不必要的投入,还能够缩短制作周期。

随着大数据和机器学习技术的发展,影视特效制作和虚拟现实技术得到了大幅提升。大数据能够处理和分析大量复杂的视觉数据,使特效制作更加逼真而且具备更高的效率。此外,虚拟现实(VR)、增强现实(AR)等技术的引入,丰富了观众的观影体验,推动了影视内容向多元化方向发展。现代观众对影视内容的需求趋向于个性化和多样化。大数据技术使得内容推荐系统能够根据用户的观看历史、评分和评论等数据提供个性化的内容推荐。这种个性化推荐不仅提升了用户的观看体验,还显著提高了影片的点击率和用户黏性。

在大数据的推动下,内容形式变得更加多样化,不再局限于传统的影视剧。短视频、网络大电影、VR 电影等新型内容形式不断涌现,并逐渐成为市场主流。这些新的内容形式依靠大数据技术进行精准的市场调研和用户分析,从而制定出符合特定观众需求的内容生产和营销策略。互联网和大数据技术使影视内容的传播更加广泛和便捷。通过数据分析,制作公司和发行商可以更好地理解不同地区观众的偏好和文化背景,从而制定出适合不同市场的内容传播策略。例如,Netflix(奈飞)在全球范围内推广其原创内容,并根据各国观众的反馈不断优化内容策略,取得了显著成效。随着大数据在影视制作中的广泛应用,数据安全与隐私保护问题也变得愈发重要。影视制作公司需要严格遵守相关法律法规,确保用户数据的安全和隐私不被泄露。数据泄露不仅会影响公司的声誉,还可能会导致法律风险和经济损失。

先进技术的应用需要高素质的技术团队和专业人才。但目前,影视制作领域对大数据、人工智能等高端技术人才的需求远超供给,一定程度上制约了行业的发展。因此,加强技术人才的培养和引进,提升专业人才的技术水平,是未来影视制作和内容需求增长的重要举措。大数据虽然能够在一定程度上提升内容的精准性和高效性,但仍然不能完全替代创意和想象力,为了满足观众不断变化的需求,影视制作公司不仅需要依靠数据,还需要持续创新,保持内容的独特性和吸引力。如何在数据驱动与创意灵感之间找到最佳平衡,是行业面临的重要挑战。

综上所述,在大数据背景下,影视制作与内容需求的增长展现出强劲的发展动力,大数据技术不仅提升了影视内容的质量和制作效率,还极大地丰富了内容输出形式和传播渠道。然而,面对数据安全、技术和人才短缺以及内容创新的挑战,影视制作公司需要持续优化策略,通过技术进步和创新实践,不断推动行业的高质量发展。

第三章　数字媒体产业发展的内在动力

本章探讨了推动数字媒体产业发展的核心动力,包括受众需求、数字技术、移动设备以及跨媒体集团的运营模式。分析了产业发展的多种表现形式,如内容生产、媒体组织结构以及媒体终端的演变,数字媒体产业的技术支持与创新,特别是科技与文化的融合,政府的扶持作用,以及国际产业的比较和经验借鉴。探讨了数字媒体产业的内生动力和外部环境,旨在为读者提供一个全面的视角,以理解这一产业的复杂性和动态性,以及它在数字经济中的关键作用。经过深入的分析,阐明了数字媒体产业如何通过持续的创新与适应,有效地把握大数据对数字媒体产业未来发展趋向的影响。

第一节　数字媒体产业的内在动力

数字媒体产业的快速发展离不开多种内在动力的驱动,包括受众需求的变化、数字技术的创新与应用、移动设备的普及以及跨媒体集团的运营模式。这些因素共同作用,推动了数字媒体产业的快速增长和不断创新。

一、受众需求的变化与推动力

数字媒体产业的快速发展与受众需求的变化密切相关。在数字网络化的时代,受众的消费习惯、内容喜好以及参与方式都在发生深刻的变革。这些变化推动着数字媒体产业不断创新和调整其内容生产和分发模式,以更好地满足受众的需求。

1. 受众消费习惯的转变

在传统媒体时代,受众的内容消费习惯较为单一,主要依赖电视、广播和纸质媒体。然而,互联网的普及以及数字设备的发展极大地改变了受众的内容消费方式,按需消费取代了传统的被动消费模式。过去,用户只能在固定的时间或平台上观看或阅读内容,但如今,用户可以随时随地通过各种终端设备访问内容,这种按需消费的方式使得内容消费变得更加灵活和个性化。另外,碎片化消费成为当代受众的典型习惯,随着移动设备的普及,用户可以利用各种碎片时间进行短暂的内容消费,如在通勤路上浏览短视频、社交媒体或新闻推送。这种碎片化的消费习惯促使内容生产者更加重视短小精悍的内容形式。同时,受众的多任务处理能力增强了,在多屏时代,用户习惯于同时使用多个设备进行内容消费,例如一边看电视一边刷手机社交媒体。这种"第二屏现象"使得内容的多平台联动变得尤为重要,媒体公司需要确保不同终端上的内容体验一致,从而满足用户在多任务处理中的内容需求。

2. 个性化与定制化内容的需求

随着数字媒体技术的发展,受众的个性化需求日益凸显。传统媒体时代,内容生产者通常采用"一对多"的传播模式,即一份内容面向大量受众群体。然而,在数字媒体时代,受众对内容的要求逐渐变得个性化和定制化,他们不再满足于标准化的内容,而是要求内容能够根据自己的兴趣、爱好和需求进行量身定制,个性化推荐算法的应用进一步推动了这种需求的增长,通过大数据和人工智能技术,数字媒体平台能够根据用户的浏览记录、观看时长、点赞和评论行为等数据,分析用户的兴趣偏好,并推荐符合其需求的内容,这不仅提高了用户的消费体验,也帮助内容生产者更精准地触达目标受众。

此外,交互式内容和可定制化内容也是满足受众个性化需求的重要形式。一些互动剧集允许用户在关键情节中选择角色的行为,从而影响故事的发展;而新闻门户则允许用户根据自己的兴趣爱好定制新闻推送,这种个性化和互动化的内容生产模式不仅增加了受众的参与感[①],也加强了用户与内容之间的情感连接。

3. 受众互动与参与的增加

数字媒体的最大特点之一是其互动性的提升。在传统媒体中,受众与内容之间的关系是单向的,受众只能被动地接受信息。然而,数字媒体的双向沟通能力使得受众可以积极参与到内容的生产和传播过程中,从而增加了受众的互动性和参与感。

社交媒体平台的兴起为受众提供了一个重要的互动渠道。用户可以通过点赞、评论、分享等行为表达对内容的看法,并与其他用户进行讨论。这种互动不仅增强了用户的参与感,还为内容生产者提供了及时的反馈,帮助他们更好地优化内容。

用户生成内容(UGC)逐渐成为数字媒体产业的重要组成部分。与传统媒

---

① 张晓君. 融媒体在新闻传播中的实践新样态[J]. 新闻文化建设, 2024(07): 172-174.

中内容完全由专业团队生产不同,数字媒体平台允许用户自己发布内容,视频网站上的用户可以上传视频、社交媒体上的用户可以发布动态。这种 UGC 模式不仅丰富了内容生态,还使得受众从内容的消费者转变为内容的创造者,从而进一步增强了他们的参与感。

直播作为一种高度互动的内容形式,极大地增加了受众的参与度。在直播过程中,受众可以通过弹幕、打赏、评论等方式与主播实时互动,这种即时的反馈机制使得受众与内容生产者之间的距离更为接近,用户参与感和忠诚度得到了显著提升。

二、数字技术的创新与应用

技术是推动数字媒体产业发展的核心动力之一。随着云计算、人工智能、大数据、区块链等数字技术的不断进步,媒体产业的生产、分发和消费模式发生了深刻的变革[①]。这些技术不仅提高了内容的生产效率,还为个性化推荐、版权保护等问题提供了新的解决方案。

1. 云计算与大数据的应用

云计算和大数据技术的普及为数字媒体产业的发展提供了重要的基础设施支持。云计算的出现使得内容的存储和分发变得更加高效和灵活。通过云计算平台,媒体公司可以将内容存储在云端,并通过全球分布的服务器快速传输到用户终端,确保用户无论身处何地,均能享受到流畅的观看体验。

大数据还在内容生产方面发挥了重要作用。通过对大量用户数据的分析,内容生产者可以更好地了解观众的需求和喜好,从而优化内容的创作方向。例如,影视制作公司可以通过大数据分析得出观众对某类题材、演员的偏好,从而在制作前期进行更有针对性的策划和投入。

2. 人工智能与算法推荐

人工智能(AI)技术的发展为数字媒体产业带来了革命性的变化,尤其是在内容推荐、生产和优化方面。最具代表性的应用就是算法推荐,它基于用户的行为数据,通过 AI 算法为其推荐个性化的内容。这种推荐模式不仅提高了用户的体验,也增加了用户在平台上的停留时间,提升了内容的曝光率和消费频率。

AI 还应用于自动内容生成和智能编辑中。通过自然语言处理、计算机视觉等

---

① 刘乐平,钱祎.推动数字经济法治建设　为完善全球数字治理体系贡献智慧和力量[N].浙江日报,2022-01-02.

AI技术,媒体公司可以自动生成新闻报道、视频剪辑等内容,极大地提高了内容生产的效率。例如,一些新闻网站使用AI来撰写体育比赛的报道,自动生成比赛摘要;而视频平台则使用AI进行视频剪辑和封面制作,减少了人工工作量。AI在图像识别、语音识别等领域的应用也为内容制作提供了更多的可能性,AI可以自动识别视频中的人物、场景和物品,从而帮助内容生产者更好地管理和检索素材,提升内容制作的效率和精度。

3. 区块链与版权保护

随着数字内容的传播速度加快,版权保护成为数字媒体产业中的一个重要挑战。区块链技术的去中心化和不可篡改性为数字内容的版权保护提供了新的解决方案[①]。通过区块链,媒体公司可以为每一份数字内容生成独特的数字身份,并将其存储在区块链上。由于区块链具有不可篡改的特性,任何对内容的修改、复制或传播都会被记录下来,这使得版权追踪和管理变得更加透明和高效。音乐、影视等内容的版权方可以通过区块链技术追踪其作品的传播路径,确保每一次使用都能获得合理的版权费用。

区块链还可以用于智能合约的执行。通过智能合约,内容创作者和分发平台之间的合作可以被自动化执行,以确保创作者能够及时获得报酬。这种透明、高效的版权管理机制有望解决长期以来困扰数字媒体产业的版权侵权问题,为内容创作者和平台之间建立更加公平的合作环境。

三、移动设备的普及与媒体消费方式的变革

移动设备的快速普及是推动数字媒体产业发展的另一重要动力。智能手机、平板电脑等移动设备的普遍应用改变了受众的内容消费方式,使得内容消费更加便捷和灵活。同时,移动互联网的高速发展和应用生态系统的完善,也催生了大量新的媒体消费模式。

1. 智能手机与平板设备的崛起

随着智能手机和平板设备的普及,移动设备逐渐成了人们获取信息和消费内容的主要渠道之一。与传统的PC和电视相比,移动设备具有便携性高、随时随地可用的优势,因此受到了广大用户的青睐。

移动设备的崛起不仅改变了用户的内容消费习惯,还催生了大量基于移动设

---

① 林浩瀚. 区块链技术在传媒领域中的应用分析[J]. 电视指南,2018(1).

备的内容形式,短视频、移动新闻、移动直播等内容形式都是在移动设备普及的背景下发展起来的。这些内容形式不仅适应了移动设备的特性,还满足了用户的碎片化时间消费需求。

此外,智能手机和平板设备的性能提升也为内容的多样化和高质量提供了技术支持。高清显示屏、强大的处理器和高效的网络连接使得用户可以在移动设备上观看高清视频、进行实时互动,从而进一步提升了用户的消费体验。

2. 移动优先策略的兴起

随着移动设备的普及,越来越多的数字媒体公司开始采用"移动优先"的策略,即优先为移动设备设计和优化内容,移动优先策略要求内容生产者和平台在内容的设计、制作和分发过程中,首先考虑移动设备的特性,如屏幕大小、触控操作、网络流量限制等。

移动优先策略的兴起不仅体现在内容形式上,还体现在用户体验的优化上。短视频平台通常会采用竖屏视频的形式,以适应用户在手机上的观看习惯;而新闻应用则会根据用户的网络状况,自动调整图片和视频的清晰度,以确保用户在不同网络条件下都能流畅观看。

移动优先策略还推动了移动广告的快速发展。移动设备的普及使得移动广告成为数字广告市场的重要组成部分。通过移动优先的广告策略,广告商可以根据用户的地理位置、使用习惯等数据,进行更加精准的广告投放,从而提高广告的转化率和用户的体验。

3. 移动应用生态系统的构建

移动应用(APP)生态系统的构建是移动设备普及的另一重要推动力。随着智能手机的广泛应用,各类移动应用程序成为用户获取信息、消费内容、进行社交互动的重要渠道。为了适应移动设备的特点,数字媒体公司纷纷开发移动应用程序,为用户提供更加便捷的内容消费体验。

移动应用生态系统不仅为用户提供了丰富的内容选择,还推动了内容消费模式的多样化。社交媒体应用、短视频应用、音乐流媒体应用等都为用户提供了不同类型的内容消费渠道,用户可以根据自己的兴趣和需求,选择不同的应用进行内容消费。移动应用生态系统还推动了平台化运营的发展,一些大型数字媒体平台通过整合各种内容形式和服务,形成了一个综合性的移动内容生态系统。某些超级应用程序不仅提供新闻、视频、音乐等内容,还集成了社交、购物等功能,形成了一个全方位的消费平台。

四、跨媒体集团的运营模式与产业整合

随着数字媒体产业的快速发展,传统的媒体公司逐渐转型为跨媒体集团,并通过垂直整合和横向扩展的方式,扩大其在产业链中的影响力。这些跨媒体集团通过内容、平台和渠道的联动,形成了一个高度整合的媒体生态系统,从而推动了数字媒体产业的进一步发展。

1. 垂直整合与横向扩展

在数字媒体产业中,垂直整合和横向扩展是跨媒体集团扩大其市场份额和竞争力的两大主要策略。垂直整合指的是跨媒体集团通过控制整个内容生产、分发和消费的流程,从而实现对产业链上下游的全面掌控。媒体公司可以通过收购内容制作公司、建立自己的分发平台等方式,确保在内容生产和分发中的主导地位。横向扩展则是指跨媒体集团通过扩展其业务范围,进入其他相关领域。传统的电视台可以通过收购数字媒体平台、进入流媒体市场等方式实现横向扩展。横向扩展不仅可以帮助媒体公司增加新的收入来源,还可以帮助其增强在不同市场中的竞争力。通过垂直整合和横向扩展,跨媒体集团能够更好地掌控内容生产和分发的各个环节,从而提高运营效率,降低成本,并为用户提供更加多样化的内容选择。

2. 内容、平台与渠道的联动

在跨媒体集团的运营模式中,内容、平台与渠道的联动是实现产业整合的重要方式。通过整合内容生产、分发平台和渠道,跨媒体集团能够实现内容的多平台分发和跨渠道推广,从而提升内容的覆盖面和影响力。跨媒体集团通过整合内容生产和分发平台,实现了内容的全媒体覆盖。一部影视剧不仅可以在电视台播出,还可以通过流媒体平台、社交媒体等多种渠道进行分发,这种多平台分发的方式不仅扩大了内容的受众范围,还增加了内容的商业价值。跨媒体集团通过整合不同的内容形式,实现了内容的跨媒体联动,一部热门电影可以通过小说改编、游戏开发、衍生品销售等方式,形成一个完整的内容产业链,从而提高内容的商业价值和用户的参与度。

3. 合作与并购:全球化的趋势

随着全球数字媒体市场的快速发展,合作与并购成为跨媒体集团扩大其全球影响力的重要策略。通过与其他媒体公司的合作,跨媒体集团可以进入新的市场,以获取更多的资源和技术支持,从而提高其在全球市场中的竞争力。

跨媒体集团通过跨国并购的方式,可以快速进入其他国家的数字媒体市场,并通过整合当地的内容和平台资源,实现全球化运营。一些跨国媒体公司通过收购当地的流媒体平台,迅速占领了新的市场,并通过本地化的内容生产,吸引了大量的本地用户。通过合作与并购,跨媒体集团不仅扩大了其业务范围,还增强了其在全球市场中的竞争力,从而推动了数字媒体产业的全球化发展。

数字媒体产业的内在动力来自多方面的因素,包括受众需求的变化、数字技术的创新、移动设备的普及以及跨媒体集团的运营模式。这些因素共同推动了数字媒体产业的快速发展,并为其提供了强大的推动力。在未来,随着技术的进一步发展和全球化的深入,数字媒体产业将继续在内容生产、分发和消费方式上进行创新和变革,从而塑造未来的媒体景观。

第二节　数字媒体产业的发展表现

数字媒体产业的快速发展正在重塑整个传媒行业,从内容生产、组织结构到用户体验的各个方面都发生了深刻变化。这一产业的发展不仅表现在技术创新上,还体现在内容生产模式的多样化、组织结构的变迁及媒体终端的进步等多个层面。通过对这些变化的深入分析,我们可以更好地理解数字媒体产业在全球范围内的深远影响。

一、内容生产的多样化与创新

数字媒体产业在过去十几年中经历了内容生产模式的多样化与创新。传统媒体以新闻、影视、广播等为主,而现在,内容生产的主体不仅仅是专业机构,普通用户也成了内容生产的重要参与者。与此同时,内容的形式也更加多样化,短视频、长视频、直播、虚拟现实等新的内容形式不断涌现。

1. 用户生成内容(UGC)的崛起

用户生成内容(UGC)的崛起是数字媒体产业的一大标志性现象。UGC是指由普通用户创作并上传到平台的内容,这种模式大大降低了内容生产的门槛,使得更多的普通人可以参与到内容创作中来。随着社交媒体和视频平台的普及,UGC的生产和消费已经成为当今数字媒体生态系统中不可或缺的一部分。UGC的崛起得益于社交平台和短视频平台的普及,如微博、微信、Instagram、TikTok、抖音等,这些平台为用户提供了简单易用的创作工具,让用户可以轻松拍摄、编辑和分享自己的内容。通过这些平台,用户不仅可以展示自己的生活,还可以就某些话题发表看法,甚至通过内容创作获得收入。

UGC 的兴起主要归功于这些平台提供的便捷创作工具与分享机制,它们简化了拍摄、编辑与发布的流程,鼓励用户通过多样化的媒介形式(包括文字、图片、音频、视频等)表达自我、分享生活见解,并围绕特定兴趣领域(如旅行、美食、时尚)构建社群,以满足受众日益增长的个性化需求。此外,UGC 还以其贴近生活的特质,填补了专业内容生产者难以触及的细分市场空白。

在互动性层面,UGC 模式颠覆了传统媒体的单向传播模式,构建了用户既是内容消费者又是生产者的双向互动格局。这种新型互动机制极大地提升了用户的参与感与归属感,促进了基于内容的社群形成与强化。通过评论、点赞、分享等社交行为,UGC 模式加速了信息的扩散与影响的深化。

然而,UGC 的繁荣亦伴随着挑战。一方面,内容质量的参差不齐成为显著问题,低门槛导致大量非专业,甚至低俗、虚假信息的涌现,对信息生态造成负面影响。另一方面,版权保护成为亟待解决的难题,未经授权的内容使用行为频发,加剧了版权纠纷的复杂性。因此,如何在推动 UGC 持续发展的同时,确保内容质量与合法性,成为数字媒体平台必须面对的重大课题。

综上所述,UGC 的兴起不仅极大地丰富了数字媒体的内容生态,还促进了内容创作的方式的变化,使传统的信息传递模式向着互动和共创的方向转变。面对未来,加强内容审核与管理,保障 UGC 内容的质量与合法性,将是推动其健康、可持续发展的关键路径。

2. 专业生产内容(PGC)的主导

在数字媒体产业蓬勃发展的背景下,尽管用户生成内容(UGC)以其多样性和广泛的参与度成为不可忽视的力量,专业生产内容(PGC)依然稳固地占据着内容生产的核心地位。PGC,即由专业团队或机构精心策划与制作的内容,以其卓越的制作标准与质量,在新闻传播、影视娱乐、纪录片创作及综艺节目制作等领域展现出无可替代的重要性。

(1)高质量内容生产的基石

PGC 之所以能够在内容市场中占据主导地位,首要原因在于其卓越的内容质量。与 UGC 相比,PGC 团队汇聚了行业内的精英人才,配备了先进的设备与技术,确保了从策划、拍摄到后期制作的每一个环节都能达到专业水准。这种高标准、严要求的生产流程,使得 PGC 内容在视觉呈现、叙事逻辑、艺术表现等方面均展现出显著优势,从而满足了观众对于高质量内容的期待。

(2)市场需求与权威性的保障

在新闻、影视等特定领域,PGC 内容的市场需求尤为强烈。新闻报道的权威性与准确性是公众信息获取的基础,而 PGC 机构凭借其专业的新闻采编团队和严格的审核流程,能够确保所发布的信息真实、准确、权威[①],以满足公众对于权威信息的渴求。同样,在影视娱乐领域,观众对于高品质影视作品的需求持续增长,PGC 团队通过精良的制作与创意的策划,不断推出具有影响力的影视作品,满足了观众的文化娱乐需求。

（3）品牌效应与竞争力的提升

长期以来,PGC 机构通过持续输出高质量内容,逐渐积累了强大的品牌影响力。这种品牌效应不仅增强了观众对于 PGC 内容的信任与忠诚度,还为其在市场竞争中赢得了显著优势。观众在选择内容时,往往会倾向于选择自己信赖的品牌或机构所生产的内容,从而进一步提升了 PGC 内容的传播力与影响力。

（4）面临的挑战与应对策略

然而,PGC 生产也面临着诸多挑战。高昂的制作成本、激烈的市场竞争以及快速变化的市场需求,都要求 PGC 机构不断创新与调整策略。一方面,PGC 机构需要积极探索多元化融资渠道,降低制作成本风险;另一方面,还需加强市场调研与观众需求分析,确保内容能够精准对接市场需求。同时,注重技术创新与人才培养也是提升 PGC 竞争力的关键所在。

总体而言,尽管 UGC 的崛起为数字媒体内容生产带来了新的活力,但 PGC 依然在内容生产中占据主导地位。PGC 凭借其高质量的内容生产、专业的制作团队和强大的品牌效应,满足了用户对优质内容的需求。然而,随着市场竞争的加剧,PGC 内容生产者需要不断创新,以适应快速变化的市场环境。

3. 短视频与长视频的并存

在数字媒体产业蓬勃发展的浪潮中,短视频与长视频的并存不仅彰显了内容生产形式的多元化,更深刻反映了用户消费习惯与需求的复杂性。这两种视频形式各有千秋,共同构建了一个丰富多元、充满活力的内容生态。

（1）短视频的崛起与影响

短视频的兴起,无疑是近年来数字媒体领域最为瞩目的现象之一。它以短小精悍、快速便捷的特点,完美契合了现代人碎片化的时间消费习惯。随着移动互联网技术的飞速发展和智能手机的普及,短视频平台如雨后春笋般涌现,抖音、快手等更是成为全球用户追捧的热门应用。短视频的低制作门槛和广泛的用户参与度,极大地激发了 UGC(用户生成内容)的活力,使得内容创作不再局限于专业团队,而是成为大众皆可参与的娱乐活动。

---

① 张志安,丁超逸. 内容、渠道、价值:平台重塑新闻业的问题与对策[J]. 青年记者,2024(05):15-20.

短视频的优势在于其高效的传播机制和广泛的覆盖范围。通过智能推荐算法,平台能够精准匹配用户兴趣,将个性化内容推送至目标受众,极大地提升了内容的传播效率。同时,短视频平台还通过丰富的互动功能,如点赞、评论、分享等,构建了紧密的用户社区,增强了用户的参与感和归属感。

（2）长视频的稳固地位与深度价值

尽管短视频风靡一时,但长视频并未因此黯然失色。相反,在影视剧、纪录片、综艺节目等领域,长视频依然保持着其不可替代的地位。长视频以其深厚的叙事功底和连续性的内容呈现,满足了用户对高质量、深度内容的渴求。无论是扣人心弦的剧集、震撼人心的纪录片,还是寓教于乐的综艺节目,长视频都以其独特的魅力吸引着大量的忠实观众。

长视频的制作往往耗时费力,成本高昂,但这也正是其品质保证的源泉。通过精心策划、专业拍摄和后期制作,长视频能够呈现出更为细腻、丰富、深刻的视听体验,让观众在沉浸式的观看过程中获得深刻的情感共鸣和认知启迪。

（3）短视频与长视频的互补共生

短视频与长视频的并存并非简单的竞争关系,而是相互补充、共同发展的共生关系。两者在内容市场上各有优势,满足了不同用户的多样化需求。短视频以其快速便捷的特点,适应了现代社会的快节奏生活,为用户提供了轻松愉快的碎片化娱乐体验;而长视频则以其深度和连续性,满足了用户对高质量、深入内容的追求,为用户提供了更为丰富、深刻的精神食粮。然而,短视频与长视频的并存也带来了一系列挑战,如何平衡两者的内容生产和分发,避免用户陷入"信息茧房",成了一个亟待解决的问题。同时,版权保护问题也不容忽视,短视频平台上的内容创作应尊重原创,避免侵权纠纷的发生。

短视频与长视频的和谐共生,不仅丰富了数字媒体的内容生态,也推动了整个产业的创新与发展。未来,随着技术的不断进步和用户需求的持续变化,短视频与长视频将在内容形式、传播方式等方面继续探索与创新,为用户带来更加多元化、个性化的视听体验。同时,平台方也应加强自律与监管,保障内容质量与版权安全,共同促进数字媒体产业的健康有序发展。

二、媒体组织结构的变迁

随着数字媒体产业的发展,媒体的组织结构也发生了深刻的变迁。传统的媒体组织模式通常是高度集中的,而在数字化的背景下,去中心化的内容分发模式、平台化运营和组织灵活性,以及垂直化与专业化媒体的兴起,正在重塑整个行业的运作方式。

1. 去中心化的内容分发模式

去中心化的内容分发模式是数字媒体产业组织结构变迁的重要特征之一。传统的内容分发模式通常是中心化的，即由少数几家大型机构控制内容的生产和分发。然而，随着互联网和数字媒体技术的发展，去中心化的内容分发模式逐渐兴起，内容的生产和分发变得更加灵活和多样化。

（1）去中心化的内容分发模式使得内容生产者和消费者之间的距离大幅缩短

在传统的中心化模式下，内容生产者需要通过电视台、广播电台、报纸等渠道将内容分发给受众，而在去中心化的模式下，内容生产者可以通过互联网直接将内容发布到各种平台上，受众可以通过手机、电脑等终端随时随地获取内容。这种模式不仅提高了内容的传播效率，还扩大了内容的覆盖面。

（2）去中心化的内容分发模式促进了 UGC 的发展

在传统的中心化模式下，内容生产主要由专业机构负责，普通用户很难参与到内容生产的过程中。而在去中心化的模式下，用户通过社交媒体、视频平台等渠道，可以轻松地生产和分享自己的内容。例如，用户可以通过抖音、快手、YouTube（优兔）等平台上传自己的视频，与其他用户进行互动和分享。这种模式极大地增强了用户的参与感和互动性，推动了内容的多样化生产。

（3）去中心化的内容分发模式还增强了内容的互动性和传播力

在传统的中心化模式下，内容传播是单向的，受众只能被动接受信息，而无法参与到内容的生产和传播中。而在去中心化的模式下，受众不仅是信息的接收者，还是信息的传播者。通过评论、点赞、分享等功能，受众可以积极参与到内容的传播中，增强了内容的互动性和传播力[1]。

（4）去中心化的内容分发模式带来的一些挑战

一是内容监管难度增加，去中心化模式下，内容生产和分发更加分散，平台难以对所有内容进行及时、有效的监管，可能导致虚假信息、低俗内容等问题泛滥。二是版权保护问题，内容的再传播变得容易，未经授权的内容转载和分享现象增多，侵犯了内容创作者的版权。三是信息过载与筛选难题，随着内容生产者的增多和内容的海量增长，用户面临信息过载的问题，如何高效筛选有价值的信息成为挑战。

去中心化内容分发模式的兴起是数字媒体产业组织结构变迁的重要体现。它打破了传统中心化模式的束缚，促进了内容的多样化生产和分发，提高了信息传播效率，增强了用户参与感。然而，该模式也面临着内容监管、版权保护和信息筛选

---

[1]　王锡文. 媒体融合视角下的传媒新业态[J]. 记者观察，2024(18).

等挑战。未来,随着技术的不断进步和监管机制的完善,去中心化内容分发模式有望在数字媒体产业中发挥更大的作用。同时,平台和监管机构应积极探索有效的监管和保护措施,确保内容的质量和安全性,维护良好的创作环境和市场秩序。

2. 平台化运营与组织灵活性

（1）平台化运营模式的深度解析

平台化运营模式在数字媒体产业中的崛起,标志着一种全新的运营模式正在形成。它超越了传统的线性生产分发模式,构建了一个集内容创作、编辑、分发、用户互动、数据分析及营销等功能于一体的开放平台。这个平台不仅是一个技术的集合,更是服务的提供者,其核心在于通过高效的资源整合和协同工作,实现价值的最大化。

平台化运营模式强调的是"平台即服务"的理念,鼓励跨界合作与生态共建。媒体公司需要思考如何通过平台为用户提供独特的价值,以促进用户之间的深度连接与互动,并利用数据分析来不断优化服务质量和提升用户体验。这种模式打破了传统组织结构的束缚,使得媒体公司能够更加灵活地应对市场变化,快速响应用户需求。

（2）平台化如何重塑组织灵活性

平台化运营模式对数字媒体产业的组织灵活性产生了深远的影响。在组织结构方面,它推动了媒体公司向扁平化、网络化的方向发展。传统的层级式组织结构被打破,取而代之的是以项目制和团队制为主的新型组织模式。这种变化使得决策更加迅速,资源调配更加灵活,为员工的创新提供了更广阔的空间。

在业务流程上,平台化运营模式实现了流程的标准化和自动化。通过引入先进的技术手段,如云计算、大数据、人工智能等,媒体公司能够对内容生产、分发、营销等关键环节进行精细化管理、这不仅提高了工作效率,降低了运营成本,还使得媒体公司能够更专注于内容创新和用户体验的优化。此外,平台化运营模式还增强了媒体公司的市场敏感性和应变能力。媒体公司能够实时关注市场动态和用户反馈,及时调整运营策略,推出符合市场需求的新产品或服务,这种高度的灵活性使得媒体公司能够在激烈的市场竞争中保持领先地位[①]。

（3）实践案例与成效展示

在数字媒体产业中,已有多个成功的平台化运营案例。以某知名流媒体平台为例,该平台通过搭建统一的平台,将内容生产、分发、用户数据分析等环节紧密连接在一起。平台利用大数据分析技术,深入了解用户行为和偏好,为用户提供个性

---

① 郭佳乐. 价值网视角下长视频平台企业盈利模式研究[D]. 哈尔滨商业大学,2024.

化的内容推荐,从而提高了用户黏性和满意度①。同时,该平台还积极与外部内容生产者合作,引入多样化的内容资源,丰富了平台的内容生态。另外,一些社交媒体平台也通过平台化运营模式实现了快速发展。这些平台构建了开放的生态系统,吸引了大量用户和创作者参与内容创作和分享。平台通过优化用户体验、加强社区治理和推动商业化变现等措施,赢得了用户的喜爱和信任,实现了商业价值的最大化。

（4）面临的挑战与应对策略的探讨

平台化运营模式虽然为数字媒体产业带来了诸多优势,但也面临着一些挑战。技术依赖性高是其中之一,随着技术的不断发展和更新换代,媒体公司需要持续投入资金和资源进行技术研发和升级,以保持平台的竞争力和稳定性。市场竞争激烈也是平台化运营模式面临的一大挑战,随着越来越多的媒体公司采用平台化运营模式,市场竞争变得日益激烈,为了脱颖而出,媒体公司需要不断创新和优化服务,以提升用户的体验和满意度。

针对这些挑战,媒体公司可以采取多种应对策略。一方面,加强技术研发和创新是关键。媒体公司需要紧跟技术潮流,不断引入新技术、新工具来提升平台的技术水平和用户体验。另一方面,深化市场洞察和用户研究也是必不可少的。媒体公司需要深入了解市场需求和用户偏好,以便及时调整运营策略和产品方向。此外,加强数据安全和隐私保护也是媒体公司需要重视的问题之一。媒体公司需要建立完善的数据管理机制和法律法规遵循体系,确保用户数据的安全和隐私得到保护。

（5）结论与展望

综上所述,平台化运营模式为数字媒体产业的发展提供了新的动力和机遇。通过平台化运营,媒体公司能够显著提升组织灵活性、优化资源配置、提高运营效率,并更好地满足用户需求和市场变化。然而,面对技术依赖性高、市场竞争激烈等挑战,媒体公司需要不断创新和突破,以保持领先地位并实现可持续发展。未来,随着技术的不断进步和市场的不断变化,平台化运营模式将继续在数字媒体产业中发挥重要作用,推动产业向更加繁荣、多元的方向发展。

3. 垂直化与专业化媒体的兴起

在数字媒体产业波澜壮阔的发展浪潮中,垂直化与专业化媒体的兴起无疑是其组织结构变迁的璀璨篇章。这一现象不仅深刻改变了媒体内容的生产与传播方式,更引领了用户需求个性化、专业化的新趋势。

---

① 李玉晓. 人工智能技术在融合媒体系统中的研究与应用[J]. 广播电视信息,2023,30(06):54-56.

（1）垂直化媒体的精准定位与深度耕耘

垂直化媒体的崛起，是市场需求细分化的直接产物。面对日益多元化的用户群体，传统综合性媒体在内容覆盖上的广而不精已难以满足用户的深度需求。垂直化媒体应运而生，它们聚焦于某一特定领域或行业，如科技前沿、金融市场、时尚潮流、体育赛事等，以专业视角和深度内容吸引并服务于特定用户群体。这种精准定位不仅提升了内容的针对性和吸引力，也促进了媒体与用户之间更加紧密的连接。

在垂直化媒体的引领下，科技媒体成为科技创新的见证者与传播者，金融媒体则成为资本市场的风向标与智囊团，时尚媒体则引领着潮流文化的风向。它们通过持续深耕细作，不断挖掘和呈现领域的最新动态、深度分析以及专业见解，为用户提供丰富的知识价值和精神享受。

（2）专业化媒体的权威性与价值创造

与垂直化媒体相呼应的是专业化媒体的崛起。在信息爆炸的时代背景下，用户对高质量、有深度的内容需求日益迫切。专业化媒体凭借其在特定领域的深厚积累和专业素养，为用户提供了权威、准确、深入的内容。这些内容不仅涵盖了行业动态、市场分析、技术研究等多个方面，还通过专业的解读和独到的见解，为用户提供了宝贵的参考和启示。

与 UGC（用户生成内容）和一般性 PGC（专业生成内容）相比，专业化媒体的内容更具权威性和可信度。它们通过严格的审核机制和专业的资源支持，确保了内容的准确性和权威性。这种高标准的内容生产不仅赢得了用户的信任和尊重，也为媒体自身创造了巨大的品牌价值和社会影响力。

（3）精细化运营与商业模式的创新

垂直化和专业化媒体的兴起还推动了媒体组织的精细化运营和商业模式的创新。通过精准定位用户群体和优化内容生产与分发策略，垂直化和专业化媒体能够更有效地满足用户需求并提升用户体验。同时，它们还积极探索多元化的商业模式，如会员制度、付费订阅、线下活动、培训课程等，以实现盈利的多元化和可持续性。

这些创新举措不仅为媒体自身带来了稳定的收入来源和广阔的发展空间，也为整个数字媒体产业注入了新的活力和动力。它们展示了在数字化浪潮下，媒体如何通过创新和变革来适应市场需求并实现自我超越。

（4）挑战与机遇并存的发展前景

尽管垂直化和专业化媒体在数字媒体产业中展现出了强大的生命力和竞争优势，但它们也面临着一些挑战和困难。市场规模的限制、内容生产成本的提高以及用户需求的不断变化等因素都可能对它们的发展造成一定的影响。然而，正是这些挑战和困难为垂直化和专业化媒体提供了更多的发展机遇和创新空间。

　　未来,随着技术的进步和用户需求的进一步细分化,垂直化和专业化媒体有望继续深化其内容的精准性和专业性。同时,它们也将积极探索更多的商业模式和创新路径,以适应市场的变化和满足用户的需求。在这个过程中,垂直化和专业化媒体将不断发挥其独特的优势和作用,为数字媒体产业的繁荣发展贡献更多的力量。

　　总之,垂直化和专业化媒体的兴起不仅是数字媒体产业内容生产多样化的体现,也是用户需求个性化、专业化趋势的结果。尽管面临市场规模有限、内容生产成本高等挑战,但垂直化和专业化媒体凭借其精准的内容定位、深度的行业分析以及不断创新的商业模式,赢得了特定用户群体的青睐,并逐渐形成了自身的竞争优势。在未来,随着技术的进步和用户需求的进一步细分,垂直化和专业化媒体将继续在数字媒体产业中发挥重要作用。

三、媒体终端的演变与用户体验的提升

　　在数字媒体产业日新月异的进程中,媒体终端的演变与用户体验的提升成为不可忽视的重要篇章。从智能电视与 OTT 平台的普及,到增强现实(AR)与虚拟现实(VR)技术的革新,再到多屏互动与跨设备内容一致性的实现,这些变化不仅重塑了用户的内容消费方式,更将用户体验推向了新的高度。

1. 智能电视与 OTT(Over-the-Top)平台

　　智能电视与 OTT 平台的崛起,彻底改变了传统电视观看的方式,OTT 平台指通过互联网传输内容,而不依赖于传统有线电视或卫星电视的服务模式,用户通过互联网接入内容平台,随时随地享受多样化的内容。这种内容获取方式不仅打破了时间和空间的限制,还通过个性化推荐和互动功能,极大地提升了用户的观看体验。

　　(1) 智能电视与 OTT 平台的普及,打破了传统电视内容的垄断模式

　　在传统电视时代,观众只能通过固定的时间表观看有限的电视频道和内容,而 OTT 平台则提供了更加灵活的观看方式。用户可以根据自己的时间和兴趣,随时选择观看自己喜欢的内容,这种"按需观看"的模式,不仅增强了用户的自由度,还提升了内容的消费效率。例如,用户可以通过 Netflix(奈飞)、爱奇艺等 OTT 平台观看丰富的影视剧、纪录片、综艺节目等内容,而不再受制于电视节目表的限制。

　　(2) OTT 平台通过大数据和人工智能技术,实现了个性化的内容推荐

　　OTT 平台通过深度整合大数据与人工智能技术,正引领着个性化内容推荐的

新纪元,为用户带来前所未有的观影体验,这一创新不仅深刻改变了传统的内容分发模式,还极大地提升了用户满意度与平台黏性。OTT平台通过收集并分析用户观看历史、搜索记录、互动行为等多维度数据,构建出详尽的用户画像,这些数据如同一块块拼图,共同勾勒出用户的兴趣偏好、观看习惯乃至潜在需求。基于这些精准洞察,平台能够深入理解每一位用户的独特喜好,为后续的内容推荐奠定坚实基础。在大数据的支撑下,人工智能技术进一步发挥了其强大的计算能力与学习能力,通过复杂的算法模型,AI能够实时分析海量内容资源,识别出与用户画像高度匹配的内容片段或节目,这种智能匹配不仅确保了推荐内容的精准性,还实现了内容的动态更新与持续优化。随着用户行为的不断变化,推荐列表也会相应调整,确保内容始终贴近用户的最新需求。

传统电视台的内容推荐往往是单向的,基于节目收视率等数据进行粗略推测,而OTT平台则能够通过个性化内容推荐的实现,让OTT平台成为用户专属的娱乐顾问。用户无需在浩瀚的内容海洋中盲目搜寻,只需轻轻一点,即可享受到量身定制的观影盛宴。这种前所未有的便捷与贴心,不仅节省了用户的时间与精力,还极大地提升了观影的愉悦感与满足感。同时,个性化推荐也促进了内容的多样化传播与消费,为创作者与平台带来了更多的商业机会与价值回报。

此外,OTT平台的互动功能极大地增强了用户的参与感。在传统电视观看中,观众只能被动接受内容,而无法与内容进行互动,而OTT平台则通过弹幕、评论、投票等互动功能,使得用户可以在观看内容的同时,与其他用户进行实时交流。例如,在爱奇艺、Bilibili等平台上,用户可以通过弹幕功能,实时发表对内容的看法,并与其他观众互动。这种互动性不仅增强了用户的参与感,还为内容的传播创造了更多的社交机会。

当然,智能电视与OTT平台的普及也带来了一些挑战。一是版权问题,OTT平台上的内容往往涉及多方的版权合作,如何保证内容的版权合法性,成为OTT平台面临的一大挑战。二是技术问题,OTT平台的顺畅运行依赖于稳定的网络环境和高效的服务器支持,一旦网络不稳定或服务器出现故障,用户的观看体验将大打折扣。此外,OTT平台还面临着来自传统电视台和其他流媒体平台的激烈竞争,如何通过优质的内容和创新的技术保持用户的关注度,成为OTT平台需要解决的问题。

总体而言,智能电视与OTT平台的普及,不仅改变了传统电视的观看方式,还通过个性化推荐和互动功能,极大地提升了用户的观看体验。在未来,随着OTT平台技术的进一步发展和内容资源的不断丰富,用户的媒体消费体验将更加便捷、个性化和互动化。

2. 增强现实(AR)与虚拟现实(VR)技术的应用

在数字媒体产业的广阔蓝图中,增强现实(AR)与虚拟现实(VR)技术以其独特的沉浸式体验能力,正逐步成为推动行业变革的关键力量。这两项技术通过巧妙地融合虚拟与现实,不仅重塑了用户与内容之间的交互方式,更在多个领域激发出前所未有的创新活力与商业潜力。

(1) 虚拟现实(VR)技术的深度沉浸体验

VR技术通过构建一个全方位、高度仿真的虚拟环境,使用户能够超越物理界限,沉浸于一个由数字构建的全新世界中。在影视娱乐领域,VR电影以其独特的叙事手法和多视角体验,彻底颠覆了传统观影模式,让观众能够根据个人兴趣选择视角,深度参与故事发展,极大地增强了观影的沉浸感与互动性。游戏产业同样受益匪浅,VR游戏让玩家能够身临其境地探索虚拟世界,与游戏环境及角色进行直观互动,这种前所未有的游戏体验极大地提升了玩家的参与度和满意度。

(2) 增强现实(AR)技术的现实增强魅力

与VR技术不同,AR技术侧重于在现实世界中叠加虚拟元素,从而增强用户对现实世界的感知与理解,在教育、旅游、零售等多个领域,AR技术均展现出了巨大的应用潜力。在教育领域,AR技术通过将抽象概念具象化为可互动的虚拟模型,有效降低了学习难度,提高了教学效果,例如通过AR技术,学生可以在学习生物时,看到一个三维的、可互动的心脏模型,从而更加直观地了解心脏的结构和工作原理。旅游领域则利用AR技术重现历史场景,使游客能够穿越时空,深入了解目的地的文化背景与历史变迁,从而提升旅游体验。零售行业中,AR试衣镜、虚拟试妆等应用则极大地提升了消费者的购物体验,促进了商品的销售与转化。

(3) AR与VR技术驱动的内容创新与多样化

AR与VR技术的应用不仅丰富了数字媒体的内容形式,更推动了内容生产方式的革新。在新闻报道领域,AR与VR技术使得新闻事件得以以更加直观、生动的方式呈现,增强了新闻的现场感与观众的代入感。广告与营销领域则借助AR技术的虚拟试穿、试用等功能,为消费者提供了更加便捷、真实的购物体验,有效提升了广告的转化率与品牌的影响力。

(4) 面临的挑战与未来展望

尽管AR与VR技术在多个领域展现出了巨大的应用潜力,但其发展仍面临着一些挑战。一是技术的门槛。尽管AR和VR技术已经取得了长足的进展,但其硬件设备的普及率仍然较低,尤其是高端的VR设备价格较高,限制了其在普通用户中的普及。二是内容的匮乏。目前市场上高质量的AR和VR内容仍然较少,内容生产成本较高,这在一定程度上制约了用户的使用体验和市场的进一步发展。三是 AR 和 VR 技术的使用体验还受到设备性能和网络环境的影响,尤其是在虚拟现实场景中,任何延迟或卡顿都可能破坏用户的沉浸式体验。总体而言,增强现实(AR)和虚拟现实(VR)技术的应用,为数字媒体产业带来了前所未有的沉浸式体验,极大地提升了用户的互动性和参与感。

未来,随着技术的不断进步与成本的逐步降低,AR 与 VR 设备的普及率有望大幅提升,为更多用户带来高质量的沉浸式体验。同时,随着内容生产技术的成熟与创意的涌现,高质量的 AR 与 VR 内容将更加丰富多样,可满足用户日益增长的个性化需求。此外,随着 5G、云计算等技术的普及与应用,AR 与 VR 技术的使用体验将得到进一步优化,为用户带来更加流畅、稳定的沉浸式体验。

综上所述,增强现实(AR)与虚拟现实(VR)技术作为数字媒体产业的重要驱动力,正以前所未有的速度改变着我们的生活方式与消费习惯。面对挑战与机遇并存的未来,我们有理由相信,AR 与 VR 技术将在不断创新与融合中迎来更加广阔的发展前景。

3. 多屏互动与跨设备内容一致性

在数字媒体产业迅猛发展的背景下,多屏互动与跨设备内容一致性作为提升用户体验的核心策略,正逐步成为行业转型升级的关键驱动力。这一趋势不仅顺应了用户消费习惯多样化的需求,也深刻影响着数字媒体平台的竞争格局与服务模式。

(1)多屏互动:增强互动性与参与感的新维度

多屏互动技术的普及,标志着数字媒体进入一个全新的互动时代。它打破了传统单一屏幕的限制,使用户能够跨越多个终端,实现内容观看与互动的无缝衔接,无论是体育赛事的实时投票、综艺节目的互动游戏,还是新闻资讯的即时评论,多屏互动都为用户提供了更加丰富、深入的参与方式。这种全方位的互动体验不仅提升了用户的参与感和黏性,也为内容创作者提供了更多与用户互动的机会,增强了内容的吸引力和传播力。

(2)跨设备内容一致性:构建无缝体验的核心

跨设备内容一致性是实现多屏互动体验的关键。在快节奏的生活中,用户往往需要在不同设备间频繁切换以满足不同的需求。因此,确保内容在不同设备上的同步性、连贯性和一致性,对于提升用户体验至关重要。通过技术手段实现跨设备的内容同步、观看进度记录和个性化设置迁移,用户可以在任何时间、任何地点无缝接续内容消费,享受连贯、流畅的观看体验。这种无缝体验不仅提升了用户的满意度和忠诚度,也为数字媒体平台带来了更高的用户黏性和商业价值。

（3）技术挑战与用户体验优化

多屏互动与跨设备内容一致性的实现并非易事，技术复杂性和用户体验优化是当前面临的主要挑战。一方面，不同设备之间的兼容性、同步速度和数据处理能力差异等问题需要得到解决；另一方面，如何简化操作流程、提升同步效率并保护用户隐私数据也是亟待解决的问题。此外，随着新技术的不断涌现和用户需求的不断变化，数字媒体平台还需要不断创新和优化服务模式，以满足用户日益增长的个性化需求。

（4）未来展望：数字媒体产业的无限可能

展望未来，多屏互动与跨设备内容一致性将成为数字媒体产业的重要发展方向，随着5G、物联网、人工智能等技术的普及和应用，数字媒体平台将能够为用户提供更加便捷、智能、个性化的内容消费体验。同时，随着用户对内容质量、互动性和体验感的不断追求，数字媒体产业也将不断创新和突破，推动产业向更高层次发展。在这个过程中，数字媒体平台需要不断加强技术研发、优化用户体验、拓展应用场景并深化产业合作，以应对激烈的市场竞争和快速变化的市场需求。

总的来说，多屏互动与跨设备内容一致性通过提升用户的互动性和便利性，极大地改善了数字媒体平台的用户体验。虽然面临诸多挑战和困难，但随着技术的不断进步和应用的不断深化，这一趋势将为数字媒体产业带来更加广阔的发展空间和无限可能。随着技术的不断进步和终端设备的多样化，未来多屏互动和跨设备一致性将成为数字媒体平台的重要发展方向，同时为用户提供更加便捷、无缝的内容消费体验。在未来，随着技术的进一步进步和用户需求的不断变化，数字媒体产业有望继续保持强劲的发展势头，为全球用户提供更加丰富、便捷、互动的内容消费体验。

第三节　技术支持与创新

一、数字媒体产业中的科技与文化融合

随着科技的迅猛发展，数字媒体产业已成为诸多前沿技术的重要应用场景。科技不仅为内容创作提供了全新的工具，也影响了文化创意产业的运营模式，推动了文化消费方式的变革。David Hesmondhalgh 等学者认为，科技与文化的融合在21世纪已成为不可分割的趋势，特别是在数字媒体领域，技术的创新与文化表达的多样性相辅相成，彼此促进（Hesmondhalgh，2019）。数字媒体产业中的科技与文化融合，主要体现在内容创作中的技术赋能、文化创意产业的数字化转型以及新

技术背景下的文化消费模式三个方面。

（一）内容创作中的技术赋能

技术的进步为内容创作注入了强大的动力。特别是在数字媒体产业中，人工智能（AI）、虚拟现实（VR）、增强现实（AR）、大数据等前沿技术的应用，使得内容的生产方式、呈现形式和传播途径发生了巨大的变革。技术赋能不仅提高了内容创作的效率，同时也拓展了内容创作的边界，从而为用户提供了全新的叙事方式和观众体验。

1. 人工智能在内容创作中的应用

在数字化时代的浪潮中，人工智能（AI）技术如同一股强大的驱动力，正以前所未有的速度和规模改变着内容创作的面貌。从新闻采编到文学创作，再到音乐创作，AI辅助创作已经在多个领域展现出其独特的魅力和无限潜力。

（1）AI在新闻创作中的应用与变革

新闻行业作为信息传播的重要载体，一直是技术创新的前沿阵地。近年来，AI技术的飞速发展极大地推动了新闻创作的变革。AI在新闻采集、编辑、分发等各个环节中发挥了重要作用，通过自然语言处理和机器学习技术，AI能够迅速从海量数据中提取关键信息，并自动生成新闻稿件，这不仅提高了新闻生产的效率，还降低了人力成本，使新闻机构能够更快地响应突发事件[①]，为读者提供及时、准确的报道。

在新闻写作方面，AI辅助创作工具如"Dream writer""快笔小新"等已经能够完成财经新闻、体育赛事等模式化文本的撰写，这些工具通过分析历史数据和用户偏好，自动生成符合要求的新闻稿件，甚至能够模仿人类记者的写作风格，使生成的新闻更具可读性和吸引力。此外，AI还能够根据读者的反馈和行为数据，不断优化和调整新闻内容，提高传播效果和用户满意度。

然而，AI在新闻创作中的应用也面临着一些挑战。AI生成的内容可能存在误导性，容易引发假新闻问题。由于AI缺乏人类的判断力和情感认知，它可能无法准确判断信息的真实性和价值，从而导致虚假信息的传播。另外，AI生成的内容往往缺乏深度和广度，难以替代人类记者的深入调查和采访。因此，在新闻创作中，AI应更多地作为辅助工具而非替代品，并与人类记者协同工作，共同提升新闻的质量和深度。

---

① 杨晓兰.人工智能：地市媒体发展中面临的挑战——德阳日报社智能媒体建设的实践与探索[J].中国地市报人，2024（07）：20-21.

（2）AI 在文学创作中的应用与探索

文学创作是人类情感与智慧的结晶,而 AI 技术的加入则为文学创作带来了新的可能性和挑战。首先,AI 在文学创作中的应用主要体现在文本生成和风格模仿方面。通过大数据分析和机器学习技术,AI 能够学习经典文学作品的风格和语言特点,并生成类似风格的作品。例如,一些 AI 写作工具可以根据用户输入的关键词和情节设定,自动生成结构清晰、逻辑合理的文章或诗歌。这些作品在形式上可能与原作相似,但在情感和思想深度上仍有待提升。

AI 在文学创作中的优势在于其高效性和多样性。AI 能够在短时间内生成大量文本内容,以满足读者的多样化需求[①]。AI 还能够通过学习不同作家的写作风格,生成多样化的作品,为文学创作带来新的灵感和视角。然而,AI 在文学创作中也存在明显的局限性,由于缺乏人类的情感和经验积累,AI 生成的作品往往难以捕捉到人类复杂的情感和内心世界,其创造力和想象力也受到算法和数据的限制,难以产生具有独特性和创新性的作品。

尽管如此,AI 在文学创作中的应用仍然具有广阔的发展前景。随着技术的不断进步和算法的持续优化,AI 有望在文学创作中发挥更加重要的作用。例如,AI 可以作为作家的创作助手,帮助作家完成重复性、程序化的写作任务;同时,AI 的算法和数据分析能力也可以为作家提供有价值的创作建议和灵感。此外,AI 还可以与人类作家进行协作创作,共同探索新的文学领域和表达方式,这种合作模式将促进文学创作的多元化和创新性发展。

（3）AI 在音乐创作中的应用与影响

音乐创作是艺术创作的重要组成部分,而 AI 技术的加入则为音乐创作带来了全新的可能性和挑战。AI 在音乐创作中的应用主要体现在自动作曲、和弦生成、曲风模仿等方面。通过深度学习技术,AI 能够分析大量音乐库中的作品,学习不同曲风和风格的特点,并生成具有旋律和声的作品。

AI 在音乐创作中的优势在于其高效性和多样性。AI 能够在短时间内生成大量音乐作品,满足不同风格和场景的需求。同时,AI 还能够通过学习不同作曲家的风格特点,生成多样化的音乐作品,为音乐创作带来新的灵感和视角。当然,AI 在音乐创作中也面临着一些挑战,音乐创作不仅仅是旋律和声的堆砌,更需要表达情感和思想。由于 AI 缺乏人类的情感和经验积累,它可能难以捕捉到音乐作品中深层次的情感和思想内涵,音乐创作需要创造力和想象力,而 AI 的创造力和想象力仍然受到算法和数据的限制。

---

① 林向阳.跨越虚拟与现实——广电元宇宙与生成式人工智能技术的创新应用[J].新一代信息技术,2023，6(21)：13-18.

尽管如此,AI 在音乐创作中的应用仍然具有广阔的发展前景。随着技术的不断进步和算法的持续优化,AI 有望在音乐创作中发挥更加重要的作用。AI 可以作为作曲家的创作助手,帮助作曲家完成重复性、程序化的作曲任务;AI 的算法和数据分析能力也可以为作曲家提供有价值的创作建议和灵感;AI 还可以与音乐家进行协作创作,共同探索新的音乐领域和表达方式。这种合作模式将促进音乐创作的多元化和创新性发展,为音乐产业注入新的活力。

综上所述,AI 在内容创作中的技术赋能已经展现出了巨大的潜力和广阔的前景,从新闻创作到文学创作再到音乐创作,AI 的辅助作用不仅提高了创作的效率和质量,还激发了新的创作灵感和表达方式。在未来的发展中,我们需要不断探索和完善 AI 技术,充分发挥其优势并克服其局限性。同时,我们也需要保持对内容创作的敬畏之心和人文精神的追求,确保 AI 技术能够更好地服务于内容创作和人类文化的传承与发展。

2. 虚拟现实(VR)与增强现实(AR)技术的应用

在内容创作的广阔领域中,虚拟现实(VR)与增强现实(AR)技术正逐步成为引领创新与变革的重要力量。这两种技术不仅深刻改变了内容的表现形式,还为创作者提供了前所未有的创作工具和平台,极大地丰富了内容创作的维度和深度。

(1)媒介与工具的革新

在内容创作的传统模式中,创作者主要依赖于文字、图像、音频、视频等媒介来表达自己的想法和故事。然而,这些媒介在沉浸感、互动性和空间表现力上存在一定的局限性,随着 VR 与 AR 技术的兴起,内容创作的媒介与工具发生了革命性的变化。

一是沉浸式体验的塑造。VR 技术通过头戴式显示器等设备,将用户完全置身于由计算机生成的虚拟环境中,实现了高度的沉浸感。这种沉浸感不仅限于视觉,还包括听觉、触觉甚至嗅觉等多感官的全方位体验,对于内容创作者而言,这意味着他们能够创造出更加逼真、生动的内容场景,让观众仿佛亲身经历故事中的每一个细节。在 VR 电影中,观众可以 360 度自由探索电影场景,与角色进行互动,甚至影响故事的发展走向,这种全新的观影体验极大地增强了内容的吸引力和感染力。

二是互动性的提升。AR 技术则通过智能设备或 AR 眼镜,将虚拟信息叠加在真实世界中,实现了虚拟与现实的融合。这种融合不仅丰富了内容的呈现方式,还极大地提升了用户的互动性。在 AR 应用中,用户可以通过手机或平板电脑等设备扫描特定的图案或物体,触发虚拟内容的显示和互动。在博物馆展览中,AR 技术可以将文物信息以三维模型、视频解说等形式展示给观众,同时允许观众通过手势控制模型旋转、缩放等操作,深入了解文物的历史背景和文化内涵。这种互动方式不仅提高了观众的参与度和兴趣,还增强了内容的趣味性和教育性。

三是创作工具的多样化。VR 与 AR 技术的发展还推动了创作工具的多样化,创作者可以利用专业的 VR/AR 编辑软件、3D 建模工具、动作捕捉系统等设备来制作和编辑内容,这些工具不仅提供了丰富的创作素材和特效,还支持实时预览和修改功能,使得创作过程更加高效和便捷。随着技术的不断进步和普及,越来越多的开源工具和平台涌现出来,为创作者提供了更多的选择和可能性。

(2)创作理论与框架的拓展

VR 与 AR 技术的引入不仅改变了内容创作的媒介与工具,还促使创作者们重新审视和拓展创作理论与框架,这些新技术为内容创作提供了新的叙事方式、结构设计和用户体验标准。

一是叙事方式的创新。VR 与 AR 技术打破了传统线性叙事的局限,允许创作者采用非线性、多视角、交互式等叙事方式。在 VR 电影中,观众可以自由选择观看的角度和路径,甚至参与到故事的决策过程中来。这种叙事方式不仅增加了故事的复杂性和多样性,还提高了观众的参与感和沉浸感。AR 应用则可以通过设置多个触发点和交互点来引导用户探索故事的不同层面和细节,从而构建出更加丰富和立体的叙事结构。

二是结构设计的优化。VR 与 AR 技术的引入也促使创作者们对内容结构进行优化。在 VR 内容中,创作者需要考虑如何设计场景布局、设置交互点以及优化用户路径等问题,以确保观众能够获得最佳的沉浸式体验,AR 应用则需要考虑如何将虚拟信息合理地叠加在真实环境中,同时避免对用户的视线和行动造成干扰。这些考虑因素促使创作者们不断探索和创新内容结构的设计方式,以适应新技术带来的挑战和机遇。

三是用户体验标准的提升。随着 VR 与 AR 技术的普及和应用范围的扩大,用户体验逐渐成为衡量内容质量的重要标准之一,创作者们需要关注用户的舒适度、操作便捷性、交互流畅性等方面的问题,以确保用户能够获得良好的体验感受。在 VR 设备的设计中,需要充分考虑人体工程学原理以减轻用户的佩戴负担;在 AR 应用的开发中,则需要优化交互界面和操作流程以提高用户的易用性。这些努力不仅有助于提升用户体验的质量,还有助于推动 VR 与 AR 技术的进一步发展和普及。

(3)灵感与创意的激发

VR 与 AR 技术不仅为内容创作提供了新的媒介、工具和理论框架,还极大地激发了创作者的灵感和创意。这些新技术为创作者们打开了一个全新的创作空间,使他们能够以前所未有的方式表达自己的想法和创意。

一是跨界融合的灵感。VR 与 AR 技术具有极强的跨界融合能力,能够将不同领域的知识和技术融合在一起创造出全新的内容形式。在游戏领域,VR 技术可以将传统游戏玩法与虚拟现实技术相结合创造出全新的游戏体验;在医疗领域,AR 技术可以将医疗知识与增强现实技术相结合为患者提供更加直观和便捷的诊断和治疗方案。这种跨界融合不仅为创作者们提供了更多的创作灵感和可能性,还有助于推动不同领域之间的交流和合作。

二是创意表达的自由。VR 与 AR 技术为创作者们提供了更加自由和灵活的创意表达方式。在 VR 内容中,创作者可以打破传统媒介的限制自由地设计场景、设置角色和安排剧情;在 AR 应用中,创作者则可以将虚拟信息以任何形式叠加在真实环境中创造出独特的视觉效果和交互体验。这种自由性和灵活性不仅激发了创作者的创意和想象力,还使得他们能够更加自信地表达自己的想法和观点。

三是观众参与的创意。在 VR 电影中,观众可以通过自己的选择和行动影响故事的发展走向;在 AR 应用中,观众则可以通过扫描特定的图案或物体触发虚拟内容的显示和互动。这种互动和参与不仅增强了观众的参与感和沉浸感,还使得他们能够更加积极地参与到内容的创作和传播中来,从而激发出他们更多的创意和灵感。

综上所述,虚拟现实(VR)与增强现实(AR)技术为内容创作带来了全新的沉浸式体验、拓展了创作理论与框架、激发了创作者的灵感与创意,这些变革不仅丰富了内容创作的表现形式和维度,还推动了内容产业的创新和发展。随着技术的不断进步和应用范围的不断扩大,我们有理由相信,VR 与 AR 技术将在未来的内容创作中扮演更加重要和积极的角色。

(二)文化创意产业的数字化转型

在数字经济浪潮的推动下,文化创意产业正经历着前所未有的数字化转型,这一转型不仅深刻改变了内容的生产、传播和消费方式,还催生了新的商业模式和市场机遇。

1. 音乐产业的数字化转型

音乐产业作为文化创意产业的重要组成部分,其数字化转型的步伐尤为迅猛。数字技术的应用不仅改变了音乐的创作、录制、发行和营销方式,还极大地丰富了音乐的表现形式和传播渠道。

(1)创作与录制:技术赋能下的创意无限

在数字化时代,音乐创作不再受限于传统乐器和录音设备,数字音频工作站(DAW)、合成器、采样器等软件工具的出现,使得音乐人可以在家中就能完成高质量的音乐创作和录制,这些工具不仅提供了丰富的音色库和效果器,还支持实时录音、编辑和混音,极大地降低了音乐创作的门槛和成本。同时,人工智能(AI)技术的应用也为音乐创作带来了新的可能性,如 AI 作曲、智能编曲等,为音乐人提供了更多的创意灵感和选择。

(2)发行与营销:去中心化的音乐市场

数字音乐平台的兴起彻底改变了音乐的发行和营销模式,传统唱片公司的垄断地位被打破,音乐人可以通过各大数字音乐平台直接面向全球听众发行自己的作品,这些平台不仅提供了便捷的购买和下载服务,还支持流媒体播放和订阅服务,使得音乐人可以持续获得收入。此外,社交媒体、短视频平台等新型传播渠道也为音乐营销提供了更广阔的空间,音乐人可以通过这些平台发布音乐视频、MV、直播等内容,与粉丝进行互动和交流,以增强粉丝黏性和忠诚度。

(3)商业模式:多元化与个性化并存

数字化转型促进了音乐产业商业模式的多元化和个性化发展。除了传统的唱片销售和版权收入外,音乐人还可以通过演唱会、音乐节、周边商品销售等多种方式获得收入。数字音乐平台也为音乐人提供了更多的变现渠道,如广告分成、会员订阅、打赏等。此外,个性化推荐算法的应用也使得音乐平台能够更精准地推送用户感兴趣的音乐内容,以提高用户黏性和付费意愿。

2. 影视产业的数字化转型

影视产业作为文化创意产业的另一大支柱,其数字化转型同样具有深远的意义。数字技术的应用不仅提高了影视作品的制作效率和质量,还拓展了影视作品的传播渠道和商业模式。

(1)制作流程:高效与精细并存

数字技术在影视制作中的应用极大地提高了制作效率和质量,从前期拍摄到后期制作,数字技术贯穿始终。高清摄像机、无人机、VR 摄影机等新型拍摄设备的出现,使得影视作品能够呈现出更加逼真的视觉效果和沉浸式的观影体验。同时,数字特效、三维动画、虚拟拍摄等技术的应用也使得影视作品在场景构建、角色塑造等方面更加精细和逼真,这些技术的应用不仅降低了制作成本和时间成本,还提高了作品的观赏性和市场竞争力。

(2)传播渠道:多元化与全球化

数字技术的发展使得影视作品的传播渠道更加多元化和全球化。传统院线放映模式虽然仍然是影视作品传播的主要渠道之一,但网络视频平台、社交媒体等新兴传播渠道也日益崛起。这些平台不仅提供了便捷的观看服务,还支持多语种字幕、弹幕评论等互动功能,使得影视作品能够跨越地域和语言的限制,实现全球范围内的传播和共享。此外,虚拟现实(VR)、增强现实(AR)等技术的应用也为影视作品提供了全新的传播方式和体验形式。

(3)商业模式:创新与融合并存

数字化转型促进了影视产业商业模式的创新和融合。除了传统的票房收入和版权收入外,影视作品还可以通过网络视频平台、广告植入、衍生品销售等多种方式获得收入。随着 IP 经济的兴起和泛娱乐化趋势的加强,影视作品也开始向游戏、动漫、文学等领域进行跨界融合和 IP 运营,这种跨界融合不仅拓宽了影视作品的变现渠道和市场空间,还促进了文化产业的整体繁荣和发展。

3. 出版产业的数字化转型

出版产业作为文化创意产业的重要组成部分,其数字化转型同样具有重要意义,数字技术的应用不仅改变了出版物的呈现方式和传播渠道,还推动了出版产业的转型升级和创新发展。

(1)内容呈现:多样化与个性化

数字化转型使得出版物的呈现方式更加多样化和个性化。传统纸质出版物虽然仍然具有一定的市场需求和优势地位,但电子书、有声书、在线课程等新型出版物也逐渐崭露头角并受到读者的青睐。这些新型出版物不仅具有便捷的阅读体验和丰富的多媒体元素,还支持个性化定制和推荐服务,读者可以根据自己的需求和兴趣选择适合自己的阅读方式和内容形式,数字技术的应用也使得出版内容更加灵活和易于更新升级。

(2)传播渠道:数字化与网络化

数字技术的发展为出版物的传播提供了更加便捷和高效的渠道。传统出版物的发行和销售渠道相对固定且成本较高,而数字化出版物则可以通过互联网和移动设备进行全球范围内的传播和销售,这种传播方式不仅降低了发行和销售成本和时间成本,还提高了传播效率和覆盖范围。社交媒体、短视频平台等新兴传播渠道也为出版物的宣传和推广提供了更广阔的空间和可能性。

(3)商业模式:创新与融合

数字化转型推动了出版产业商业模式的创新和融合,传统出版产业主要依赖于纸质出版物的销售和版权收入来维持运营和发展,而数字化转型则催生了更多元化的商业模式和盈利方式。例如,电子书平台、在线课程平台等新型商业模式不仅为出版产业提供了新的收入来源和增长点,还促进了出版内容的多样化和个性化发展。随着 IP 经济的兴起和跨界融合趋势的加强,出版产业也开始向影视、游戏、动漫等领域进行跨界融合和 IP 运营。这种跨界融合不仅拓宽了出版产业的变现渠道和市场空间,还促进了文化产业的整体繁荣和发展。

综上所述,文化创意产业的数字化转型正以前所未有的速度和规模推动着整个产业的转型升级和创新发展。无论是音乐产业、影视产业还是出版产业都在这一转型过程中迎来了新的机遇和挑战。未来随着数字技术的不断发展和应用创新创意产业必将迎来更加广阔的发展前景和无限可能。

（三）新技术背景下的文化消费模式

在新技术特别是移动互联网、大数据、人工智能、虚拟现实（VR）和增强现实（AR）等技术的推动下,文化消费模式正经历着深刻的变革,这些技术不仅重塑了文化内容的生产、传播和消费方式,还催生了全新的消费体验和商业模式。

1. 移动互联网与按需消费

移动互联网的普及极大地改变了人们的消费习惯,使文化消费变得更加便捷、高效和个性化,按需消费作为移动互联网时代的重要特征,正在深刻影响着文化消费市场的格局。

（1）随时随地的消费体验

移动互联网打破了时间和空间的限制,消费者可以随时随地通过手机、平板等移动设备访问各种文化内容和服务。无论是观看电影、听音乐、阅读电子书,还是参与线上教育、观看在线演出,消费者只需轻轻一点,即可享受丰富多样的文化体验。这种即时性和便捷性极大地满足了现代消费者快节奏、高效率的生活需求。

（2）多样化的消费选择

移动互联网平台汇聚了海量的文化产品和服务,涵盖了影视、音乐、阅读、教育、旅游等多个领域,消费者可以根据自己的兴趣和需求,在平台上自由选择和购买各种文化产品。移动电商平台还提供了丰富的促销活动、优惠券和会员服务等,进一步激发了消费者的购买欲望和忠诚度。

（3）按需定制的服务模式

在移动互联网时代,按需定制的服务模式逐渐崭露头角,成为文化消费领域的新潮流。消费者们现在能够依据自己的独特需求和个性化偏好,量身定制各种富有个性化的文化产品和服务。如在线音乐平台通过分析用户的听歌历史和喜好,能够精准地推荐符合其口味的个性化歌单;在线教育平台则根据学生的学习进度和能力,提供量身定制的教学方案,以满足他们的学习需求;旅游平台则会根据用户的旅游兴趣和预算,推荐量身打造的旅游线路。这种按需定制的服务模式不仅显著提升了消费者的满意度和忠诚度,还极大地促进了文化产业的创新和发展,为整个行业注入了新的活力。

2. 个性化推荐与互动式消费

个性化推荐和互动式消费是新技术背景下文化消费模式的另一大特点。通过大数据和人工智能技术,媒体平台能够精准地分析消费者的喜好和行为习惯,提供个性化的推荐和互动体验。

(1) 个性化推荐系统

个性化推荐系统通过运用大数据技术和先进的机器学习算法,能够深入挖掘和分析消费者的历史行为、个人偏好以及兴趣爱好。基于这些分析结果,系统能够为用户推荐符合其独特口味和需求的文化产品。在电子商务平台上,系统可以根据用户的购买历史、浏览行为以及搜索记录,智能地推荐与用户兴趣高度相关的商品;而在视频流媒体平台上,系统则会依据用户的观看历史、收藏和喜好设置,推送与用户品味相契合的视频内容。这种个性化的推荐方式不仅显著提升了用户的满意度和黏性,还极大地促进了文化产品的精准营销和销售增长。

(2) 互动式消费体验

互动式消费体验是指消费者在购买和使用产品或服务的过程中,能够积极参与其中并与之进行互动的一种体验方式。这种体验方式能够让消费者在消费过程中感受到更多的乐趣和满足感,在新技术的推动下,互动式消费体验变得更加丰富多彩和多样化。例如,在线音乐平台可以提供歌词滚动、音乐视频、实时弹幕、评论等互动式内容,让消费者在听音乐的同时,能够感受到与音乐的互动和共鸣;在线教育平台可以提供在线问答、互动课堂、虚拟实验室等互动式教学模式,让学生在学习过程中能够与教师和同学进行实时互动,提高学习的趣味性和效果;旅游平台可以提供虚拟现实(VR)旅游体验、在线旅游攻略分享等互动式内容,让消费者在规划和体验旅游的过程中,能够感受到身临其境的体验。

这些互动式消费体验不仅提高了用户的参与度和满意度,还增强了产品的吸引力和竞争力,通过互动式消费体验,消费者能够更加深入地了解产品和服务,从而作出更加明智的购买决策。互动式消费体验也能够帮助企业更好地了解消费者的需求和反馈,从而不断改进产品和服务,提升企业的市场竞争力[①]。总之,互动式消费体验已经成为现代消费市场中不可或缺的一部分,它不仅改变了消费者的消费方式,也推动了企业不断创新和发展。

(3) 社交元素的融入

在移动互联网时代,社交元素的融入已经成为互动式消费体验中不可或缺的

---

① 吴丹. 营销中的社交媒体影响因素研究[J]. 广东经济,2024(02):4-6.

重要组成部分。社交媒体和社交平台在人们的日常生活中扮演着越来越重要的角色[①]，成为人们交流和分享信息的重要渠道。文化消费平台通过巧妙地融入社交元素，能够显著提升用户的参与度和互动性，从而吸引更多用户加入并持续参与其中。

音乐平台可以通过增加歌单分享功能，让用户将自己喜欢的歌曲或歌单分享给朋友或社交网络上的其他用户，从而增强用户的归属感和黏性，评论互动功能则可以让用户在听完歌曲后发表自己的看法和感受，与其他用户进行交流和讨论[②]，进一步提升互动性。这样的功能不仅能让用户感受到社区的温暖，还能促进音乐内容的传播和分享。

视频平台同样可以通过融入社交元素来提升用户体验，弹幕评论功能可以让用户在观看视频时实时发表评论，这些评论会以弹幕的形式出现在视频画面上，营造出一种独特的互动氛围。社交圈子功能则可以让用户根据兴趣爱好加入不同的圈子，与其他志同道合的用户进行交流和分享。这些社交元素不仅能让用户感受到更多的互动乐趣，还能有效提升用户对平台的忠诚度。

阅读平台也可以通过融入社交元素来吸引和留住用户，书评分享功能可以让用户将自己的读书心得和评论分享到社交网络上，以吸引更多同好者的关注和讨论。作者互动功能则可以让读者直接与作者进行交流、提问或表达对作品的喜爱，从而增强用户的参与感和满足感，这些社交元素不仅能让用户感受到更多的归属感，还能促进文化内容的传播和分享。

总之，通过融入社交元素，文化消费平台能够更好地满足用户在互动和分享方面的需求，提升用户体验，增强用户黏性，从而在激烈的市场竞争中脱颖而出。

3. 沉浸式体验与虚拟消费

沉浸式体验和虚拟消费是新技术背景下文化消费模式的又一重要特征，通过虚拟现实（VR）、增强现实（AR）等先进技术，消费者可以获得前所未有的沉浸式体验，并在虚拟环境中进行消费和互动。

（1）沉浸式体验技术

沉浸式体验技术是一种前沿科技手段，它通过运用虚拟现实（VR）、增强现实（AR）等尖端技术，为用户带来一种仿佛置身于其中的感官体验，这种技术在文化消费领域具有广泛的应用前景。在演艺行业，虚拟现实技术可以创造出逼真的舞台效果和观众体验，使观众仿佛身临其境地感受到演员的表演和舞台的氛围；在旅

① 王家钰. 区块链技术在政务新媒体中的应用研究[D]. 西安外国语大学，2020.
② 陈燕. 非物质文化遗产视角下羌族剪纸色彩语言的保护与重构[J]. 色彩，2024(04)：113-115.

游行业,增强现实技术可以让游客在虚拟环境中体验不同目的地的风景和文化,仿佛亲身游历了这些地方;而在游戏行业,虚拟现实技术可以为玩家提供沉浸式的游戏体验,使玩家仿佛置身于游戏世界之中,增强了游戏的趣味性和吸引力。

这些沉浸式体验不仅极大地提高了用户的参与度和满意度,还为文化产业的创新和发展注入了新的活力。通过沉浸式体验技术,文化产品和服务变得更加生动和有趣,吸引了更多的消费者。同时,这种技术也为创作者提供了更多的创作空间和表现手段,推动了文化产业的创新和发展。目前,沉浸式体验技术正在逐步改变我们的文化消费方式,为用户带来更加丰富和多元的文化体验。

(2)虚拟消费场景的构建

在新技术背景下,虚拟消费场景逐渐成为文化消费领域的重要媒介。随着虚拟现实(VR)与增强现实(AR)技术的飞速进步,众多平台借助这些先进科技构建出栩栩如生、高度逼真的虚拟消费环境,使消费者得以沉浸在虚拟世界中进行购物、娱乐等消费行为,宛如置身现实。在电子商务平台上,消费者借助虚拟现实技术的辅助,可以轻松步入一个虚拟商店。在这样的商店中,他们能够试穿各类服装、试戴各种饰品,仿佛真的置身于实体店铺之中挑选商品;在游戏平台上,玩家亦可利用虚拟现实技术参与虚拟音乐会、虚拟游乐园等丰富多彩的活动,并在这些虚拟场景中购买虚拟商品。这些虚拟消费场景不仅显著提升了消费者的购物体验和满意度,还为文化产品的创新与销售增长注入了新的活力。

通过这些虚拟消费场景,消费者能够体验到前所未有的互动体验和个性化服务,从而激发他们的购买意愿,为文化产品的推广和销售提供了全新的平台和渠道,使得文化产品能够以更加生动、直观的方式呈现给消费者。因此,虚拟消费场景在文化消费领域中的地位日益凸显,成为推动文化产业发展的重要力量。

(3)虚拟消费行为的兴起

随着虚拟消费场景的构建和沉浸式体验技术的不断发展,虚拟消费行为逐渐兴起并成为一种新的消费趋势。在虚拟消费中,消费者不再局限于购买实体商品或服务,而是可以通过购买虚拟商品、参与虚拟活动等方式获得满足感和成就感。在游戏平台上购买虚拟装备、皮肤等物品;在社交平台上购买虚拟礼物、会员特权等服务;在虚拟旅游平台上购买虚拟门票、体验券等产品。这些虚拟消费行为不仅丰富了消费者的消费选择和体验方式,还促进了文化产业与数字经济的融合发展。

虚拟消费场景的构建使得消费者可以在虚拟世界中体验到与现实世界相似甚至超越现实的购物和娱乐体验。沉浸式体验技术的发展,如虚拟现实(VR)、增强现实(AR)和混合现实(MR),进一步增强了消费者的沉浸感和互动性,通过这些技术,消费者可以在虚拟环境中自由探索、与虚拟角色互动,甚至在虚拟世界中与现实世界的朋友进行社交活动。此外,虚拟消费行为的兴起也带来了新的商业模式和收入来源,许多企业开始开发和销售虚拟商品和服务,以满足消费者对个性化和独特体验的需求。一些品牌在虚拟世界中开设了虚拟旗舰店,消费者可以在其中试穿虚拟服装、试用虚拟化妆品等,这些虚拟商品和服务不仅为消费者提供了新的消费体验,也为品牌带来了新的营销机会和收入渠道。总的来说,虚拟消费行为的兴起不仅改变了消费者的消费习惯和生活方式,还为文化产业和数字经济的发展注入了新的活力。随着技术的不断进步和虚拟消费场景的不断完善,虚拟消费行为有望在未来成为更加普遍和重要的消费趋势。

综上所述,新技术背景下的文化消费模式正经历着深刻的变革。移动互联网与按需消费、个性化推荐与互动式消费、沉浸式体验与虚拟消费等新型消费模式正在不断涌现,并深刻影响着文化消费市场的格局和发展趋势。未来,随着技术的不断进步和创新应用的深入推进,文化消费模式将继续呈现出更加多元化、个性化和智能化的特点。

二、政府扶持政策对产业发展的推动

政府在推动数字媒体产业发展中扮演着至关重要的角色。通过政策指导、资金支持与产业园区建设、版权保护与内容监管等多方面的干预,确保产业发展的健康、有序和可持续性。数字媒体产业的迅速崛起,离不开政府的积极政策引导和扶持措施,通过优化政策环境、提供资金支持和基础设施建设,政府不仅为企业的成长提供了动力,也通过版权保护和内容监管确保了行业的良性竞争和健康发展。各国政府在应对这一新兴行业的过程中,逐步形成了较为系统的政策框架,推动了数字媒体产业的快速发展和创新。

1. 政策导向与市场规范

(1) 政策导向为产业发展提供了明确的方向和指导

许多国家政府通过制定数字经济、文化创意产业等相关政策,将数字媒体产业纳入国家发展战略,明确其在经济和文化中的重要地位。如文化和旅游部发布《"十四五"文化产业发展规划》,明确了"十四五"文化产业发展的总体要求、重点任务、保障措施,系统部署指导文化和旅游系统文化产业工作,描绘文化产业发展蓝图①,规划作出"十四五"时期我国文化产业仍处于大有可为的重要战略机遇期的综合判断,提出以推动文化产业高质量发展为主题,以深化供给侧结构性改革为主

---

① 政策法规司.文化和旅游部关于印发《"十四五"文化和旅游发展规划》的通知[EB/OL].中华人民共和国文化和旅游部官网,(2021-04-29)[2024-09-1]).https://zwgk.mct.gov.cn/zfxxgkml/ghjh/202106/t20210602_924956.html.

线,以文化创意、科技创新、产业融合催生新发展动能,提升产业链现代化水平和创新链效能,不断健全现代文化产业体系和市场体系,促进满足人民文化需求和增强人民精神力量相统一,为社会主义文化强国建设奠定坚实基础。通过政策引导,政府能够有效推动产业链的整合与升级,优化资源配置,降低产业发展的不确定性,从而为产业的可持续发展提供坚实的基础[①]。

(2)市场规范是政府确保数字媒体产业健康发展的另一个重要手段

数字媒体产业发展速度快、市场竞争激烈,容易出现垄断、价格战等不规范行为。因此,政府通过反垄断法、市场公平竞争法等法律法规,确保市场的公平竞争。例如,美国通过《谢尔曼反托拉斯法》来规范跨国数字媒体巨头的市场行为,防止其利用市场优势进行不公平竞争。在欧洲,欧盟也通过《通用数据保护条例》(GDPR)等法规,确保数字媒体企业在数据使用和隐私保护方面合规。通过这些政策和法规,政府不仅能够规范市场行为,还能够在全球范围内提升本国数字媒体企业的竞争力,使它们在国际市场上更具优势。

(3)政策导向还在人才培养和技术创新方面发挥着重要作用

政府通过制定相关政策,鼓励高校和研究机构开展数字媒体相关的教育和研究工作,培养更多具有专业技能的人才,为产业发展提供人才支持。同时,政府还通过资金支持和税收优惠等措施,鼓励企业加大研发投入,推动技术创新,从而提升整个产业的核心竞争力。这些政策的实施,不仅为数字媒体产业的长远发展奠定了坚实的基础,还为国家的经济增长和文化繁荣作出了积极贡献。

2. 资金支持与产业园区建设

在数字媒体产业的蓬勃发展过程中,资金支持和基础设施建设发挥着至关重要的作用。由于数字媒体产业具有较高的技术门槛和资本密集型的特性,初创企业和中小企业在起步阶段常常面临资金不足和技术滞后的困境。因此,政府提供的资金支持和产业园区的建设成为解决这些问题的关键因素。

资金支持是政府推动数字媒体产业发展的重要手段之一。各国政府通过多种方式为数字媒体企业提供资金保障,包括直接拨款、税收减免和融资支持等。例如,美国的国家科学基金会(NSF)和小企业创新研究计划(SBIR)通过提供资金和技术支持,帮助许多初创企业在新兴媒体领域取得了显著的进展。中国通过制定《文化产业振兴规划》《国务院关于加快培育和发展战略性新兴产业的决定》等文件,明确了数字媒体产业的发展方向和重点任务,同时加大了对知识产权的保护力度,为数字媒体企业的创新成果提供了法律保障,这些综合政策为数字媒体产业的

---

① 进一步推动文化产业高质量发展,促进中国经济转型升级[N].21 世纪经济报道,2022-08-22(001).

发展提供了良好的外部环境和制度保障。此外，许多国家还通过税收优惠政策来鼓励企业进行研发和创新，例如英国的研发税收抵免政策有效降低了企业的研发成本，提升了企业的创新能力。

产业园区的建设为数字媒体企业提供了集中的发展平台，促进了产业集聚和协同效应的形成。产业园区为企业提供了基础设施、技术支持、政策咨询等一系列服务，降低了企业的运营成本，增强了企业的创新能力。例如，北京的中关村科技园区、上海的张江高科技园区和深圳的南山科技园区都为数字媒体产业的发展提供了强有力的支持。这些产业园区不仅吸引了大量高科技企业入驻，还通过政府与企业的合作，形成了技术创新、人才培养和市场推广的良性循环。此外，政府在园区中往往提供一站式服务，帮助企业解决注册、融资、知识产权保护等问题，极大地提高了企业的运营效率。

通过资金支持和产业园区建设，政府不仅为企业提供了经济和技术上的支持，还通过集聚效应推动了产业链上下游的紧密合作，提升了整体产业的创新能力和市场竞争力，这些措施有助于数字媒体产业的健康发展，促进了整个社会经济的繁荣。

3. 版权保护与内容监管

数字媒体产业的核心资源是内容，而内容的价值关键在于版权保护和合法合规的内容监管。随着数字媒体产业的快速发展，内容的生产和传播变得越来越便捷，但也因此出现了大量的版权侵权行为和内容监管问题。政府通过加强版权保护和内容监管，确保了数字内容的合法性和创作者的权益，从而推动了产业的健康发展。

（1）版权保护是数字媒体产业发展的基石

随着互联网技术的普及，版权侵权现象日益增多，盗版、非法传播等问题对创作者的合法权益造成了严重损害，也对产业的健康发展构成了威胁。因此，各国政府通过完善版权法律法规，打击侵权行为，保护创作者的合法权益。例如，美国通过《数字千年版权法案》（DMCA）加强了对数字内容的版权保护，明确了数字内容的使用规范，并对侵权行为进行了严格的处罚。中国高度重视版权保护，近年来不断修订和完善相关法律法规，如《中华人民共和国著作权法》及其配套法规《著作权法实施条例》《著作权集体管理条例》等，这些法律法规为版权保护提供了坚实的法律基础，明确了版权持有人的权利和义务，加大了对侵权行为的打击力度。为了适应新技术和新业态的发展，政府还积极推动相关法律的修订工作，如针对生成式人工智能技术创作的作品、元宇宙、NFT等新兴领域的版权保护问题进行研究，并制定相应的法律保护措施。政府还加大了对网络版权的保护力度，通过建立网络版权监测中心等技术手段,及时发现和打击盗版行为,这些技术手段不仅提高了版权保护的效率,还降低了维权成本,为版权持有人提供了更加便捷、高效的维权途径。此外,政府还鼓励和支持版权企业和相关机构加强技术创新,开发更加先进的版权保护技术,从而提升了整个行业的版权保护水平。通过这些版权保护措施,政府不仅保护了创作者的利益,还促进了优质内容的持续创作。

(2)内容监管是确保数字媒体产业健康发展的另一重要手段

内容监管作为确保数字媒体产业健康发展的另一重要手段,其重要性不言而喻。在数字媒体产业蓬勃发展的今天,内容监管不仅关乎社会道德、文化价值观的传承与引导,还直接影响产业的可持续发展和市场竞争的公平性。

随着数字媒体平台的普及,各类内容不断涌现,部分不良信息、虚假新闻、色情暴力等内容对社会造成了负面影响,因此需要政府通过政策手段进行有效监管。例如,欧盟通过《视听媒体服务指令》要求数字媒体平台对内容进行有效监管,确保内容的合法性和健康性。中国也通过《中华人民共和国网络安全法》《互联网信息服务管理办法》等,对数字媒体平台上的内容进行严格监管,确保数字媒体内容的合法性与健康性。通过内容监管,政府能够有效规范数字媒体平台的内容生产和传播行为,以维护社会的稳定与和谐。

政府通过版权保护和内容监管,为数字媒体产业的发展提供了制度保障,确保了内容的合法性和创作者的权益,也为产业的长期健康发展奠定了基础。通过这些措施,政府不仅能够打击盗版和侵权行为,还能够为优质内容的生产提供良好的环境,进而推动数字媒体产业的持续创新和繁荣发展。

总之,政府的扶持政策在数字媒体产业的发展中起到了举足轻重的作用,通过政策导向与市场规范,政府为产业发展提供了明确的方向和公平的市场环境;通过资金支持与产业园区建设,政府为企业的技术创新和市场扩展提供了强有力的保障;通过版权保护与内容监管,政府确保了内容的合法性和创作者的利益,为产业的健康发展奠定了坚实基础。各国政府通过综合运用多种扶持政策,推动了数字媒体产业的创新与繁荣,也为全球文化创意产业的可持续发展提供了有力支持。

三、国际产业比较与经验借鉴

全球数字媒体产业发展迅速,各地区在技术革新、产业结构、文化内容生产等方面展现出了不同的特点和优势。通过对美国、欧洲和亚洲数字媒体产业的分析与比较,可以为其他国家和地区提供宝贵的经验借鉴。在全球化的背景下,不同地区的成功模式不仅为本地经济和文化带来了巨大的推动力,也为全球数字媒体产业的共赢发展提供了可资借鉴的路径。美国凭借其技术优势引领了全球数字媒体产业的发展,欧洲则通过政策创新和文化保护走出了一条独特的道路,而亚洲则凭借庞大的市场和灵活的商业模式实现了快速崛起。通过对这些地区经验的分析,可以为全球数字媒体产业的未来发展提供多元化的参考视角。

1. 美国数字媒体产业的经验

美国作为全球数字媒体产业的领军者,其成功经验主要体现在技术创新、市场化运作以及全球化战略上。硅谷等高科技产业集群成为美国数字媒体产业发展的核心动力,而好莱坞则为全球提供了丰富的文化内容,二者的结合推动了美国在数字媒体领域的长期领先地位。

(1) 技术创新与平台化发展

美国的数字媒体产业以技术创新为核心驱动力。硅谷作为全球科技创新的中心,汇聚了大量的高科技公司,这些公司不断推动着全球数字媒体技术的前进。苹果、Facebook(脸书)等科技巨头不仅在搜索引擎、智能设备、社交网络等领域占据主导地位,还通过云计算、人工智能(AI)、大数据等前沿技术推动了数字媒体产业的革新。AI 在个性化推荐、内容生成等方面的应用,使得美国的数字媒体平台能够更好地满足用户的需求,提升了用户的内容消费体验。

美国的数字媒体产业高度平台化,形成了以 Netflix(奈飞)、YouTube(优兔)、Spotify(声田)等为代表的数字媒体平台,这些平台通过技术创新与商业模式的优化,吸引了全球数亿用户。Netflix(奈飞)通过对用户数据的深入分析,制定了精准的内容推荐机制,并通过制作原创内容来增强平台的吸引力。根据公开发布的信息,Netflix(奈飞)在 2023 年的全球订阅用户数量有显著增长,至 2023 年末,Netflix(奈飞)的全球付费订阅会员人数达到 2.6 亿人次,同比增加 13%。个性化推荐是 Netflix(奈飞)提升用户体验和增加用户黏性的重要手段之一,它通过智能算法分析用户的观看历史和偏好,为用户推荐可能感兴趣的内容,这种平台化的发展模式不仅加速了数字媒体的全球化进程,还为其他国家提供了宝贵的经验借鉴。

(2) 市场化运营与全球化战略

美国数字媒体产业的另一大显著特点是其市场化运营和全球化战略。美国的市场经济体制为企业提供了自由的市场环境,企业可以灵活调整商业模式,以应对市场需求的变化。以好莱坞为例,其开放的市场环境和充分的市场竞争促使其在全球范围内占据了电影产业的主导地位,好莱坞电影不仅在北美市场表现强劲,还通过全球发行网络拓展了海外市场,成为全球电影产业的领头羊。美国公司善于通过并购、合作等方式扩展海外业务,形成了全球化的内容生产和分发网络。如Facebook(脸书)、Google 等公司通过并购海外互联网公司,进一步扩展其全球市场份额,巩固了其在全球数字媒体产业中的地位。这种全球化的扩展不仅推动了美国数字媒体产业在全球的影响力,还为其他国家数字媒体企业的全球化发展提供了范例。这种市场化运营和全球化战略的结合,使得美国数字媒体产业在全球范围内具有强大的竞争力和影响力。

2. 欧洲数字媒体的创新模式

相比于美国,欧洲的数字媒体产业更注重文化多样性和政策创新。欧盟各成员国在数字媒体产业的发展中,既保持了各自的文化特色,又通过欧盟层面的政策协调,形成了独具特色的创新模式。欧洲的数字媒体产业在内容生产、文化保护以及政策引导方面积累了丰富的经验。

(1) 文化的多样性与本土化发展

文化多样性与本土化发展是欧洲数字媒体产业的一大特色。在欧盟的政策引导下,各成员国积极采取措施保护和发展本土文化,以在全球化的浪潮中保持各自的文化独立性和独特性。在法国,政府推行了"文化例外"政策,这一政策确保了本土电影和电视节目在国内市场的主导地位,从而保护了法语文化的独特性。这种政策不仅促进了本土文化内容的生产,还为欧洲的数字媒体平台提供了丰富的文化资源,使其在全球竞争中具备独特的竞争优势。以法国的数字平台 Canal+为例,该平台通过提供本土化内容,成功吸引了大量用户,并确保其在全球化竞争中具备差异化竞争优势,Canal+的内容策略不仅满足了国内观众的需求,还展示了法国文化的独特魅力,从而在全球范围内树立了品牌形象。

欧洲的数字媒体公司深谙在全球化背景下实施本土化策略的重要性。以瑞典的流媒体音乐平台 Spotify(声田)为例,该公司通过与各国本地音乐公司合作,精心挑选并提供符合不同国家用户口味的音乐内容,成功地打入了全球市场。Spotify(声田)的成功不仅源于其技术平台的创新,还得益于其对欧洲其他国家本土文化的尊重与适应。这种将本土化与全球化相结合的模式,为欧洲的数字媒体产业提供了独特的发展路径,使其在全球范围内保持竞争力和独特性。

(2) 政策创新与数据保护

在欧洲数字媒体产业的发展过程中,政策创新扮演了至关重要的角色,尤其是在数据保护领域,欧盟展现了其前瞻性的立法思维。其中,最为显著的举措之一便是《通用数据保护条例》(GDPR),这一法规被广泛认为是全球范围内最为严格和全面的数据保护法律之一,GDPR 的核心要求在于,企业在处理个人用户数据时,必须获得用户的明确同意,并且必须对数据的使用进行透明化的管理。这一条例的实施,极大地提升了用户数据的保护水平,确保了用户的隐私权得到充分尊重和保障。

为了确保 GDPR 的有效执行,欧盟还设立了严格的监管机制,并对违反条例的企业施以重罚。2020 年,谷歌因未能遵守 GDPR 的相关规定,被欧盟处以高达 5000 万欧元的罚款(CNIL,2020),这种严格的监管政策不仅有效地保护了欧洲用户的隐私权,同时也促使数字媒体企业更加重视合规性和社会责任感,从而在行业内形成了更为健康和可持续的发展环境。

除了在数据保护方面采取创新政策外,欧盟还通过《视听媒体服务指令》(AVMSD)进一步推动数字媒体内容的多样性和创新。AVMSD 要求各大数字媒体平台必须确保其内容中有一部分来自欧盟成员国,并且要为本土内容提供更多的推广机会,这一政策的实施,不仅有效地保护了欧洲的文化多样性,还为本土数字媒体产业的创新和发展提供了有力的支持。

通过这些政策的实施,欧盟不仅在数据保护方面树立了全球的标杆,还在推动数字媒体产业的创新和发展方面取得了显著成效。这些政策不仅为欧洲用户带来了更加安全和多样化的数字媒体体验,也为全球其他国家和地区提供了宝贵的经验和借鉴。

3. 亚洲数字媒体产业的快速发展

近年来,亚洲的数字媒体产业,尤其是中国、韩国和日本等国家,经历了迅猛的发展,已经成为全球数字媒体产业中不可或缺的重要力量。亚洲国家凭借其庞大的用户基数、强大的技术支持以及灵活的商业模式,推动了数字媒体产业的快速崛起,并逐步在国际市场上占据了重要地位。

(1)庞大的用户基数与市场潜力

亚洲国家,尤其是中国,拥有全球最多的互联网用户,这一庞大的用户基数为数字媒体产业的发展提供了巨大的市场潜力。根据中国互联网络信息中心(CNNIC)的数据显示,截至 2024 年 6 月,我国网民规模近 11 亿人(10.9967 亿人),移动互联网累计流量达 1604 亿 GB,同比增长 12.6%;2024 年 6 月当月户均移动互联网接入流量(DOU)达 18.15GB/户·月,同比增长 8.1%,表明移动互联网应用持续蓬勃发展,日渐渗透网民日常学习、工作、生活。如此庞大的用户基础,不仅为数字媒体平台提供了广阔的市场空间,还为创新型商业模式的实施提供了可能性。

在短视频平台方面,中国的短视频平台抖音(TikTok)凭借短视频的形式迅速吸引了大量用户,并通过精确的算法推荐系统提升了用户黏性。抖音的成功得益于中国庞大的移动互联网用户群体,同时也依赖于其强大的技术创新能力。抖音不仅在中国市场取得了巨大成功,还通过国际化战略迅速扩展到全球市场,成为全球最受欢迎的短视频平台之一。

(2)技术创新与商业模式灵活性

亚洲数字媒体产业的快速发展离不开技术创新和商业模式的灵活性,中国、韩国、日本等国家的数字媒体企业在技术上具备强大的创新能力,尤其是在人工智能、大数据和 5G 技术的应用方面走在了世界前列。中国的字节跳动公司通过大数据和人工智能技术,精准分析用户需求,并通过个性化推荐提升了用户的使用体验,其旗下的今日头条和抖音等产品都通过这种技术手段实现了用户增长和市场扩展。

此外,亚洲数字媒体企业在商业模式上展现出了高度的灵活性。以韩国的 Kakao 和 Naver 为例,这些平台不仅是社交媒体的领军者,还通过整合支付、内容、购物等功能,形成了全方位的数字生态系统,这种多元化的业务模式不仅提升了平台的盈利能力,还增强了用户的黏性和平台的市场竞争力。在商业模式灵活性方面,日本政府鼓励企业进行数字化转型,通过数字化提升企业的服务质量和运营效率。例如,通过数字化转型认定制度、行业选定和数字转型投资促进税制等措施,促进企业数字化转型。此外,日本也在积极参与全球数字治理和数字贸易,推动数据跨境流动,以确保经济安全和战略自主性。

(3)政府政策与产业扶持

亚洲国家的数字媒体产业发展也离不开政府的大力支持。中国政府通过一系列政策扶持推动了数字媒体产业的快速发展。中国的《"互联网+"行动计划》明确指出,要推动数字经济与文化创意产业的深度融合,并通过政策引导和资金支持,推动数字媒体企业成为全球的竞争者。韩国政府则通过《文化内容产业促进法》等政策,积极扶持本土文化内容产业,帮助韩国的影视、音乐等数字内容在全球范围内取得广泛的影响力。日本政府通过立法保障数字化转型,如《数字社会形成基本法》,为构建数字社会提供法律基础。设立数字厅,作为数字化改革的"指挥塔",统筹全国的数字化进程。此外,日本政府推动《实现数字社会的重点计划》,旨在通过数字化实现经济增长,激发区域发展活力,并培养数字人才,支持云技术、量子计算机、超级计算机和人工智能计算机等下一代计算基础设施的发展,以培育数字产业。①

通过政府的引导和政策支持,亚洲的数字媒体企业不仅在本土市场上取得了成功,还通过技术创新和商业模式的多样化,逐步走向全球市场,成为全球数字媒体产业中不可忽视的力量。

综上所述,全球数字媒体产业的发展呈现出多样化的特征。美国数字媒体产业凭借技术创新和全球化战略,在全球范围内占据了主导地位;欧洲则通过政策创新和文化保护,推动了本土数字媒体产业的多样性和可持续发展;而亚洲数字媒体

---

① 王玲,乌云其其格.日本政府推进数字化转型的战略举措及启示[J].全球科技经济瞭望,2024,39(02):1-7.

产业则凭借庞大的市场潜力、技术创新和灵活的商业模式,实现了快速崛起。各国的成功经验为全球数字媒体产业的发展提供了丰富的借鉴,在全球化背景下,跨国合作与经验分享将进一步推动全球数字媒体产业的持续繁荣与创新。

第四节　数字媒体产业的内生动力与外部环境

数字媒体产业的快速发展不仅依赖技术进步、创新商业模式和用户需求的驱动,还受到来自外部环境的渗透与影响。作为数字经济的重要组成部分,数字媒体产业不断在融合与变革中成长,并逐渐成为全球文化传播和经济发展的核心力量。理解数字媒体产业的内生动力和外部环境有助于我们更好地把握数字媒体产业未来的发展趋势。

一、内在动力:创新与适应的驱动

数字媒体产业的内在动力主要来自技术的不断进步、内容生产与分发方式的灵活性以及用户需求的变化。技术创新驱动了行业的不断进化,内容生产和商业模式的灵活性使得行业能够迅速适应市场变化,而用户需求的反馈则进一步加速了产业的创新步伐。

1. 技术变革与商业模式创新

技术的迅猛发展是数字媒体产业内在动力的关键所在。诸如5G、云计算、大数据以及人工智能(AI)等前沿技术的广泛应用,极大地改变了数字媒体在生产、分发和消费各个环节的方式。以5G技术为例,其高速的数据传输速率和极低的延迟特性,使得高清内容的实时传输成为现实,从而推动了视频流媒体、虚拟现实(VR)等新兴媒体形式的广泛普及。

与此同时,新技术的应用也催生了全新的商业模式,传统的以广告为主要盈利手段的媒体模式正在逐渐转向以会员订阅、内容付费、增值服务等多元化收入来源为主的模式,以腾讯视频为例,其商业模式不仅仅局限于广告收入,还通过会员付费、超级会员、联合会员等多种方式来提升收入。此外,数字货币、NFT(非同质化代币)以及区块链技术的应用,也为内容生产者提供了全新的变现途径,进一步推动了数字媒体产业商业模式的创新和发展。

2. 内容生产与分发的灵活性

数字媒体的灵活性主要体现在其内容生产和分发方式的多样化和高效性上。

与传统媒体相比,数字媒体在内容生产方面具有更低的门槛,使得普通用户也能轻松成为内容创作者。他们通过自媒体、短视频、直播等多种形式展示自己的才华和观点,这种去中心化的内容生产方式彻底改变了以往由大型媒体机构主导的内容创作格局。如今,我们看到一个更加多元化和包容性的内容生态,各种声音和创意在这里交汇碰撞,形成了一个丰富多彩的数字世界。

在内容分发方面,数字媒体同样展现出了其独特的优势。基于推荐算法和用户画像的智能分发系统,使得内容可以根据用户的兴趣和行为进行个性化推送,这种灵活的分发模式不仅大幅提升了内容的传播效率,还极大地提高了用户的内容消费体验。例如,抖音和快手等短视频平台通过强大的算法推荐,精准匹配用户的观看行为与内容推送,从而提升了平台的用户黏性和活跃度。用户在这些平台上能够迅速找到自己感兴趣的内容,享受到个性化的娱乐体验,同时也为内容创作者提供了更多的曝光机会和创作动力。

总的来说,数字媒体的灵活性不仅体现在技术层面,更体现在其对传统媒体格局的颠覆和对用户体验的重视上。通过不断创新和优化,数字媒体正在不断推动内容生产和分发方式的变革,为用户和创作者带来更多可能性和机会。

3. 用户需求与市场反馈的驱动

用户需求的不断变化和升级是推动数字媒体产业持续创新和发展的重要驱动力。随着越来越多的用户开始追求高质量、个性化和定制化的数字内容,媒体平台和内容创作者必须不断地进行创新和改进,以满足这些日益增长的用户期望。例如,短视频和直播带货的兴起正是对用户对即时性、互动性和娱乐性内容需求的积极响应。这些新兴形式的媒体内容不仅为用户提供了更加丰富和多样化的体验,还为内容创作者和媒体平台带来了新的商业机会。

市场反馈也在不断地推动数字媒体产业的进化和变革。平台通过大数据分析用户行为,能够迅速地调整内容策略和商业模式,以适应市场的变化和需求,视频平台可以通过数据分析发现用户对某类内容的偏好,从而有针对性地加大对这一内容类型的投资和推广力度。用户的反馈和互动也直接影响到广告主的投放策略,以推动数字广告的精准化和个性化发展。通过分析用户的浏览、点击和购买行为,广告主可以更准确地定位目标受众,从而提高广告的转化率和效果。

技术的进步也为数字媒体产业的创新提供了强大的支持。人工智能、虚拟现实和增强现实等新技术的应用,使得内容创作者能够创作出更加沉浸式和互动式的体验,以进一步满足用户对高质量内容的需求。这些技术也为媒体平台提供了更多的数据来源和分析工具,帮助媒体平台更好地理解用户行为,并优化内容推荐算法,提升用户体验。

总之,用户需求的变化和市场反馈的实时性是推动数字媒体产业创新的重要动力。平台和内容创作者必须不断适应这些变化,通过技术创新和数据分析,提供更加个性化和高质量的内容,以满足用户的需求,从而在竞争激烈的市场中脱颖而出。

二、外部影响:数字经济中的关键角色

数字媒体产业不仅是内部技术和市场需求的产物,它还深刻影响着其他产业,并渗透到更广泛的经济和文化领域之中。通过与其他产业的融合、对其他文化产业的渗透以及数据价值的挖掘,数字媒体成为数字经济中的关键推动力。

1. 数字媒体与其他产业的融合

数字媒体产业与其他产业的深度融合,为各行各业带来了前所未有的创新机遇。这种跨界融合不仅改变了传统行业的运作模式,还为用户带来了全新的体验。以媒体与零售业的结合为例,社交电商的兴起就是一个典型的例子。通过在平台上进行内容创作和分享,用户可以直接购买心仪的商品,这大幅缩短消费决策的路径,提升了购物的便捷性和趣味性。

在教育领域,数字媒体技术的飞速发展也带来了革命性的变化。在线教育和知识付费平台如雨后春笋般涌现,尤其是在疫情期间,它们成为用户获取知识和技能的重要渠道。例如,在"学而思网校"和"得到 APP"等平台,通过将数字媒体技术与强大的内容生产能力相结合,为用户提供了灵活便捷的学习体验。用户可以根据自己的时间安排和学习需求,随时随地进行学习,这极大地提高了学习的效率和效果。

数字媒体与其他产业的融合还体现在医疗领域。通过远程医疗平台,医生可以通过视频连线为患者提供诊断和咨询服务,使更多的人能够享受到优质的医疗资源。智能健康监测设备和应用程序的普及,使得用户可以实时监控自己的健康状况,并及时采取预防措施。

数字媒体产业与其他产业的深度融合,不仅为各行各业带来了创新的机遇,还为用户带来了更加丰富和便捷的体验。这种跨界融合的趋势将会持续发展,并不断推动社会的进步和变革。

2. 数字媒体对文化产业的渗透

数字媒体在全球文化产业中的渗透程度不断加深,使得传统的文化生产形式如电影、电视剧、音乐等得以通过这些新兴渠道更广泛地传播。这种传播不仅推动

了全球文化的交流和融合,还为文化产业的发展带来了新的机遇[①]。以中国为例,国产电视剧、动画和短视频通过流媒体平台如 Netflix(奈飞)、YouTube(优兔)、Bilibili 等进入全球市场,进一步推动了中国文化的全球化传播。

数字媒体平台不仅为传统文化的传播提供了新途径,还为非物质文化遗产的保护和传承注入了新的活力。在抖音和快手等短视频平台上,许多用户通过分享中国的传统手工艺、戏曲等内容,吸引了大量年轻用户的关注。这种现代化的传播方式不仅让传统文化焕发新生,还促进了传统文化的现代化传播,使其更加贴近年轻人的生活方式。此外,数字媒体还为文化产业的创新提供了更多可能性。通过虚拟现实、增强现实等技术,观众可以更加身临其境地体验文化内容,从而提升文化消费的体验感。数字媒体平台还为独立创作者和小型文化企业提供了展示自己才华的舞台,使得文化产业更加多元化和包容性。

数字媒体对文化产业的渗透不仅改变了传统的文化传播方式,还为文化产业的发展带来了新的机遇和挑战。通过不断探索和创新,数字媒体有望在全球文化产业中发挥更加重要的作用。

3. 数字经济中的数据价值

在当今数字经济时代,数据已经成为一种全新的生产要素,其价值不可估量。数字媒体平台通过广泛收集用户数据,并运用先进的分析技术,为广告商、内容创作者以及自身带来了巨大的商业利益。通过对海量用户数据的深入挖掘和分析,这些平台能够精准地推送广告内容,甚至预测用户的未来行为,从而优化内容推荐系统,显著提升用户的整体体验。

以字节跳动公司旗下的抖音和今日头条为例,这些平台依靠其强大的数据分析能力和智能算法,能够深入理解用户的历史行为和兴趣偏好。基于这些数据,平台能够为每个用户量身定制个性化的内容和广告推荐,这种以数据驱动的商业模式不仅显著提高了广告的转化率,使广告商能够更有效地触达目标受众,同时也极大地增强了平台自身的盈利能力。通过这种方式,字节跳动成功地构建了一个高效且具有高度互动性的生态系统,使得用户、内容创作者和广告商之间形成了良性互动,共同推动了数字经济的繁荣发展。

---

① 苏敏,于欧洋. 从"热量"到"质量":影视旅游目的地流量消化传播策略探究[J]. 西部旅游,2023(08):23-25.

第四章　数字媒体产业的融合发展

本章主要探讨了在数字化浪潮下,传统媒体与数字媒体产业的融合趋势及其对数字内容产业的影响。内容涵盖数字媒体产业转型现状、数字媒体融合产业发展、变革及影响等方面。分析了 AI 技术在新闻报道和内容创作中的重要作用,并探讨了传统媒体通过数字媒体平台拓展传播渠道的经济模式转型,讨论了数字媒体融合下的内容盈利模式转变和内容创作者生态的多元化。最后,强调了数字媒体对数字内容产业的变革与影响,包括用户行为数据驱动的内容消费、个性化推荐系统的应用,以及跨平台内容的协同生产等。整体而言,数字媒体与数字产业的融合推动了内容生产的多样化和传播模式的创新,为媒体行业带来了新的机遇与挑战。

第一节　大数据促进数字媒体产业发展转型

一、信息生产方式的变革

随着新兴技术的不断发展,尤其是数字化、网络化和智能化技术的深度应用,媒体的信息生产方式发生了革命性的变化。传统媒体曾经掌控着信息生产的主导权,新闻记者和编辑等专业人员通过严谨的采集、加工和审核流程,确保信息的权威性和准确性。然而,在过去的二十多年中,信息生产主体逐渐发生了显著的变化,用户生成内容(UGC)的崛起、算法推荐的运用以及人工智能(AI)技术的应用,使得信息生产的方式更加灵活、去中心化,且高度依赖技术支持。

最为显著的变化之一便是用户生成内容(UGC)的大规模兴起。UGC 打破了传统媒体"自上而下"的信息生产模式,普通用户借助社交媒体平台的力量成为信息的生产者与传播者。这种去中心化的信息生产方式不仅丰富了内容的多样性,也使得信息的生产和传播更加快速、广泛。

社交媒体平台在 UGC 崛起中扮演了关键角色。以 YouTube(优兔)为例,作为全球最大的视频分享平台之一,YouTube(优兔)不仅为用户提供了便捷的内容发布和分发渠道,还通过广告分成、会员订阅等方式帮助内容创作者实现了商业化。根据 YouTube(优兔)的官方数据,2022 年平台上月活跃用户数量已突破

25亿,而内容创作者通过广告分成和其他形式的营收总额超过了200亿美元,这一庞大的UGC生态系统反映了信息生产方式的深刻变革,不再是传统媒体机构的专属领域,普通用户通过社交平台已成为重要的信息生产者。

除了UGC,人工智能(AI)技术的广泛应用也是信息生产方式变革的重要推动力。AI技术在新闻报道、内容创作和分发中的作用尤为显著,以新闻行业为例,美联社(The Associated Press)早在2014年就开始使用自动写作技术生成新闻稿件,尤其是在财经和体育报道领域,美联社通过与自动化新闻公司Automated Insights合作,使用其AI平台生成季度财报新闻。据美联社透露,AI撰写的新闻数量已超过了人类记者的产出,仅2019年,通过AI生成的新闻稿件数量就已超过了3000篇。这种自动化的写作方式不仅显著提高了新闻产出的效率,还降低了人工成本。AI的应用使得新闻机构能够在短时间内生成大量的内容,尤其是在数据密集型的领域,如股市、体育赛事等。

不仅如此,AI技术在视频内容的智能剪辑、图片识别、语音合成等领域也得到了广泛应用。例如,中国国内的短视频平台抖音通过AI技术为用户提供个性化内容推荐,抖音的推荐算法基于用户的观看历史、点赞、评论等行为数据,能够精准预测用户的兴趣,并推送相应的短视频内容。据抖音母公司字节跳动的公开数据,平台上超过90%的内容播放量来自算法推荐。通过这种智能推荐机制,用户能够更快地找到感兴趣的内容,平台的活跃度和用户黏性也得到了大幅提升。

信息生产方式的变革不仅仅体现在内容的生产和分发环节,还改变了用户与内容之间的关系。过去,用户主要是信息的接收者和消费者,信息的流动呈现出一种"自上而下"的模式。然而,随着UGC的兴起和AI技术的应用,用户在信息生产中的角色变得更加主动,用户不仅可以通过社交平台创作和发布内容,还可以通过算法推荐影响内容的传播路径。以微博平台为例,用户的点赞、转发和评论行为不仅提高了内容的曝光度,还直接影响了平台的算法推荐机制,从而扩大了信息的传播范围。

然而,信息生产方式的变革也带来了一些挑战和问题。首先,UGC内容的质量参差不齐,部分内容缺乏专业性和准确性,甚至可能传播虚假信息和谣言。例如,2020年疫情期间,社交媒体平台上出现了大量未经证实的谣言和虚假信息,给公共卫生安全带来了严重的影响,这些虚假信息不仅扰乱了公众的认知,还对政府和医疗机构的防疫工作产生了负面影响。其次,AI技术的广泛应用也引发了关于内容同质化的担忧。虽然AI能够根据用户的兴趣偏好推荐个性化内容,但这种推荐机制往往会导致信息"茧房"效应,即用户只能接触到符合其兴趣的内容,而难以接触到其他观点或信息,这种信息"茧房"效应会导致用户获取信息的视野变得狭窄,甚至可能加剧社会的分裂和对立。根据对外经济贸易大学数字经济与法律创新研究中心、中国人民大学数字经济研究中心和蚂蚁集团研究院于 2021 年底联合开展了"算法应用用户感知"大规模实证调查基础上撰写形成的《算法应用的用户感知调查与分析报告(2021)》显示,公众呼吁增加算法透明,半数以上用户对企业在提供互联网服务过程中使用算法这一事实,以及使用算法的内容和目的并不清楚,希望企业能够加强信息披露。报告还发现,用户对算法表现出普遍的"不信任",但并不认同限制算法应用这种因噎废食的做法,而是希望在规范中促进算法的合理应用和健康发展。① 此外,随着信息生产的自动化程度不断提高,传统媒体从业者(如记者、编辑等)的工作空间也面临着巨大的压力。AI 技术的应用虽然提高了信息生产的效率,但也削弱了人类在内容创作过程中的独特价值。一方面,AI 能够通过大数据和机器学习快速生成新闻稿件和其他类型的内容,另一方面,AI 生成的内容虽然具备一定的逻辑性和规范性,但往往缺乏深度分析和人文关怀,这也是 AI 无法完全替代人类记者和编辑的重要原因之一。

尽管面临众多挑战,信息生产方式的变革无疑为媒体行业带来了巨大的机遇。用户生成内容(UGC)的兴起极大地丰富了内容的多样性,使得信息生产的主体更加多元化。人工智能技术的应用提升了内容生产和分发的效率,使得信息能够更快、更精准地传递至用户。随着技术的持续进步,信息生产方式的智能化和自动化程度将进一步提升,传统媒体与新兴媒体之间的界限将逐渐变得模糊,媒体行业将迎来更加多元和灵活的发展模式,媒体行业将更加倚重技术创新,以满足用户日益多元的需求。在此过程中,如何在数字技术应用与内容品质、信息传播与用户隐私保护、自动化生产与人文关怀之间取得平衡,将成为信息生产方式变革中必须着重考虑的问题。

二、传播渠道的多元化

随着媒体行业的数字化转型,信息传播渠道的多元化成为新媒体发展的重要特征之一。传统媒体时代,信息的传播主要依赖于报纸、广播、电视等传统媒介,传播路径相对单一,信息的传播速度和覆盖范围也受到一定的限制。然而,随着互联网技术的快速发展,尤其是移动互联网的普及,信息传播的渠道变得更加多元化②,用户可以通过社交媒体、短视频平台、新闻资讯类应用、移动端广播等多种渠道获取信息,信息的传播速度和影响力达到了前所未有的高度。

---

① 对外经济贸易大学法学院.我们如何看待算法社会?《算法应用的用户感知调查与分析报告(2021)》重磅发布[EB/OL].对外经济贸易大学法学院官网,(2022-06-16)[2024-09-1].https://law.uibe.edu.cn/xwzx/xyxw/8f8630ea27254ca0bf016994877de455.htm.

② 张航.主流媒体新闻传播力的提升策略[J].记者观察,2024,(09):134-136.

社交媒体平台的普及是传播渠道多元化的一个显著标志。Facebook(脸书)、Twitter、微博、微信等平台的出现,使得信息的传播不再依赖于传统的媒体机构,任何人都可以通过这些平台快速发布和分享内容。社交媒体的特点在于其强大的社交属性,用户不仅是信息的接收者,还是信息的传播者。通过点赞、评论、转发等方式,用户能够参与到信息的传播过程中,使得信息的传播路径更加复杂和多样。2024年全球媒体监测机构 MELTWATER 和社交媒体机构 WE ARE SOCIAL 联合发布的最新调查报告显示,全球社交媒体活跃用户数量已突破50亿大关,而世界人口总数约为80亿。[①] 如此庞大的用户基础,使得社交媒体成为全球信息传播的一个重要渠道。

短视频平台的兴起进一步丰富了信息传播的形式和渠道。与传统的文字、图片、长视频等信息传播形式相比,短视频具有制作简便、传播快速、用户互动性强等特点[②]。以抖音(TikTok)为代表的短视频平台,通过算法推荐,将用户感兴趣的内容精准推送到其首页,使得短视频内容能够在短时间内获得大量曝光。据第三方研究机构 QUESTMOBILE 发布了2024年中国移动互联网半年报告,数据显示短视频月活跃用户数已经达到9.89亿。[③] 短视频的爆发式增长不仅改变了用户的内容消费习惯,也为信息传播提供了全新的渠道。

新闻资讯类应用也在信息传播渠道多元化的过程中发挥了重要作用。相比于传统媒体的新闻传播方式,这些应用通过智能推送和个性化推荐技术,使得新闻内容能够更加精准地送达用户。以今日头条为例,该平台通过分析用户的阅读习惯和兴趣偏好,为用户提供定制化的新闻内容推荐。根据今日头条的官方数据,平台日均活跃用户数已超过2亿,用户日均阅读时长达到76分钟。通过这种精准的内容推送机制,新闻资讯类应用不仅提升了用户的阅读体验,也大大加快了信息的传播速度。

广播和电视等传统媒介在信息传播渠道多元化的过程中也进行了数字化转型。传统广播通过与互联网技术的结合,推出了网络广播、电台 APP 等新型传播方式,使得广播内容不再局限于特定的地理范围,而是能够通过互联网覆盖更广泛的受众群体。电视媒体则通过高清化、网络化、智能化的升级,推出了网络电视、IP电视、移动端电视等新型传播渠道。以"央视新闻"APP 为例,该应用不仅能够提供实时新闻直播,还为用户提供丰富的点播内容和个性化新闻推荐服务。通过这

① 崔韦.法媒:全球社交媒体用户突破50亿,脸书用户数量最多[EB/OL].环球时报,(2024-02-02)[2024-09-1]. https://world.huanqiu.com/article/4GPsKbknf7Y

② 相飞旭.融媒体环境下短视频的发展分析[J].记者摇篮,2022,(02):102-104.

③ 泽亮.短视频月活跃用户数达9.89亿.[EB/OL].新华网,(2024-08-02)[2024-09-1].https://www.xinhuanet.com/tech/20240802/254641b9f6e2462bb799481ae9ccd29e/c.html.

种多元化的传播渠道,传统媒体得以在数字化浪潮中保持竞争力。

传播渠道的多元化不仅体现在信息发布和传播的形式多样化上,还体现在信息传播的交互方式上。过去,信息传播呈现出单向流动的特点,用户只能被动地接受信息,无法参与到信息的生产和传播过程中,而在新媒体环境下,用户的角色发生了根本性的变化,用户不仅可以通过社交媒体、短视频平台等渠道主动发布内容,还可以通过互动、评论、转发等方式参与到信息传播的整个过程中。这种双向传播的模式,使得信息的传播更加快速、广泛,信息的影响力也得到了极大的增强。

随着第五代移动通信技术(5G)的逐渐普及,信息传播的速度与品质均实现了显著提升。5G 技术以其低延迟、高速率和高带宽的特性,为高清视频、虚拟现实(VR)、增强现实(AR)等丰富的内容形式提供了流畅传播的可能。以 VR 新闻为例,借助 5G 网络,用户能够即时体验到新闻现场的氛围和细节,从而极大地增强了新闻内容的沉浸感和传播效果。《2023 年全球 5G 应用发展报告》显示,随着 5G 技术的推广,例如中央广播电视总台在 2024 年龙年春晚期间,与北京移动和中兴通讯合作,利用 5G-A 技术打造了一个大带宽、低时延、高可靠、智能化的无线极简视频拍摄及制播网络,成功实现了高清视频和 VR 内容的实时传播。[①] 新华网、中国外文局、科技日报社、美通社等国内外知名媒体平台基于 5G 技术开展了丰富多彩的新闻实践。他们积极布局 5G 技术应用平台,建设移动端新闻 APP,打造沉浸式、互动式新闻产品,为全球新闻行业融入 5G 生态做出先行示范。[②] 通过 5G 技术的应用,显著提升了信息传播的时效性和品质。

传播渠道的多元化为媒体行业带来了全新的发展机遇,但同时也带来了一些挑战。信息传播的多样化和去中心化,使得信息的传播速度和范围大幅提升,但也导致了信息过载的问题。用户面对海量的信息,难以分辨信息的真伪和重要性,信息的有效传播受到了一定的影响。这种信息过载现象不仅影响了用户的阅读体验,也对信息生产者和传播者提出了更高的要求。

同时,信息传播的多样化亦引发了内容同质化的问题。鉴于社交媒体、短视频平台、新闻资讯类应用等渠道的内容生产门槛较低,众多内容制作者为了追求流量和曝光度,往往选择制作迎合大众口味的低质量内容,导致平台上充斥着大量同质化的内容。以短视频平台为例,许多内容创作者在创作过程中,常常模仿一些热门的视频内容,缺乏创新和独特性,导致内容的重复性较高。

---

① 中兴通讯.5G-A 十大优秀案例公布,中兴通讯五项入选.[EB/OL].中兴通讯股份有限公司,(2024-04-12)[2024-09-1].https://www.zte.com.cn/china/about/news/20240412c5.html.

② 房琳琳,刘艳 5G.技术为国际传播插上"科技之翼".[EB/OL].光明网,(2022-08-10)[2024-09-1].https://difang.gmw.cn/hlj/2022-08/10/content_35943788.htm.

此外,随着信息传播渠道的多样化,信息的碎片化现象亦日益严重。用户在移动互联网时代,往往习惯于通过碎片化的时间获取信息,这使得信息的传播形式更加短小精悍,内容的深度和广度受到一定的限制。尤其是在短视频平台上,信息的传播往往以十几秒甚至几秒钟的短视频形式呈现,虽然这种信息传播方式能够快速吸引用户的注意力,但也容易导致信息的浅层化和碎片化。用户在这种碎片化信息的冲击下,往往难以深入思考和理解信息的内涵,信息的传播效果也因此受到了一定的影响。

尽管存在诸多挑战,但传播渠道的多样化无疑为媒体产业注入了巨大的发展潜力。多样的传播渠道不仅丰富了受众获取信息的途径,也为内容创作者提供了更广阔的创作与传播平台。借助社交媒体、短视频平台、新闻资讯类应用等渠道,内容创作者得以更自由地进行创作与传播,信息传播的广度与影响力均得到了显著提升。随着技术的持续进步,特别是5G、人工智能、大数据等新兴技术的广泛运用,信息传播的效率与品质预计将得到进一步的提升,媒体产业将面临更加多元和丰富的未来发展图景。

三、数字媒体转型中的挑战与机遇

在数字化浪潮的冲击下,传统媒体的生存和发展正面临前所未有的挑战。首先,用户行为的转变导致传统媒体的受众群体逐渐流失,随着移动设备的普及和社交媒体的崛起,用户更倾向于通过移动端获取信息,传统的报纸、广播、电视等媒体形式逐渐失去了吸引力。根据《传媒蓝皮书:中国传媒产业发展报告(2023)》的数据,2022年中国传媒产业总产值为29082.5亿元,同比下降2.11%。这表明传媒产业整体承压前行,其中互联网广告、互联网营销服务、移动数据及互联网业务、网络游戏等传统高产值领域均出现不同程度的负增长,同时报刊、电视、广播等传统媒体挑战依旧,传媒数字化转型趋势显著,这可能意味着传统媒体的用户数量面临下降的趋势。[①] 其次,技术更新的速度加快,传统媒体难以跟上数字化发展的步伐。在信息传播的数字化时代,人工智能、大数据、云计算等技术的广泛应用,使得媒体行业的竞争日益激烈,许多传统媒体在转型过程中,面临着技术储备不足、创新能力匮乏等问题,难以与新兴的数字媒体平台竞争。以传统纸媒为例,许多报纸在数字化转型过程中,无法有效利用大数据分析和人工智能技术,导致广告收入大幅下滑,用户流失严重。

尽管面临诸多挑战,传统媒体在转型过程中也迎来了新的发展机遇。媒体转

---

① 崔保国,虞涵.2023年中国传媒产业发展报告[J].传媒,2023,(15):15-20.

型中的挑战与机遇,不仅反映在传统媒体面临的新环境压力,也体现在新媒体行业的崛起中。在当前的数字化浪潮下,传统媒体虽然在用户流失和广告收入下降方面遭遇了沉重打击,但通过与新技术的结合,传统媒体正在探索新的发展路径和商业模式。

传统媒体与新兴技术的结合为其开辟了全新的内容生产和传播途径。人工智能、大数据和区块链等技术的应用,不仅为传统媒体的内容创作带来了技术上的支持,还使得内容的分发更加精准和高效。例如,人工智能技术可以帮助媒体机构进行自动化的新闻生产,分析海量新闻数据,生成简捷有效的新闻稿件。以《华尔街日报》的 AI 新闻生产系统为例,该系统通过对财经数据的实时分析,能够自动生成简报和市场分析报告。这种自动化生产不仅大幅提高了新闻发布的速度,还使得新闻内容的生产成本得到了有效控制。

除了自动化生产,数据驱动的内容推荐也是传统媒体转型的重要方向之一。通过大数据分析,传统媒体能够更好地了解用户的阅读习惯和兴趣偏好,从而为其量身定制个性化内容。这种个性化推荐不仅提高了用户的阅读体验,还增强了用户的黏性和忠诚度,例如,《纽约时报》通过分析用户的阅读数据,生成个性化新闻推荐,并根据用户的兴趣提供相关的深度报道。根据《纽约时报》2023 年提供的统计数据,通过个性化推荐的内容点击率比普通新闻流高出近 20%,这一技术的应用显著提升了用户的互动度和平台的留存率。

在内容分发领域,传统媒体也通过与新媒体平台的合作实现了传播渠道的拓展。传统媒体通过在社交媒体、短视频平台等新兴媒介上发布内容,吸引了大量年轻用户的关注。例如,英国广播公司(BBC)将大量新闻内容搬上了 YouTube(优兔)和 TikTok 等平台,通过制作短视频和图文结合的方式,吸引了大量的年轻受众。据 BBC 官方数据显示,BBC 在 TikTok 上的新闻账号粉丝数量在 2022 年达到 300 万,用户互动量超过了 2000 万次。通过与新媒体平台的深度合作,传统媒体不仅扩大了其内容的传播范围,还有效增强了其品牌影响力。

在数字化浪潮的冲击下,传统媒体正积极探索经济模式的转型。以往,广告收益是传统媒体的主要经济支柱。然而,随着广告商逐渐将目光投向新媒体平台,传统媒体的广告收益遭遇了显著的下降。为了应对这一挑战,众多传统媒体开始尝试诸如付费订阅和内容电商等创新商业模式。以《纽约时报》为例,该报通过推出数字订阅服务,成功地实现了从依赖广告的商业模式向以用户付费为核心的商业模式的转变,《纽约时报》2022 年的财务报告显示,其数字订阅用户数量已突破 800万,数字订阅收入占总收入的比重超过 70%。付费内容模式的兴起不仅为传统媒体提供了稳定的收入渠道,还提升了内容品质和用户的忠诚度。

在内容电商领域,传统媒体正致力于商业模式的创新探索。通过与电子商务平台的合作,媒体机构得以借助其内容的影响力,促进商品销售。以中国的《南方都市报》为例,该报与京东等电子商务平台携手,推出了"内容导购"服务,通过新闻报道及深度分析向读者推荐相关商品。据《南方都市报》2022年发布的数据,其"内容电商"业务在一年内实现了超过5000万元人民币的销售额。这种内容与电商的融合,打破了传统媒体与商业之间的界限,为媒体行业开拓了新的盈利途径。

然而,在数字化转型的进程中,传统媒体遭遇了若干结构性挑战。首先,技术转型所需成本高昂,传统媒体机构必须投入巨额资金于技术研发与平台构建。众多中小型媒体机构因资金与技术储备不足,难以应对数字化转型带来的挑战,市场份额逐渐被新兴媒体平台侵蚀。市场竞争的加剧迫使传统媒体加速数字化转型步伐,以寻求新的生存空间。其次,传统媒体在数字化转型过程中,还需对组织结构和工作流程进行深度调整。数字化转型不仅是技术层面的提升,更是业务模式、组织结构及企业文化的全方位变革。传统编辑部运作模式与新闻生产流程,与数字化内容生产及分发存在显著差异。例如,传统新闻编辑流程通常较为烦琐,涉及多层级审核与校对,而新媒体平台则强调内容的时效性与快速响应。为适应这一转变,许多传统媒体机构不得不重新设计其内容生产与分发流程,缩短内容审核时间,提升新闻发布效率。在此过程中,部分传统媒体通过建立新媒体部门或与科技公司合作,推动了数字化转型进程。以美国《华盛顿邮报》为例,该报在被AMAZON(亚马逊)创始人杰夫·贝佐斯收购后,迅速实施了一系列数字化改革。贝佐斯利用亚马逊在云计算、大数据等领域的技术优势,为《华盛顿邮报》构建了一个强大的数字新闻平台,实现了内容推送、数据分析、用户体验等方面的全面升级。据《华盛顿邮报》2023年公布的数据,该报数字用户数量在过去三年增长了近50%,其广告收入的大部分源自数字广告。

在中国,传统媒体的数字化转型同样取得了显著成效。以《人民日报》为例,该报逐步将其内容生产和分发流程数字化,通过微信公众号、微博、抖音等平台发布新闻内容,吸引了大量年轻用户的关注。同时,《人民日报》还推出了自己的新闻客户端"人民日报客户端",通过大数据和人工智能技术,为用户提供个性化新闻推荐服务。据2022年《人民日报》发布的数据,其新闻客户端的日活跃用户数已超过3000万,成为国内最具影响力的新闻应用之一。这种全媒体平台的建设,使得《人民日报》在数字化浪潮中保持了强大的竞争力。

然而,传统媒体的数字化转型也面临着内容同质化和用户黏性下降的挑战。随着新媒体平台的崛起,信息的生产和传播门槛大幅降低,大量低质、重复的内容充斥着社交媒体和短视频平台,用户的注意力被高度分散。他们难以从中找到真正有价值的内容,这种信息过载和内容同质化现象,不仅影响了用户的阅读体验,也对传统媒体的内容生产提出了更高的要求。

面对这种挑战,传统媒体需要在内容质量和用户体验上下功夫,以提升自身的竞争力。通过生产高质量的原创内容,尤其是深度报道、调查性新闻和专业评论,传统媒体能够在激烈的市场竞争中脱颖而出。此外,通过提升用户体验,优化新闻客户端和移动端的界面设计,增强用户的交互性和个性化推荐功能,传统媒体可以进一步增强用户的黏性和忠诚度。

四、数字媒体内容消费的个性化与沉浸式体验

随着平台经济和智能化分发机制的不断发展,内容消费逐渐呈现出个性化与沉浸式体验的双重趋势,这一趋势不仅改变了用户的内容消费方式,也对内容生产者、平台以及广告主提出了新的要求。

个性化消费是指用户能够根据自己的兴趣、偏好和需求,定制化获取内容。在传统媒体时代,内容传播是典型的单向输出,用户只能被动接受媒体提供的内容选择。然而,在数字内容时代,个性化消费的兴起使得用户能够根据自己的需求,自主选择和消费内容。通过算法推荐、用户画像和大数据分析,内容平台能够为每一个用户量身打造个性化的内容流。例如,Netflix(奈飞)通过分析用户的观影记录、评分和搜索行为,为用户推荐符合其兴趣的影视作品。根据 Netflix(奈飞)的内部数据显示,平台上超过 80% 的观看内容来自个性化推荐,这表明个性化分发在提升用户内容消费体验方面发挥了至关重要的作用。这种个性化消费趋势不仅提升了用户的体验,也为内容生产者提供了明确的生产方向。过去,内容生产往往需要迎合大众口味,内容创作者在选题和创作时面临着较大的不确定性,而在个性化消费趋势下,内容生产者可以通过深入分析用户的偏好和需求,创作出更加符合特定受众群体喜好的内容。例如,YouTube(优兔)上的许多内容创作者通过分析自己的观众群体数据,发现特定类型的视频(如教程类、搞笑类、手工制作类等)更能吸引用户,从而专注于这一领域进行深耕。这种创作模式不仅提升了内容的针对性,也进一步增强了用户对平台的黏性和忠诚度。

与此同时,个性化消费也带来了内容同质化的挑战。为了追求流量和用户黏性,许多平台和内容生产者倾向于生产符合主流用户偏好的内容,导致平台上出现大量相似的内容类型。根据《传媒蓝皮书:中国传媒产业发展报告(2023)》的讨论,媒体融合和内容创新是当前传媒产业的重要发展方向,报告中提到,随着媒体融合的深入发展,内容的创新和多样性成为了吸引用户的关键因素,这表明用户对内容的多样性和创新性有一定的期待,而同质化内容可能无法满足这些期待。[1] 这种

---

① 崔保国,虞涵.2023 年中国传媒产业发展报告[J].传媒,2023,(15):15-20.

内容同质化不仅影响了用户的消费体验,还可能导致用户的审美疲劳,降低内容消费的活跃度。为了应对这一挑战,平台需要在算法设计上加大对多样化内容的推荐力度,鼓励用户探索不同类型的内容,并通过激励机制推动内容生产者创新和多样化创作。

除了个性化消费,沉浸式体验也成了未来内容消费的重要趋势。沉浸式体验是指通过增强用户的感官体验与互动性,使用户更深层次地融入内容情境中,这一趋势的兴起主要得益于技术的进步,尤其是虚拟现实(VR)、增强现实(AR)以及5G技术的快速发展。通过这些技术,内容消费不再局限于单一的视觉或听觉体验,而是通过多感官的交互体验为用户提供更加真实和丰富的感受。

虚拟现实(VR)技术是沉浸式体验最具代表性的技术之一。通过VR设备,用户可以进入一个完全虚拟的世界,亲身体验内容中的场景。如在VR电影中,观众不再是被动的观看者,而是能够"走进"电影场景,与虚拟世界中的角色进行互动。通过VR技术,用户能够在虚拟世界中进行沉浸式的学习、娱乐和探索,这种全新的消费体验极大拓展了内容的边界。

增强现实(AR)技术则是一种将虚拟信息与现实世界相融合的技术[①],用户可以通过手机或其他设备,将虚拟内容叠加在现实场景中进行交互。例如,AR购物应用允许用户通过手机摄像头在现实环境中"试穿"虚拟服装,或者在家中"摆放"虚拟家具,从而更加直观地了解商品的效果。AR技术不仅为内容消费提供了更强的互动性,还为内容商业化创造了新的机会。《2023年全球AR商业报告》数据显示,AR技术在广告投放、购物指南、教育培训等领域的应用逐渐成熟,预计未来几年AR商业内容的市场规模将以年均30%以上的速度增长。

除了VR和AR,5G技术的普及也为沉浸式内容消费提供了坚实的基础。5G网络的高速率、低延迟特性,使得大规模的沉浸式内容传输和实时互动成为可能。通过5G网络,用户可以随时随地地享受高清、流畅的VR和AR内容,而无需担心网络延迟或加载时间的影响。5G技术的应用使得云游戏成为现实,用户只需要通过轻量级的设备,就能够在线体验高质量的游戏内容,而无需购买昂贵的硬件设备。

沉浸式体验不仅提升了用户的消费体验,还推动了内容生产的创新。在传统的内容生产模式中,创作者主要依赖于单一的叙事手段,如文字、图片、视频等,而在沉浸式体验的内容生产中,创作者需要通过多种技术手段与用户进行互动。在VR游戏中,游戏设计师不仅需要设计出精彩的故事情节,还需要考虑如何通过虚拟环境、角色交互等方式增强用户的沉浸感。这种全新的创作方式,极大拓展了内

---

① 赵哲涵.跨界融合:AR场景设计在文化古街中的应用与实践研究[C]//博物馆之城建设中的数字化转型——2023年北京数字博物馆研讨会论文集.北京:中国戏剧出版社,2023:175-184.

容创作的空间,也为内容生产者提出了更高的技术和创意要求。

　　然而,沉浸式体验的普及也面临着一些挑战。一是 VR、AR 等技术的成本较高,尤其是高质量的硬件设备价格不菲,导致普通用户的消费门槛较高。《2023 年全球 VR 设备市场报告》数据显示,尽管 VR 设备的价格逐年下降,但一台高端 VR 设备的价格仍然在 500 美元以上,这对于普通消费者来说依然是一笔不小的开支。为了降低用户的消费门槛,许多平台和硬件厂商正在探索租赁、分期付款等多种商业模式,以推动沉浸式内容的普及。二是沉浸式内容的生产成本较高,制作优质的 VR、AR 内容需要大量的人力、技术和资金投入。与传统的内容生产相比,沉浸式内容需要更高的技术标准和更复杂的制作流程。例如,VR 电影的制作不仅需要传统的编剧、导演、演员,还需要专业的 3D 建模师、程序员、交互设计师等团队的协作。《2023 年全球 VR 内容制作成本报告》数据显示,制作一部高质量的 VR 电影的成本通常是同等长度传统电影的 3 到 5 倍,这使得许多内容生产者在进入沉浸式内容领域时面临较高的资金压力。

　　为了应对这些挑战,内容生产者和平台正在积极探索沉浸式内容的商业化模式,以实现内容生产与消费的良性循环。许多 VR 平台推出了付费订阅和按次付费的内容消费模式,用户可以根据自己的兴趣选择不同的内容包进行订阅,或者按次付费观看特定的 VR 内容,这种商业模式不仅能够为内容生产者提供稳定的收入来源,也能够降低用户的消费门槛,推动沉浸式内容的普及。

　　总的来说,个性化消费与沉浸式体验的双重趋势,正在深刻改变数字内容产业的消费方式,通过大数据和智能算法,平台能够为用户提供更加精准和个性化的内容推荐,提升内容消费的互动性与趣味性。而通过 VR、AR 以及 5G 技术的应用,沉浸式体验为用户提供了更加丰富和多感官的内容消费体验,推动了内容生产的创新与商业化。未来,随着技术的进一步发展和用户需求的不断变化,个性化消费与沉浸式体验将成为数字内容产业的主要发展方向,推动内容消费进入更加智能化、互动化和沉浸化的时代。

第二节　数字内容产业链的构建与创新

　　随着数字技术的不断进步和互联网的广泛普及,数字媒体与数字内容的融合已经成为现代信息传播的重要趋势,这一融合不仅改变了传统内容生产与消费的模式,也推动了产业结构的重塑。在数字媒体环境下,内容的生产、分发、消费和商业化路径发生了深刻的变化,推动了数字媒体内容产业的快速发展。未来,数字内容的产业链将日益完善,内容创作者生态将逐渐多元化,平台与内容生产者之间的关系也更加复杂化。

一、数字内容产业链的构建

数字内容产业链是新媒体发展的核心推动力之一,这一产业链涵盖了从内容的创作、分发、消费到变现的全过程,涉及多个层次的利益相关方,包括内容创作者、平台、广告主、用户等。随着科技进步和商业模式的创新,数字内容产业链的结构日趋复杂,形成了一个动态的、互相依赖的生态系统。

1.平台经济中的内容创作者生态

平台经济是数字内容产业链构建的基础。在平台经济中,数字内容的生产和分发高度依赖于互联网平台,尤其是以 YouTube(优兔)、抖音、快手等为代表的社交媒体和短视频平台,这些平台为内容创作者提供了低门槛的创作工具和流量支持,从而催生了一个庞大的内容创作者生态,且内容创作者的生态逐渐呈现出多元化、专业化的特点。

一是创作者的多元化。在平台经济的推动下,内容创作者的构成变得更加多元化。从个人创作者、业余爱好者,到专业内容生产者和品牌方,平台为不同类型的创作者提供了展示和传播的机会。例如,YouTube(优兔)上的创作者既有个人博主,也有专业的制作团队;在 B 站,用户生成内容(UGC)与专业生成内容(PGC)并存,丰富了平台内容的多样性。

二是专业化趋势。随着平台经济的成熟,越来越多的内容创作者将数字内容创作作为职业。通过平台提供的流量分成、广告合作以及商业化工具,许多创作者能够获得可观的收入,这推动了创作者的职业化发展。例如,许多 YouTube(优兔)博主和抖音网红通过持续生产优质内容,积累了大量粉丝,并通过广告分成和品牌合作获得收入。此外,一些顶尖创作者甚至能够通过签约经纪公司或成立自己的工作室,将内容创作演变为更为专业化的商业运作。

当然,内容创作者生态也受到平台的影响,平台不仅为创作者提供了内容分发的渠道,还通过算法推荐、流量分配等方式,深刻影响着创作者的行为和内容生产方向。平台的商业化工具(如广告分成、打赏、带货功能)为创作者提供了多样化的变现途径,但与此同时,平台的分发机制也使得创作者面临激烈的竞争,尤其是在头部创作者和腰部、尾部创作者之间,存在明显的资源分配不均。

2. 数字化内容的盈利模式转型

随着数字内容产业的迅速发展,内容的盈利模式发生了显著的变化。传统媒体主要依靠广告和版权收费获取收入,而数字内容产业在新媒体平台的驱动下,逐渐形成了多元化的盈利模式。

一是广告驱动模式。广告收入依然是数字内容产业的重要盈利来源,尤其是对于大多数免费开放的内容平台而言,广告是其主要的收入模式。平台通过展示广告、嵌入式广告等方式向用户推送广告,广告商则根据广告的点击量或展示量向平台支付费用。例如,YouTube(优兔)和 Facebook(脸书)通过广告分成模式,创作者能够根据内容的观看量获得一定比例的广告收入。然而,广告模式的局限性在于其收入与流量高度相关,只有头部创作者才能获得可观的广告收入,中小创作者在广告收入方面的获利能力较为有限。

二是会员订阅与付费内容模式。随着内容付费意识的增强,越来越多的平台开始探索会员订阅和付费内容模式,用户可以通过支付订阅费来获得无广告、高清画质或独家内容的服务。例如,Netflix(奈飞)、Spotify(声田)等平台通过会员订阅模式积累了庞大的用户基础,形成了稳定的收入来源。另一些平台,如 Patreon、OnlyFans,允许用户直接支持创作者,用户通过订阅获得独家内容,创作者则能够获得更为稳定的收入。

三是内容电商与带货模式。内容与电商的结合为数字内容产业创造了新的盈利机会,尤其是在短视频和直播平台中,带货模式成为创作者变现的重要手段,创作者通过展示商品并引导用户购买,平台则从中获取一定比例的佣金分成。例如,抖音和快手的带货直播已经成为中国数字内容产业中的重要商业模式,许多内容创作者通过带货实现了收入的快速增长。

四是打赏与众筹模式。打赏和众筹模式为内容创作者提供了直接的收入来源,用户可以通过打赏功能向自己喜欢的创作者提供经济支持,这种模式在直播平台上尤为常见。例如,Twitch、斗鱼等直播平台通过虚拟礼物和打赏功能,帮助内容创作者获得额外的收入。此外,众筹模式也为内容创作者提供了资金支持,用户可以通过众筹帮助创作者完成作品,并获得专属回报。

二、平台与内容生产者的关系

在数字内容产业链中,平台与内容生产者之间的关系呈现出既合作又竞争的复杂局面。平台通过提供流量支持、商业化工具和分发渠道,帮助内容生产者实现内容的创作与变现。而内容生产者则通过持续创作优质内容,提升平台的用户活跃度和商业价值。二者的关系是相互依存的,但与此同时,平台的主导地位也使得内容生产者在某些情况下面临挑战。

1. 内容创作者的多元化

随着平台的发展,内容创作者的构成日益多样化,平台为用户提供了低门槛的创作工具,使得更多的个人创作者能够参与到内容生产的过程中。与此同时,专业内容生产者、品牌方和广告主等也逐渐进入平台,推动了内容创作的多元化。

(1)用户生成内容(UGC)的崛起

用户生成内容(UGC)的崛起已经成为数字内容产业中不可忽视的一部分。随着技术的不断进步和平台的大力支持,越来越多的普通用户得以轻松地创作和发布自己的作品,这些内容通常是由个人的兴趣和热情驱动的,涵盖了广泛的主题和类型,包括但不限于生活记录、游戏解说、科普知识分享以及手工制作教程等。UGC的兴起不仅极大地丰富了各个平台的内容生态,使得用户能够接触到更多元化和个性化的信息,还进一步推动了创作者经济的普及和发展。越来越多的创作者通过分享自己的作品获得了经济收益,同时也为其他用户提供了更多的创作灵感和动力。

(2)专业内容生产者的加入

随着平台经济的不断发展和成熟,越来越多的专业内容生产者和品牌方开始涌入数字内容领域。这些专业内容生产者通常具备更高的制作水准和商业化能力,能够通过各种方式获取收入。例如,他们可以通过内容营销、广告合作等方式,实现商业变现。这些专业内容生产者不仅能够提供高质量的内容,还能够通过各种渠道进行推广,从而吸引更多的用户和粉丝。许多品牌方也开始与这些专业内容生产者合作,在社交媒体上推广产品,从而实现精准营销。通过与网络红人、博主等意见领袖合作,品牌方能够借助他们的影响力及庞大的粉丝群体,有效地将产品信息传播给更广泛的潜在消费者。这种方式不仅能够提高品牌的知名度,还能够提高产品的销售量。此外,专业内容生产者还能够通过数据分析和用户反馈,不断优化内容质量,提高用户的参与度和满意度。他们可以通过各种渠道收集用户反馈,了解用户的需求和喜好,从而制作出更符合用户需求的内容。这种方式不仅能够提高内容的吸引力,还能够提高用户的忠诚度。

总之,随着平台经济的成熟,越来越多的专业内容生产者和品牌方开始进入数字内容领域。这些专业内容生产者通过高质量的内容制作和商业化能力,为平台经济的发展注入新的活力。同时,品牌方通过与专业内容生产者合作,也能够实现精准营销和品牌推广,从而提高品牌的知名度和销售量。

(3)内容创作者的职业化与团队化

随着互联网和社交媒体的迅猛发展,内容创作者的职业化与团队化趋势愈发明显。越来越多的创作者不再满足于将内容创作仅仅作为一种业余爱好,而是将其视为一种全职职业,全身心地投入到这一领域中。他们开始意识到,要想在竞争激烈的市场中脱颖而出,就必须走职业化和团队化的道路。

职业化意味着创作者将内容创作视为一种严肃的职业,不仅仅是为了娱乐或自我表达,更是为了满足观众的需求和市场需求。为了达到更高的专业水准,许多创作者开始组建自己的团队,分工明确,各司其职。例如,有的团队可能包括专门负责内容策划的人员、负责拍摄和剪辑的人员、负责社交媒体运营的人员以及负责商业合作的人员等。通过这种分工合作的方式,内容的制作水平得到了显著提升。

团队化的运作不仅提升了内容的制作质量,还为创作者带来了更多的商业合作机会。签约经纪公司或与品牌进行合作,已经成为许多创作者的重要收入来源,经纪公司可以为创作者提供更多的资源和支持,帮助他们更好地推广内容,扩大影响力。同时,品牌合作也为创作者带来更多的商业机会,使他们能够通过广告、赞助等方式获得收益。

总之,内容创作者的职业化与团队化已经成为一种不可逆转的趋势。通过组建团队和签约经纪公司等方式,创作者不仅能够提升内容的制作水平,还能在商业合作方面获得更多的机会,从而实现从业余创作者向专业化内容生产者的华丽转身。

2. 平台主导的内容分发机制

平台在内容分发中占据了主导地位,其分发机制直接影响着内容生产者的曝光度和收入。平台通过算法推荐、流量分配以及商业化工具,决定了哪些内容能够获得更多的用户关注和商业机会。

（1）算法推荐与流量分配

在当今数字化时代,算法推荐和流量分配已经成为各大内容平台的核心机制之一。这些平台通过复杂的算法系统,分析和处理用户的兴趣、浏览历史、互动行为等大量数据,从而实现个性化内容的精准推荐。如 YouTube(优兔)和抖音等平台,利用先进的推荐算法,能够准确捕捉用户的喜好,进而推动相关视频或内容的广泛传播。

这种算法推荐机制极大地提升了用户的消费体验,用户在平台上能够快速找到自己感兴趣的内容,节省了大量筛选信息的时间。然而,这种机制也带来了一些副作用,内容生产者为了获得更高的曝光率和流量,不得不迎合平台的分发规则,甚至在一定程度上改变了他们的创作方向和内容风格,这种现象在一定程度上导致了内容同质化,使得一些具有独特价值和创新性的内容难以脱颖而出。

尽管如此,算法推荐和流量分配仍然是现代内容平台不可或缺的一部分,它们不仅提高了用户满意度,还为内容生产者提供了更多的曝光机会,平台通过不断优化算法,力求在满足用户需求和促进内容多样性之间找到平衡点,以实现平台、用户和内容生产者之间的共赢。

（2）资源倾斜与头部效应

在平台的分发机制中,头部内容创作者往往能够获得更多的流量支持和资源倾斜,平台为了保持用户的活跃度和提高平台的知名度,会优先将优质资源和流量分配给这些头部创作者。例如,平台可能会在首页显著位置推荐头部创作者的作品,或者在特定专题中重点展示他们的内容,这样的策略不仅能够帮助头部创作者进一步扩大其影响力,还能为平台带来更多的用户流量和广告收入。

然而,这种资源倾斜也带来了一些问题,其他创作者在平台上的曝光机会相对较少,导致他们在竞争中处于不利地位,这些创作者往往需要花费更多的时间和精力来提升自己的作品质量,以期获得平台的认可和更多的流量支持。然而,由于资源有限,平台很难将同等的资源倾斜给每一位创作者,这就导致了其他创作者在曝光和收入上难以与头部创作者抗衡。

为了解决这一问题,平台可以采取一些措施来平衡资源分配。例如,平台可以设立一些扶持计划,专门为腰部和尾部创作者提供更多的曝光机会和资源支持。此外,平台还可以通过算法优化,确保优质内容能够得到合理的曝光,而不是仅仅依赖于创作者的知名度。通过这些措施,平台可以更好地激励创作者的创作热情,从而促进整个平台的健康发展。

(3)平台与创作者的博弈

在当今数字化时代,平台与创作者之间的关系变得愈发复杂和微妙。一方面,平台为创作者提供了广泛的分发渠道和多样化的商业化工具,使得创作者能够更便捷地将他们的作品展示给广大受众。另一方面,平台的主导地位也给创作者带来了一些挑战和困境。

一是平台的算法偏好可能会导致内容同质化的问题。为了迎合平台的推荐算法,创作者往往会生产具有普遍吸引力的内容,以期获得更多的流量和曝光。这种做法虽然在短期内可能带来一定的收益,但长期来看,却可能导致内容的多样性和创新性降低。创作者在追求流量的过程中,可能会不自觉地陷入一种模式化的创作套路,使得整个平台的内容生态变得单一和乏味。

二是平台对流量的掌控使得一些中小型创作者难以突破流量壁垒,获得更大的商业机会。尽管平台提供了丰富的资源和工具,但流量的分配往往集中在少数头部创作者手中,中小型创作者在竞争激烈的环境中,往往难以获得足够的曝光和关注,从而限制了他们的成长空间和商业潜力,这种现象不仅影响了创作者的积极性,也限制了整个平台内容生态的健康发展。

因此,平台与创作者之间的博弈关系需要更加平衡和协调。平台应当在提供资源和工具的同时,更多地关注创作者的多样性和创新性,避免过度依赖算法推荐而导致内容同质化。同时,平台也应当为中小型创作者提供更多的支持和机会,帮助他们突破流量壁垒,实现可持续发展。只有这样,平台与创作者之间才能形成良性互动,共同推动内容生态的繁荣和创新。

第三节　技术创新与消费模式变革

数字媒体与数字内容的深度融合已成为现代信息传播的重要趋势。随着大数据技术的颠覆性进步,尤其是在人工智能、用户行为数据分析和个性化推荐系统等领域的应用,内容的生产、分发和消费模式发生了全方位的变革,这种变革不仅改变了内容创作者与平台的关系,还重塑了用户的消费方式与体验。

一、内容生产与分发的技术创新

数字媒体时代,技术的迭代与创新直接推动了内容生产和分发模式的革命。人工智能、用户数据分析等技术的应用使得内容生产更加自动化、智能化,并逐步打破传统媒介的局限,推动内容供给侧的深刻变革。

1. 人工智能驱动的内容创作

人工智能(AI)在内容创作中的应用日益广泛,已成为当下数字内容生产中的核心技术之一。人工智能不仅能够辅助内容创作,还可以独立生成高质量的内容,显著提升内容生产的效率和规模。

如今,自动化内容生成技术的应用已广泛渗透新闻、娱乐、广告等多个行业。以美联社(The Associated Press)为例,该新闻机构通过使用 Automated Insights 的 Wordsmith 平台,借助自然语言生成技术,能够自动生成公司财报和体育赛事的新闻报道,美联社的这一举措极大地减少了人力成本,并使新闻报道的速度和覆盖面显著提升。这一案例表明,AI 技术不仅可以提高内容生产的效率,还能扩大内容的生产规模,满足多样化的内容需求。

在当今数字化时代,人工智能不仅仅局限于自动生成文本、图像或其他形式的内容,还在创作辅助领域扮演着至关重要的角色。以 Adobe 公司为例,作为数字内容创作工具的领军企业,它已经将人工智能技术广泛地融入到图像处理、视频编辑以及设计工具等多个方面。Adobe 的 Sensei 平台是一个集成了 AI 技术的智能平台,它为设计师和内容创作者提供了诸多便捷的功能,如智能化的图像修复、自动化的标签生成、高效的视频编辑等。这些功能显著提升了创作效率,使得创作者能够更加专注于创意本身,而不是烦琐的技术细节。

通过使用这些 AI 辅助工具,创作过程变得更加高效和便捷,降低了创作的门槛。这不仅吸引了更多的专业人士,也使得普通用户能够轻松参与到内容创作中来。随着越来越多的用户加入到创作大军中,用户生成内容(UGC)的数量和质量都呈现出爆发式的增长。这种现象不仅丰富了互联网上的内容生态,也为创作者提供了更多的展示平台和机会。总的来说,AI辅助创作工具正在推动着整个内容创作行业的变革,使得创作变得更加普及和多样化。

个性化创作已经成为AI技术应用的一个重要领域,尤其是在影视和广告行业。通过深度分析用户的各种数据,AI能够生成高度定制化的内容,从而满足不同用户的个性化需求。例如,Netflix(奈飞)这样的流媒体巨头利用AI技术,深入挖掘用户的观影历史、评分记录、点击行为等数据,从而为内容创作者提供有力的数据支持。这不仅帮助创作者优化他们的作品,还使得Netflix(奈飞)能够通过其强大的个性化推荐系统,将合适的内容精准地推送给潜在的受众群体。AI技术的应用使得Netflix(奈飞)能够创作出大量的原创影视作品,这些作品不仅在质量上得到了保证,而且在内容上更加贴近用户的喜好。通过这种数据驱动的创作模式,Netflix(奈飞)显著提高了用户对平台内容的满意度和黏性,用户在享受个性化推荐的同时,也更愿意在平台上花费更多的时间,从而增加了平台的用户活跃度和留存率。这种基于数据驱动的创作模式已经成为数字内容产业的一个重要趋势,越来越多的企业开始效仿Netflix(奈飞)的做法,并利用Ai技术来提升内容创作的效率和质量。

2. 用户行为数据的作用

用户行为数据是新媒体内容生产和分发中不可或缺的资源。通过对用户的点击、观看、互动等行为数据的深度分析,平台和内容生产者能够更好地理解用户偏好,为内容创作和分发提供科学依据。

一是数据驱动的内容决策。用户行为数据为内容创作者提供了科学的决策依据,以YouTube(优兔)为例,该平台通过提供详细的数据分析工具,如观看时长、点赞、评论、分享等数据指标,帮助创作者深入了解其内容的受欢迎程度。通过这些数据,创作者可以精准调整内容策略,优化视频长度、标题、封面等元素,以提高用户的参与度与观看时长。这种数据驱动的内容优化策略不仅帮助创作者提升了内容质量,也改善了用户的观看体验。

二是精准的内容分发。用户行为数据还为内容分发提供了精准的支持,通过对用户观看记录、兴趣偏好、互动行为等数据的分析,平台能够为用户推荐个性化内容。例如,Spotify(声田)的音乐推荐系统通过分析用户的听歌历史、播放频率、收藏和分享行为,生成个性化的推荐歌单,如"每周推荐"和"每日发现"等,这一精准的内容分发机制大幅提升了用户的满意度和平台黏性,也为中小型创作者提供了更多的展示机会。

三是实时反馈与优化。实时用户数据为内容创作者提供了快速调整和优化的机会。例如,直播平台如 Twitch 通过用户的实时互动数据(如弹幕、打赏、点赞等),帮助直播主实时调整直播内容与节奏,以提高用户的互动度和观看体验。这种基于实时数据反馈的内容优化模式,使得内容生产更加灵活和高效,极大增强了用户的黏性。

二、内容消费模式的演进

随着新媒体的崛起和数字技术的进步,用户的内容消费模式发生了深刻的变革。传统的线性、集中式的内容消费模式逐步向碎片化和个性化方向演变。用户习惯了随时随地通过移动设备快速获取内容,平台通过智能推荐技术为用户提供量身定制的个性化内容。以下内容将详细探讨碎片化内容消费的兴起及个性化推荐系统对内容消费模式的深远影响。

1. 碎片化内容消费的兴起

碎片化内容消费是现代用户内容消费行为的一大特征,它指的是用户在短时间内通过移动设备快速获取、浏览和消费短小精悍的内容。随着智能手机和移动互联网的普及,用户的内容消费时间变得更加零散,随时随地的内容获取需求推动了碎片化消费模式的蓬勃发展。

(1) 移动设备与碎片化消费的结合

智能手机的普及是碎片化内容消费兴起的主要推动力之一。根据美国皮尤研究中心(Pew Research Center)2021 年的调查,超过 85% 的成年人使用智能手机访问互联网,尤其是在通勤、等候等碎片时间中,人们有越来越多的机会通过手机获取信息或娱乐内容。这种消费场景的改变催生了大量适合短时间内消费的内容形式,如短视频、新闻摘要、社交媒体帖子等。

短视频是碎片化内容消费最直接的表现形式。以抖音(TikTok)为代表的短视频平台,提供了 15 秒至 1 分钟左右的短视频内容,这类内容不仅内容丰富且娱乐性强,还能迅速满足用户的即时消费需求。抖音以其智能算法和短视频的轻量化内容吸引了海量用户,用户可以在短短几分钟内消费大量内容,不知不觉中形成了高度黏性的碎片化消费习惯。根据 DataReportal 的统计,抖音全球月活跃用户数已经超过 10 亿,显示出其在全球范围内对碎片化内容消费的强大影响力。

除了短视频,新闻类应用也顺应了碎片化消费趋势,提供简短的新闻摘要和推送。如今日头条这样的平台,利用大数据和机器学习技术,根据用户的阅读习惯和偏好推送简短的新闻摘要。用户只需花费几分钟时间就能浏览当天的重要新闻,这种"轻量化"的内容形式让用户能够在碎片化时间内快速获取信息,极大地提升了用户的内容消费效率。

(2) 内容即服务的理念与用户即时满足感

碎片化内容消费的另一个特征是内容即服务(Content as a Service，CaaS)的理念。用户不再需要长时间专注于某一内容，而是可以根据时间和场景的不同，随时获取所需的内容。这种消费方式强调即时满足感，用户通过轻量级的内容快速获取娱乐或信息，以满足他们在特定场景中的需求。

在碎片化内容消费的背景下，微内容成为一种重要的内容形式。所谓微内容，指的是那些短小精悍、便于快速浏览和分享的内容，如140字以内的推文、短小的社交媒体帖子、简短的图文新闻等。以抖音(Twitter)为例，该平台的短消息限制推动了微内容的普及，用户可以在几秒钟内浏览多个推文，以获取全球最新动态。这种内容形态不仅能够迅速传播，还能在短时间内为用户提供有价值的信息。

碎片化内容消费的一个重要动机是用户对即时满足感的追求。在信息爆炸时代，用户希望通过快速获取内容，获得情感上的满足或知识上的充实，短视频、新闻摘要等内容形式之所以能够成功，正是因为它们能够在短时间内为用户提供即时的情感或信息反馈。例如，抖音通过其"无限下滑"的设计，让用户在每一次滑动中都有发现新内容的期待，这种即时满足感极大增强了用户的黏性。

(3) 社交平台推动的碎片化消费

社交平台也是推动碎片化内容消费的重要力量。通过社交媒体，用户不仅可以快速获取信息，还能通过点赞、分享、评论等方式参与到内容的生产和传播中，以Instagram和Facebook(脸书)为代表的社交平台，为用户提供了基于图文、短视频的轻量化内容，这些内容符合碎片化时间的消费习惯。

社交平台上的用户生成内容(UGC)是碎片化内容消费的主要来源。UGC内容通常简短且富有互动性，用户可以通过发布图片、短视频、评论等形式参与内容创作，并通过社交平台进行快速传播。以照片墙(Instagram)为例，用户通过发布短视频或图片分享日常生活，其他用户可以通过点赞、评论等方式参与互动。这种轻量化的内容形式与用户的碎片化时间高度契合，进一步推动了碎片化内容消费的普及。

2. 个性化推荐系统的影响

个性化推荐系统是新媒体平台提升用户体验、增加内容消费的重要工具，也是现代内容分发模式的核心，通过大数据和人工智能技术，个性化推荐系统能够精准捕捉用户的兴趣和行为，进而为其提供量身定制的内容，这种技术的广泛应用不仅提高了用户的内容消费效率，还改变了内容生产和分发的生态。

（1）个性化推荐的运作机制

个性化推荐系统通常基于协同过滤（Collaborative Filtering）、内容过滤（Content-Based Filtering）和混合推荐（Hybrid Recommendations）等技术[①]，通过分析用户的浏览、点击、观看、点赞、评论等行为数据，生成用户的兴趣画像，并据此推荐符合其偏好的内容。

协同过滤是一种基于用户行为相似性的推荐算法，它通过分析相似用户的历史行为，找到用户可能喜欢的内容。例如，Netflix（奈飞）的推荐系统就运用了协同过滤技术，通过分析用户的观看记录和评分，找到与用户兴趣相似的其他观众，进而向用户推荐他们可能喜欢的电影和电视剧。这种推荐方式不仅提高了用户的观看体验，还提升了内容消费的时间和频率。

内容过滤则是基于内容本身的特征进行推荐，系统通过分析用户之前喜欢的内容的特征（如关键词、主题、类型等），找到与之相似的内容进行推荐。例如，Spotify（声田）的音乐推荐系统会根据用户之前喜欢的歌曲的曲风、歌手和歌词等特征，向用户推送类似的歌曲。这种基于内容特征的推荐方式可以帮助用户快速找到符合其口味的新内容。

大多数现代平台采用混合推荐系统，将协同过滤与内容过滤相结合，以提供更为精准的推荐服务。例如，YouTube（优兔）的推荐系统会同时考虑用户的历史观看记录、点赞、评论等行为，以及视频本身的标签、标题等内容特征，从而为用户提供个性化视频推荐。这种混合推荐方式结合了不同推荐技术的优点，能够更精准地匹配用户需求。

（2）增强用户黏性和参与度

个性化推荐系统极大地提升了平台的用户黏性。通过个性化推荐，平台可以为用户提供无缝衔接的内容流，用户无需主动搜索内容，就能持续接收到符合其兴趣的内容，从而延长其在平台上的停留时间。如YouTube（优兔）的推荐系统通过个性化的视频推荐，帮助用户快速找到自己感兴趣的视频内容，这一机制有效延长了用户的观看时长。YouTube（优兔）的"自动播放"功能会根据用户的历史观看行为自动推荐下一条视频，用户可以在不主动搜索的情况下无缝浏览内容。这种设计极大地提升了用户的参与度，使得用户在平台上长时间停留，甚至导致"信息超载"的现象。

（3）长尾效应的放大

个性化推荐系统还放大了长尾效应。根据克里斯·安德森（Chris Anderson）

---

① 王亚非,许艺枢.基于SNS的科研资源共享平台的设计与实现[J].科学技术与工程,2012,12(27):6979-6983.

的"长尾理论",现代平台不仅依赖于头部内容的消费,长尾内容(那些小众但具有持续消费潜力的内容)也可以通过个性化推荐系统被精准推送给特定用户,从而实现长尾内容的商业价值。音乐流媒体平台 Spotify(声田)通过其个性化推荐系统,不仅推荐热门歌曲,还会根据用户的音乐品味推送一些小众音乐作品。通过这种精准的内容推荐,Spotify(声田)不仅提升了用户的满意度,还有效放大了长尾内容的消费,许多小众音乐人通过 Spotify(声田)的推荐系统找到了自己的受众,打破了传统音乐行业中"头部效应"对创作者的限制。

(4)信息茧房效应的风险

尽管个性化推荐系统提升了用户体验,但它也带来了一些潜在的负面影响,信息茧房效应(FILTER BUBBLE)就是其中之一。个性化推荐系统通过不断为用户推送符合其感有兴趣的内容,可能导致用户只接触到特定类型的信息和观点,难以获得多样化的内容或视角。

根据 ELI PARISER 的"信息茧房"理论研究,个性化推荐系统可能会将用户锁定在一个信息茧房中,用户只会接收到与其偏好相符的内容,导致信息接收的单一化和思维的封闭性。这种现象在社交媒体和新闻平台上尤为明显,用户可能会因为个性化推荐系统的推送机制,接收到越来越多与其政治倾向、兴趣爱好一致的内容,而忽略了其他重要或不同立场的信息。在 Facebook(脸书)和 Twitter 等社交媒体平台上,个性化推荐系统强化了用户的"信息回音室"效应。用户的社交圈、关注对象和点赞行为会影响平台的内容推荐机制,进而导致用户不断接收到与自己观点相似的信息,社会分化和认知偏见因此被进一步加剧。

第四节　数字媒体产业的影深远响

数字媒体产业的快速发展对数字内容产业的生产方式、传播模式和消费习惯产生了深远的影响。传统的内容生产模式在数字媒体的推动下,逐渐向"短频快"、跨平台协作以及互动性和沉浸式方向演变,这不仅改变了内容生产的速度和形式,还重塑了内容消费的体验,推动了整个产业的创新与升级。在此过程中,数字媒体技术的进步、用户需求的变化,以及商业模式的升级,共同塑造了当代数字内容产业的全新格局。

一、内容创作特征的演变

数字媒体产业的迅猛发展改变了内容生产的基本特点,从内容的长度、生产周期、传播渠道到用户参与度,都发生了巨大的变化。内容生产者如今必须面对愈加复杂的技术环境和多元化的用户需求,由此促发了多种新兴内容生产模式的出现。这些新模式不仅影响了内容的创作过程,还从根本上改变了内容的呈现方式和消费体验。

1. "短频快"内容的兴起

数字媒体产业的快速迭代和移动互联网的普及,使得用户的内容消费习惯逐渐向碎片化、即时性转变。"短频快"内容的兴起成为这一趋势的直接体现,所谓"短频快",即内容形式短小精悍,更新频繁,并且能够快速响应热点和用户需求。

(1) 内容形式的简化与精炼

随着短视频平台的迅速崛起,以"短频快"为核心特征的内容形式逐渐成为主流,这一现象的出现,很大程度上归因于用户注意力的日益短暂化。为了在极短的时间内吸引用户的注意力,内容生产者不得不采取更为高效和直接的手段。以抖音(TikTok)为代表的短视频平台,为用户提供了在 15 秒到 1 分钟的迅速消费内容的机会,这些内容通常具有高度的娱乐性和易于分享的特点,极大地降低了制作成本,缩短了内容生产的周期。这种高效的内容生产方式使得内容生产者能够迅速响应市场需求,及时调整和优化内容策略,从而在竞争激烈的市场中占据一席之地。

(2) 快速迭代与热点跟进

"短频快"内容的另一个显著特征是其快速迭代的能力。在当今的新闻媒体行业,"快餐化"趋势愈发明显,新闻内容不再局限于传统的长篇报道,而是通过简短的推送和图文结合的方式迅速传递信息。在社交媒体平台上,热点事件和流行趋势往往通过"短频快"的内容形式迅速发酵,形成病毒式传播。这种高效的内容生产速度使得企业、媒体和个人能够在第一时间获取用户的关注,抢占市场先机。通过快速迭代和热点跟进,内容生产者能够迅速捕捉到用户的兴趣点,及时调整内容策略,从而在激烈的市场竞争中脱颖而出。

(3) 用户生成内容的兴起

随着"短频快"内容的兴起,用户生成内容(UGC)也迎来了大规模的普及。短视频因其门槛相对较低,使得普通用户只需通过手机即可轻松拍摄、剪辑并发布内容,平台提供的简单易用的编辑工具进一步助推了这一趋势,使得每个用户都可以成为内容的创作者。这种现象不仅极大地丰富了内容的多样性,还帮助平台实现了规模化的内容生产。用户生成内容的兴起增加了用户的互动性和平台的活跃度,使得整个互联网生态变得更加丰富多彩。

短视频的流行使得内容创作变得更加便捷和高效,用户不再需要专业的设备和复杂的后期制作,只需要一部智能手机,就可以随时随地记录生活中的点滴,并通过简单的剪辑和编辑,将其分享给广大网友,这种便捷性极大地激发了用户的创作热情,使得越来越多的人参与到内容创作中来。平台提供的编辑工具也在不断优化和升级,以满足用户多样化的需求,从基本的剪辑功能到高级的特效应用,用户可以轻松掌握这些工具,创作出高质量的视频内容。此外,平台还通过各种激励机制,如流量扶持、奖励计划等,进一步激发用户的创作热情,推动用户生成内容的繁荣发展。用户生成内容的兴起不仅为平台带来了丰富的内容资源,还为用户提供了更多的选择和互动机会,用户已不再是被动的接收者,而是转变为主动的参与者和创造者。通过点赞、评论、分享等互动手段,用户能够与内容创作者及其他用户进行实时的交流互动,从而增强了平台的社交属性和用户黏性。

总之,用户生成内容的兴起为互联网带来了新的活力和机遇,它不仅丰富了内容的多样性,还推动了平台的规模化内容生产,增加了用户的互动性和平台的活跃度。未来,随着技术的不断进步和用户需求的不断变化,用户生成内容将继续在互联网生态中发挥重要作用。

2. 跨平台内容的协同生产

在数字媒体产业中,内容生产不再局限于单一平台,而是逐渐向跨平台协同生产的模式转变。这种模式不仅提升了内容的传播速度和覆盖范围,还增强了内容的生命周期和商业价值。

(1) 不同平台的特点差异

不同的数字媒体平台具有各自独特的特点和用户群体,这些差异使得每个平台在内容形式和传播方式上都有所不同。比如 Instagram 平台以其图片和短视频内容为主,特别适合那些视觉化和简短的内容形式,能够迅速吸引用户的注意力并传达信息。YouTube(优兔)平台则以长视频内容为主,适合深度内容消费,用户可以在平台上观看详细的教程、深度访谈或完整的电影,以满足他们对深度信息的需求。Twitter 平台则以即时性、简短的文本内容为主,适合快速传播和信息更新,用户可以通过简短的文字迅速了解最新动态。这些平台的特点决定了内容生产者在创作内容时需要考虑不同平台的特性,以便最大化内容的传播效果。

为了适应这些不同的平台特点,内容生产者往往会根据每个平台的特性对内容进行调整和二次创作,他们在 Instagram 上发布精美的图片和短视频,而在 YouTube(优兔)上则上传详细的视频教程或深度访谈,在 Twitter 上则通过简短有力的推文快速传播信息。这种跨平台的内容协同生产,使得同一内容可以以不同的形式呈现,从而适应不同平台的用户需求。

通过这种方式,内容生产者不仅能够提升内容的触达率,还能够更好地与用户互动,增强用户的参与感和忠诚度。这种策略有助于提升内容的影响力和传播范围,使内容能够在各个平台上获得更广泛的曝光和认可。

(2) 内容的二次传播与延展

在当前数字化时代,跨平台内容协同生产不仅仅局限于内容的初次发布,更体现在内容的二次传播和延展上。以电影产业为例,电影上映前,制作团队和发行方会通过各种社交媒体平台、短视频应用等渠道发布预告片、幕后花絮、演员访谈等内容,以此来吸引潜在观众的兴趣和关注,这些预热内容通过精心设计的营销策略,迅速在互联网上扩散,为电影的正式上映打下良好的观众基础。当电影正式上映后,观众的观后感、影评以及各种讨论又会通过博客、视频平台、论坛、社交媒体等多种形式进行二次传播。这种由观众自发生成的内容不仅丰富了电影的讨论维度,还进一步扩大了电影的影响力和传播范围,观众不再是单纯的内容消费者,他们通过分享自己的观点和感受,成为内容的再生产者。

这种跨平台的协同生产模式使得内容的传播不再局限于单一渠道,而是形成了一个立体化的传播网络,每一个用户都可能成为信息传播的节点,通过他们的社交网络将内容传播给更多的人。这种模式不仅提高了内容的曝光率,还增强了用户的参与感和互动性,使得内容的生命周期得以延长,传播效果得以最大化。

总之,内容的二次传播与延展在跨平台协同生产中起到了至关重要的作用。通过这种模式,内容得以在不同平台之间流动,形成了一种良性循环,使得优质内容能够持续不断地吸引新的用户,从而实现内容价值的最大化。

(3) 跨平台的商业协同

跨平台协同生产不仅是内容层面的合作,也涉及商业层面的协同。如今,数字媒体平台往往与内容生产公司、广告商、电子商务平台进行深度合作。例如,短视频平台抖音不仅提供娱乐内容,还与电子商务平台合作推出"边看边买"的功能,用户可以在观看视频的同时直接购买视频中展示的商品。这种跨平台的商业协同,不仅为内容生产者带来了新的收入来源,还极大提升了用户的消费体验。

3. 互动性与沉浸式内容的增长

互动性和沉浸式内容的增加,是数字媒体产业对内容生产的又一大重要影响。随着虚拟现实(VR)、增强现实(AR)以及人工智能(AI)等技术的快速发展,内容的互动性和沉浸感得到了极大提升,用户不再是被动的内容接受者,而是能够主动参与、影响内容发展的参与者。

(1) 实时互动与用户参与

实时互动与用户参与是当今直播平台的一大亮点。随着直播平台的兴起,用户们能够借助这些平台与主播实时互动,发送弹幕、评论甚至打赏,这种互动方式显著提升了用户的参与度和忠诚度。互动性内容不仅增强了用户的参与感,还为内容生产者提供了新的创作灵感和商业机会,使得直播平台成了一个充满活力和互动性的新型媒体形式。在直播平台上,用户们可以随时随地参与到他们感兴趣的直播中,与主播和其他观众进行实时互动,这种互动不仅仅局限于文字评论和弹幕,还包括语音互动、视频互动等多种形式。用户们可以通过这些互动方式表达自己的观点和情感,与主播和其他观众进行更深入的交流。这种实时互动不仅让观众们感到更加真实和亲切,还为直播内容增添了更多的趣味性和互动性。

此外,实时互动还为内容生产者提供了更多的创作灵感和商业机会。通过与用户的实时互动,内容生产者可以更好地了解观众的需求和喜好,从而调整和优化自己的内容创作,也为内容生产者提供了更多的商业合作机会,如品牌赞助、广告植入等,通过与品牌的互动合作,内容生产者可以获得更多收益,从而进一步推动直播平台的发展和创新。

总之,实时互动与用户参与是直播平台的一大特色,它不仅增强了用户的参与感和黏性,还为内容生产者提供了更多的创作灵感和商业机会。随着直播技术的不断进步和创新,实时互动将在未来发挥更加重要的作用,从而推动直播平台的进一步发展和繁荣。

(2) 沉浸式内容与虚拟现实

沉浸式内容的迅速增长和普及,很大程度上归功于虚拟现实(VR)和增强现实(AR)技术的飞速发展。虚拟现实技术通过创造一个全方位的虚拟世界,让用户能够完全沉浸其中,体验到前所未有的沉浸感。以 VR 游戏为例,玩家戴上 VR 头盔和相关设备后,仿佛穿越到一个全新的虚拟空间,能够亲身感受到游戏场景的每一个细节,与虚拟环境进行实时互动,从而获得一种身临其境的体验。这种沉浸式体验不仅改变了游戏的玩法,还极大地提升了玩家的参与感和满足感。

在影视行业,虚拟现实技术同样带来了革命性的变化。通过 VR 技术,电影和纪录片的拍摄和观看方式被彻底颠覆,观众戴上 VR 眼镜,仿佛置身于影片的场景之中,能够全方位地感受电影所营造的虚拟世界。这种全新的观影体验不仅让观众感受到更加真实的视觉冲击,还能够通过 360 度全景视角,体验到更加丰富和立体的故事情节。与传统电影相比,VR 电影和纪录片能够带给观众更为深刻和难忘的视听感受,极大地提升了观众的沉浸感和代入感。

此外,沉浸式内容的应用范围也在不断扩展。除了游戏和影视行业,教育、医疗、旅游等领域也开始广泛应用 VR 和 AR 技术,为用户提供更加生动和互动的学习、治疗和体验方式。在教育领域,VR 技术可以模拟各种历史场景和科学实验,让学生在虚拟环境中进行互动学习,极大地提高了学习的趣味性和效果;在医疗领域,VR 技术可以帮助患者进行心理治疗和康复训练,通过虚拟环境减轻患者的痛苦和焦虑;在旅游领域,VR 技术可以让用户足不出户就能体验到世界各地的名胜古迹,从而极大地拓宽了人们的视野和体验范围。

总之,随着 VR 和 AR 技术的不断进步,沉浸式内容的种类和质量也在不断提升,为用户带来了更加丰富和多样的体验。无论是游戏、影视、教育、医疗还是旅游,沉浸式内容都在改变着人们的生活方式,让人们能够以全新的视角和体验去感受和探索这个世界的无限可能。

(3) 互动式叙事与多重结局

互动式叙事是一种将互动性和沉浸式体验完美结合的创新内容形式。它通过观众在故事中作出的选择,决定剧情的走向和最终的结局,使观众变成了故事的积极参与者。这种模式极大地增强了内容的吸引力,使得观众能够更加投入并沉浸其中。以 Netflix(奈飞)推出的互动电影《黑镜:潘达斯奈基》为例,这部作品通过多重结局的设计,让观众在观看过程中可以作出各种选择,从而影响剧情的走向。这种互动式的叙事模式不仅为内容生产带来了全新的创作思路,还为内容消费带来了更多的个性化体验。

互动式叙事的核心在于观众的参与和选择。通过这种方式,观众可以更加深入地理解故事的背景和角色,从而获得更加丰富和多样的观影体验,这种模式也为创作者提供了更多的创作空间,使得他们可以创作出更加多样化和复杂的故事。总的来说,互动式叙事通过将观众的参与和选择融入故事中,使得内容的生产和消费都变得更加有趣和个性化。这种模式不仅为观众带来了全新的观影体验,也为创作者提供了更多的创作灵感和空间。

数字媒体产业的崛起深刻影响了数字内容产业的生产方式和传播模式。"短频快"内容的兴起适应了用户碎片化、即时性的内容消费需求,跨平台的协同生产加强了内容的传播广度和商业价值,而互动性与沉浸式内容的增加则为用户带来了更加丰富的参与体验和沉浸感。随着技术的进一步进步,特别是在 AI、5G、VR 等领域的突破,未来的数字内容产业无疑将更加多元化、互动化和沉浸化。

二、新兴业务模式的推动作用

随着技术的进步和用户需求的多元化,数字媒体产业催生了多种新兴业务。这些新兴业务不仅改变了内容的生产方式和传播渠道,也从经济和商业模式层面对内容产业产生了深远的影响。流媒体平台的崛起、自媒体与内容创作者经济的发展,以及数字广告与内容营销的创新,都在推动内容产业迈向更加灵活、高效和个性化的未来。

1. 流媒体平台的崛起

流媒体平台的迅速崛起是近年来数字内容产业最显著的变化之一。通过互联网传输内容的方式,流媒体平台颠覆了传统的广播和有线电视行业,并改变了用户获取内容的方式。诸如 Netflix(奈飞)、YouTube(优兔)、Spotify(声田)等流媒体平台,不仅推动了内容消费的碎片化和个性化,还通过创新的商业模式提升了内容产业的经济效益。

(1) 内容消费的个性化与定制化

随着互联网技术的飞速发展,内容消费的个性化与定制化已经成为流媒体平台的核心竞争力之一。这些平台通过强大的数据分析能力和先进的算法推荐系统,能够深入挖掘用户的历史行为、兴趣和偏好,从而提供高度个性化的内容推荐。这种个性化的体验使得用户能够在浩如烟海的内容库中迅速找到自己真正感兴趣的内容,极大地提升了用户的满意度和黏性。

以 Netflix(奈飞)为例,这家全球知名的流媒体巨头通过其精准的推荐算法,根据用户的观看历史、评分、观看时长以及其他相关数据,为每个用户量身定制符合其个人口味的电影或电视剧推荐列表。Netflix(奈飞)的推荐系统不仅考虑了用户的显性反馈,如评分和观看时长,还通过隐性反馈,如暂停、快进和回放等行为,进一步细化推荐结果。这种个性化的推荐不仅为用户带来了更加丰富和精准的内容体验,也显著提高了用户的留存率,从而为平台带来了更多的收入。此外,个性化和定制化的内容消费体验还促进了用户与平台之间的互动和参与度,用户在接收到精准推荐后,往往会更加积极地参与评论、评分和分享等互动行为,这样可进一步丰富平台的数据资源,从而形成一个良性循环。这种循环不仅提升了用户体验,还为平台提供了更多的数据支持,使得推荐算法更加精准,从而进一步提升了用户满意度和黏性。因此,个性化与定制化的内容消费已经成为流媒体平台在激烈市场竞争中脱颖而出的关键因素之一。

(2) 原创内容的推动

流媒体平台不仅是内容的分发渠道,更是原创内容的积极推动者。以 Netflix(奈飞)为例,该平台通过巨额投资制作原创剧集,如《纸牌屋》(House of Cards)、《怪奇物语》(Stranger Things)、《王冠》(The Crown)等,成功吸引了大量的用户,并显著提升了平台的品牌价值和竞争力。由于流媒体平台不受传统电视台播出时间和内容限制的约束,它们能够更灵活地进行内容创作和分发,从而推动了更加多元化、创新性的内容生产。Netflix(奈飞)不仅在剧集方面取得了显著成就,还在电影、纪录片和动画等领域进行了广泛的投资。通过与知名导演和制片人的合作,Netflix(奈飞)推出了一系列备受瞩目的原创电影,如《罗马》(Roma)和

《爱尔兰人》(The Irishman)。这些作品不仅在国际电影节上获得了高度评价,还为平台吸引了更多的高端用户群体。此外,Netflix(奈飞)还通过数据分析和用户反馈来优化其原创内容的制作,平台能够实时追踪用户的观看习惯和偏好,从而为创作者提供宝贵的参考信息。这种数据驱动的内容创作方式使得 Netflix(奈飞)能够更精准地满足观众的需求,进一步巩固了其在流媒体市场的领先地位。其他流媒体平台如 Amazon(亚马逊)Prime Video、Hulu 和 Apple TV＋等也纷纷效仿 Netflix(奈飞)的策略,加大了对原创内容的投资力度,通过推出具有独特风格和视角的原创作品。这些平台不仅丰富了观众的选择,还推动了整个行业的创新和发展。

总的来说,流媒体平台通过积极投资原创内容,不仅为观众提供了更多高质量的选择,还为整个娱乐产业带来了新的活力和机遇。这种推动原创内容的模式正在逐渐改变传统的媒体生态,为未来的娱乐产业指明了新的发展方向。

（3）全球化与本土化的结合

随着流媒体平台的蓬勃发展,内容产业在全球范围内实现了前所未有的扩张。通过互联网的便捷通道,这些平台能够迅速将各种内容推向全球市场,让世界各地的观众都能享受到丰富多彩的娱乐节目。与此同时,流媒体平台也在积极推动本土化内容的生产和创作,以满足不同地区观众的特定需求和口味。

以 Netflix(奈飞)为例,这家全球知名的流媒体巨头在进入不同国家和地区的市场时,采取了一种巧妙的策略,即与当地工作室和制作团队合作,共同制作符合当地文化和语言习惯的原创剧集。

通过这种全球化与本土化相结合的策略,流媒体平台不仅成功扩大了内容的影响力,还为全球内容产业的多样性和丰富性作出了重要贡献。这种策略不仅让观众能够欣赏到全球各地的优秀作品,促进了不同文化之间的交流与理解,也为本土制作团队提供了更广阔的展示平台,推动了本土文化产业的发展和创新。总之,全球化与本土化的结合已经成为流媒体平台发展的重要趋势,为内容产业带来了新的机遇和挑战。

2. 自媒体与内容创作者经济

自媒体的兴起与内容创作者经济的发展,是数字媒体时代内容产业的另一大重要趋势。随着社交媒体平台的普及,普通用户也能够通过自媒体的形式生产和发布内容。自媒体不仅打破了传统媒体的内容垄断,也催生了一个全新的"内容创作者经济"。

（1）自媒体的民主化与去中心化

自媒体的兴起促进了内容生产的民主化和去中心化。随着智能手机和互联网的普及,普通个体亦能成为内容的制作者,不再仅限于专业媒体机构。借助YouTube(优兔)、抖音、微博等平台,用户能够独立创作内容,并与全球受众分享,这种内容生产的民主化模式,突破了传统媒体的生产壁垒,显著提升了内容的多样性。例如,在YouTube(优兔)上,众多个人创作者通过分享个人生活、技能教学或娱乐内容,吸引了数百万乃至数千万的订阅者,构建了强大的个人品牌和内容影响力。微信公众平台为用户提供了发布长篇文章的平台,适宜于深度内容的创作;而抖音和快手则以短视频为主,适应了快速传播和碎片化消费的趋势。这些平台不仅为内容创作者提供了广阔的创作空间,还通过流量扶持、广告分成、打赏等多种途径,助力创作者实现内容的商业变现。例如,抖音通过其"创作者激励计划",为优质内容创作者提供流量支持,并通过广告分成和直播带货等方式,帮助创作者获得收益。

（2）内容创作者经济的蓬勃发展

随着自媒体的蓬勃发展,内容创作者经济逐渐成形。内容创作者通过广告收益、赞助、会员订阅、打赏等多种途径,能够从其创作的内容中获得显著的经济收益。例如,YouTube(优兔)通过广告分成机制,使内容创作者能够通过视频中的广告获得收益;而抖音则通过直播打赏、商品销售等形式助力内容创作者盈利。这种新兴的经济模式不仅激发了内容创作者的创作热情,同时也为平台带来了丰厚的收益。在中国,互联网与内容产业融合发展程度日益加深,逐渐发展出不同于传统内容产业的创作传播发展模式,形成互联网内容产业的全新业态。数量庞大的中国网民和便捷低价的互联网接入服务为互联网内容产业的繁荣发展奠定了坚实的基础。从用户数量上来看,截至2019年6月底,我国网络新闻、网络文学、网络音乐、网络视频、网络直播的用户数量分别达6.86亿、4.55亿、6.08亿、7.59亿和4.33亿,分别较2018年年底增长1.7%、5.2%、5.6%、4.7%和9.2%。[①] 以抖音和快手为代表的短视频平台,凭借庞大的用户基础和高效的内容推荐算法,促进了众多个人创作者的崛起。

（3）社群经济与粉丝经济的崛起

自媒体与内容创作者经济的一个显著特征是社群经济与粉丝经济的兴起。众多内容创作者通过与粉丝的频繁互动,建立了牢固的社群凝聚力和粉丝忠诚度。在抖音平台上,一些关键意见领袖通过定期的直播和视频更新,与粉丝建立了深厚的情感纽带,形成了互动氛围。这种社群经济不仅能够吸引稳定的流量,还为内容创作者开辟了多种盈利途径,如直接商品销售、会员订阅等。

在中国的内容创作者经济中,社群经济和粉丝经济的模式尤为突出。许多

---

① 张钦坤. 中国数字内容产业十年发展趋势回顾[J]. 新阅读,2023,(02)：11-13.

创作者通过微信社群或粉丝群与用户保持频繁的互动,并通过社群中的限时折扣、专属内容等方式增强粉丝的黏性,这种内容与社群的深度融合,提升了粉丝的忠诚度,并为创作者带来了更多的商业机遇。在直播带货领域,内容创作者不仅通过短视频展示产品,还通过直播与粉丝进行实时互动、解答问题、展示产品使用效果,这种实时互动的方式增强了用户的参与感,显著提升了用户的购买转化率。

3. 数字广告与内容营销的创新

随着数字媒体平台的普及,数字广告和内容营销的模式也发生了重大变化。传统的广告模式逐渐被更加精准、个性化的数字广告取代,而内容营销则成为品牌与消费者建立深度连接的重要方式。数字广告与内容营销的创新,不仅为内容产业带来了新的盈利模式,也改变了品牌与用户之间的互动方式。

（1）精准广告与个性化推荐

数字广告的一个显著特点是其精准性和个性化。通过数据分析和用户画像,广告主可以根据用户的兴趣、行为和消费习惯,推送高度相关的广告内容,这种精准的广告不仅提高了广告的转化率,还减少了对用户体验的干扰。以 Facebook（脸书）和 Google 为例,它们通过追踪用户的浏览行为、搜索历史以及社交互动,向用户推荐高度相关的广告内容。相比传统的广泛投放广告,这种精准广告能够更有效地触达目标受众,从而提升广告的效果和收益。

（2）原生广告与品牌内容合作

原生广告（Native Advertising）是数字广告领域的一大创新,它将广告内容与平台的自然内容无缝融合,减少了用户对广告的排斥感。在新闻网站中,原生广告以新闻报道的形式出现,与网站的新闻内容融为一体,使用户在阅读过程中自然地接受广告信息。这种广告形式不仅增加了用户的接受度,还提升了广告的效果。

此外,品牌与内容创作者之间的合作也在内容营销中发挥了重要作用。越来越多的品牌选择与内容创作者合作,通过赞助、产品植入等形式,将广告信息融入创作者的内容中,这种合作形式不仅能够提升品牌的曝光度,还能够通过创作者的影响力和粉丝基础,增强品牌的可信度与用户信任。中国的数字广告市场中,原生广告已经成为重要的广告形式之一,品牌与内容创作者的合作在中国市场也非常普遍,许多品牌通过与 KOL 合作,将广告信息融入创作者的原创内容中。例如,美妆品牌与抖音上的美妆博主合作,通过博主的产品评测视频进行软性推广,极大提升了品牌的曝光度和可信度。这种内容营销方式不仅能够有效提升品牌的口碑,还能带来实际的销售转化。

（3）社交电商与内容带货

社交电商的崛起是数字广告与内容营销的又一大创新。在社交电商模式下，内容创作者通过社交媒体平台与粉丝互动，同时通过平台提供的电商功能直接进行商品销售。这种"内容＋电商"的模式，极大地缩短了用户从内容消费到商品购买的路径，提升了转化率。

中国的数字广告和内容营销的最大创新之一是社交电商与内容带货的结合。以抖音、快手为代表的短视频平台，已经将内容与电商完美融合，用户可以在观看视频或直播的同时，直接点击链接购买商品。这种"边看边买"的模式极大缩短了用户的购买路径，提升了商品的转化率。2024年6月18日，网经社电子商务研究中心发布的《2023年中国直播电商市场数据报告》显示，2023年中国直播电商交易规模达到49 168亿元，同比增长40.48％；直播电商用户人均年消费额为8660元，同比增长17.03％①，这些数据表明，中国网络直播行业市场规模已经相当庞大，且依然保持增长态势。未来，社交电商与内容带货市场将呈现出多元化、专业化、智能化的发展趋势，社交电商与内容带货不仅改变了传统的广告模式，还为品牌提供了新的营销渠道，使得品牌能够通过内容的形式与用户建立更加深度的互动关系。

三、数字内容产业的新模式与机遇

随着数字技术的不断进步和用户需求的变化，数字内容产业呈现出多样化的发展趋势。新模式的不断涌现和新机遇的不断拓展，推动了内容产业的繁荣与进步，内容付费与会员经济的崛起、数字版权的保护与分销创新，以及跨境内容合作与全球化的加速，都为数字内容产业的未来发展带来了新的方向与机会。这些新模式不仅为内容创作者和平台提供了更加多元的商业变现路径，也为用户提供了更加个性化、优质化的内容消费体验。

1. 内容付费与会员经济

随着用户对优质内容需求的增加和平台商业模式的多元化，内容付费与会员经济逐渐成为数字内容产业的主要盈利模式之一。过去，数字内容大多通过广告支持的免费模式进行分发，随着内容质量的提升以及用户对无广告、增值服务等需求的增长，越来越多的平台开始尝试内容付费和会员订阅的模式。

（1）内容付费模式的兴起

内容付费已经成为数字内容产业中一种重要的商业模式，它是指用户为获取

---

① 刘旭颖.直播电商仍是"618"大促焦点[N].国际商报，2024-06-20(002).

特定的高质量内容而支付费用。在中国,喜马拉雅 FM、得到等平台通过提供优质的音频课程、知识付费内容以及大量的独家资源,成功吸引了大量用户主动付费消费。与免费内容不同,付费内容往往更加精致、专业,能够更好地满足用户对深度学习和知识获取的需求。喜马拉雅 FM 推出的"好声音"系列付费课程,涵盖了各类名人讲座、行业专家的深度分析等多种形式,用户可以通过购买课程包或单个内容进行学习和消费,从而获得高质量的学习资源。这种知识付费模式不仅为平台带来了稳定的收入来源,也为用户提供了更加专业和深入的学习体验。"得到"平台也通过提供独家的音频课程和知识付费内容,吸引了大量用户付费。这些内容通常由知名学者、行业专家精心制作,确保了内容的高质量和专业性。用户通过付费,可以享受到更加系统、全面的知识学习,满足他们对深度学习和知识获取的需求。

　　总的来说,内容付费模式通过提供高质量、专业化的知识内容,不仅为平台带来了稳定的收入,也为用户提供了更加优质的学习资源,满足了他们对深度学习和知识获取的需求。这种商业模式在数字内容产业中具有重要的地位,并且有望在未来继续发展壮大。

　　(2)会员经济的成熟与发展

　　会员经济是指通过为用户提供专属的内容和服务,吸引用户付费订阅并享受一系列的增值服务。这种模式不仅为用户提供了无广告、高清画质、提前观看等特权,还通过平台提供的独家内容进一步增强了用户的黏性。在中国,许多流媒体平台如腾讯视频、爱奇艺等,已经将会员制作为其商业模式的核心部分,并且取得了显著的成功。

　　以爱奇艺为例,其会员服务提供了许多独家内容,包括平台自制的剧集、综艺节目等,用户可以通过购买会员服务,提前观看新剧,并享受无广告、高清等增值服务。据统计,截至 2022 年,爱奇艺的会员用户数已经超过 1.3 亿,会员收入占平台总收入的一半以上,会员经济的成功不仅提升了用户的忠诚度,也为平台带来了可持续的收入增长。此外,会员经济还为用户提供了一些其他特权,例如会员专属的折扣、会员专享的活动等。这些特权进一步提升了用户的满意度和黏性,使得用户更愿意长期订阅会员服务,也为平台带来了更多的收入来源,使得平台能够持续投入资源,制作更多高质量的独家内容,从而形成一个良性循环。

　　总的来说,会员经济已经成为流媒体平台的重要商业模式之一。通过提供专属内容和服务,平台不仅能够吸引和留住用户,还能够实现可持续的收入增长。随着技术的发展和用户需求的多样化,会员经济在未来仍有很大的发展空间。

　　(3)超级会员与增值服务

　　数字化时代,内容付费和会员经济已经成为许多平台的核心商业模式。为了更好地满足用户多样化的需求,部分平台进一步推出了超级会员或增值服务,将用户需求进一步细分,提供更为高端和个性化的服务。例如,腾讯视频推出了"超级影视会员",这一服务在常规会员特权的基础上,为用户提供了更多独家内容、线下观影活动以及跨平台权益(如 QQ 音乐、腾讯体育等)等附加服务。通过这种差异化的会员服务策略,平台能够吸引那些具有高消费能力的用户群体,这些用户往往愿意为更优质、更个性化的服务支付更高的费用,从而显著提升平台的每用户平均收入(ARPU 值)。与此同时,这种策略还能够通过跨平台的合作,进一步增强用户的黏性,使用户更加依赖和忠诚于平台。例如,腾讯视频的超级会员不仅可以在腾讯视频上享受特权,还能在 QQ 音乐、腾讯体育等其他腾讯旗下的平台上享受相应的权益,这种一站式的服务体验无疑大幅提升了用户的满意度和忠诚度。

此外,差异化的会员服务策略还能够帮助平台在激烈的市场竞争中脱颖而出。通过提供独特的附加服务,平台能够更好地与竞争对手区分开来,以吸引更多的潜在用户;还能够促进平台内部资源的整合和优化,提升运营效率,以进一步增强平台的综合竞争力。总之,差异化会员服务已经成为内容付费和会员经济时代的重要趋势,对于平台的长远发展具有重要意义。

2. 数字版权与内容分销

随着全球数字内容产业的快速发展,数字版权保护与内容分销成为产业链中的关键环节。数字版权的保护不仅关乎内容创作者的合法权益,也直接影响内容的分销与传播效率。与此同时,创新的数字版权管理模式和内容分销机制为全球内容产业带来了新的机遇。

(1)数字版权保护的技术创新

随着互联网和数字技术的迅猛发展,数字内容的传播速度和范围大大增加,这为版权保护带来了前所未有的挑战。盗版和侵权行为层出不穷,严重损害了内容创作者的合法权益,然而,随着区块链技术和数字水印技术的不断创新和发展,数字版权保护逐渐得到了技术层面的有力支持。

区块链技术通过其不可篡改的分布式账本特性,为内容创作者提供了一个更加透明和公正的版权保护机制,每个作品的创作、分发记录都可以在区块链上永久保存,确保创作者的版权得到有效保护。区块链技术的去中心化特性使得版权信息更加难以被篡改,从而提高了版权保护的可信度和安全性。

与此同时,数字水印技术也在不断发展。通过在数字内容中嵌入不可察觉的水印信息,可以追踪和验证内容的版权归属,即使在内容被非法复制和传播的情况下,数字水印技术也能帮助识别和追踪侵权行为,从而为版权保护提供了有力的技术支持。

在中国,版权保护中心与阿里巴巴旗下的蚂蚁区块链合作,共同推出了"区块链版权保护系统",这一系统为原创内容提供了从创作到分发的全流程保护,极大地提升了版权保护的效率和效果。通过这一系统,内容创作者可以实时监控作品的使用情况,及时发现并防止非法侵权和盗版行为。此外,系统还支持智能合约技术,可以自动实现版权交易和收益分配,简化了版权交易流程,提高了交易效率。

"区块链版权保护系统"的推出,不仅为内容创作者提供了强有力的技术支持,也为整个数字版权保护领域树立了新的标杆。通过技术创新,版权保护工作变得更加高效和智能,这为创作者的合法权益提供了更加坚实的保障。随着技术的不断进步和应用的不断深入,数字版权保护将迎来更加光明的未来。

(2) 内容分销平台的创新

随着数字版权保护措施的不断加强,内容分销领域也变得更加灵活和高效化。在传统的分销模式中,内容创作者往往依赖于大型媒体公司或平台的渠道来分发他们的作品,但随着数字技术的飞速发展,创作者们现在拥有了更多自主分发的机会,通过各种数字分销平台,创作者可以直接将他们的内容出售给全球范围内的用户,而无需经过任何中间商的环节。

以中国的网易云音乐平台为例,该平台不仅为音乐创作者提供了一个展示他们作品的广阔舞台,还为他们提供了全面的版权保护和分发服务。通过网易云音乐推出的"独立音乐人计划",音乐人可以将自己的创作上传至平台,并通过平台的高效分发机制将他们的音乐传播到全球各大音乐流媒体平台,这样一来,音乐人可以更广泛地触及潜在的听众群体,从而扩大他们的影响力。

此外,网易云音乐还提供智能合约技术,确保音乐人在作品被播放或下载时能够及时获得相应的版权收益。这种技术的应用不仅提高了收益分配的透明度和效率,还进一步激励了音乐人创作出更多优质的作品。通过这种创新的模式,网易云音乐不仅为音乐人提供了展示才华的平台,还为整个音乐产业的健康发展注入新的活力。

(3) 新兴分发渠道:NFT 与数字藏品

近年来,随着科技的迅猛发展,NFT(非同质化代币)技术的兴起为数字内容的版权保护和分发带来了前所未有的机遇。NFT 利用区块链技术的独特性,为数字内容赋予了独一无二的标识,使得数字艺术品、音乐、视频等内容能够以数字藏品的形式进行交易和收藏。这种新兴的分发渠道为内容创作者提供了全新的变现模式,特别是在艺术、音乐等领域,NFT 已经成为数字版权交易的重要方式,为创作者带来了更多的可能性和收益。

中国的阿里拍卖和腾讯幻核等平台,已经推出了基于 NFT 的数字藏品交易市场,允许用户购买、收藏和交易数字作品。这种数字藏品的模式不仅为内容创作者提供了新的收入来源,也为用户创造了全新的数字消费体验,用户可以通过购买数字藏品,拥有独一无二的数字资产,同时也能够享受到数字艺术带来的独特魅力。此外,这种模式还为艺术家和创作者提供了更多的创作自由和创作空间,使他们能够更加专注于创作,而不必过多担心版权和收益问题。

总之,NFT技术的兴起为数字内容的版权保护和分发带来了全新的机遇,为内容创作者和用户带来了更多的可能性和收益。随着技术的不断发展和完善,NFT在未来的应用前景将更加广阔,为数字内容的创作和分发带来更多创新。

3. 跨境内容合作与全球化趋势

全球化背景下,数字内容产业的跨境合作日益频繁,全球化为内容创作者和平台提供了更广阔的市场空间。中国的内容产业也通过与国际市场的合作,积极推动本土内容的全球化传播,同时,全球化的内容合作为中国的内容产业带来了创新与多样性,推动了文化互通与商业合作。

(1) 中国数字内容的国际化进程

随着全球化的浪潮席卷而来,中国数字内容的国际化进程愈发显著。以影视剧为例,近年来,中国电视剧和电影在海外市场取得了显著的成绩,如《延禧攻略》和《三生三世十里桃花》等剧集通过 Netflix(奈飞)、YouTube(优兔)等国际平台成功进入全球市场,吸引了大量国际观众的关注。这些剧集不仅展示了中国传统文化的魅力,还提升了中国影视作品的国际影响力。除了影视内容,数字游戏也成为中国内容产业全球化的重要领域之一,中国的游戏公司如腾讯、网易等,通过自主研发和跨境合作,将大量国产游戏推向全球市场。腾讯旗下的《王者荣耀》在多个国家和地区推出国际版,并取得了不俗的成绩,游戏的全球化发行不仅带动了中国文化的传播,还为中国的数字内容产业创造了巨大的经济效益。此外,中国的游戏公司还通过收购海外游戏公司,进一步拓展了其全球业务。中国的动漫产业也在全球化进程中取得了显著进展,中国的动画电影如《哪吒之魔童降世》等在国际市场上获得了广泛的认可和好评。这些作品不仅展示了中国动漫的独特魅力,还提升了中国动漫产业的国际地位。总的来说,中国数字内容的国际化进程正在不断加速,越来越多的中国数字内容走向国际市场,展示了中国文化的独特魅力,并为中国的数字内容产业创造了巨大的经济效益。

(2) 跨境合作与内容共创

跨境合作不仅体现在内容的输出上,还包括内容的共同创作。越来越多的中国公司与国际内容创作者、制作公司合作,共同开发适应全球市场的优质内容。腾讯影业与美国好莱坞制片公司合作,参与了《金刚:骷髅岛》《毒液》等多部国际大片的制作,通过这种合作,中国不仅能够提升本土内容制作的水平,还能够学习国际先进的内容创作理念和技术。这种跨境合作模式也帮助国际内容更好地进入中国市场,Netflix(奈飞)与中国的爱奇艺合作,将大量欧美剧集引入中国市场,并通过本土化的运营策略,吸引了大量中国观众。这种双向的合作模式,推动了全球内容市场的互联互通,也为中国数字内容产业的全球化发展提供了新的思路。

（3）文化输出与软实力提升

通过跨境内容合作,中国的文化输出能力得到了显著提升。在全球化的数字内容市场中,文化软实力的竞争愈发重要,中国通过影视剧、动画、游戏、音乐等多种形式的数字内容,向全球观众展示了中国的传统文化与现代社会风貌。例如,国产动画电影《哪吒之魔童降世》不仅在国内市场大获成功,还在全球多个国家上映,成为中国文化输出的重要案例。

此外,中国的流媒体平台也在积极推动本土内容的国际化,例如,哔哩哔哩(Bilibili)已经开始将其大量的国产动画、纪录片、综艺节目引入海外市场,并通过多语言字幕、海外社交媒体推广等方式,吸引全球观众的关注。这种文化输出不仅为中国内容产业带来了更多的商业机会,也提升了中国的文化软实力。

第五章 数字媒体产业的"四化"发展

本章探讨了数字媒体产业在现代技术驱动下的"四化"发展趋势,分别为网络化、平台化、艺术化和商业化。介绍了数字媒体产业的网络化,即随着互联网、大数据、人工智能等技术的发展,数字媒体的生产、传播与消费方式发生了去中心化变革,用户生成内容(UGC)与精准推荐成为重要特征,实时传播和病毒式传播现象也愈发明显。剖析了数字媒体产业的平台化,指出平台化通过大数据和人工智能技术,重塑了内容生产、分发和消费模式,推动了个性化推荐、广告精准投放及会员订阅等商业模式的崛起。探讨了数字媒体产业的艺术化,强调技术进步如虚拟现实(VR)、增强现实(AR)等正在深刻改变艺术创作与传播模式,推动了艺术形式的多样化和去中心化发展,催生了如 NFT 等新兴市场。商业化部分则详细分析了数字媒体产业中的不同商业模式,包括 B2B、B2C、C2C 和 O2O 模式,以及这些模式如何影响产业的盈利和增长。总体而言,本章展示了数字媒体产业在网络化、平台化、艺术化和商业化进程中的创新与变革,揭示了未来智能化、全球化发展的趋势。

第一节 数字媒体产业的网络化

随着互联网、移动通信、大数据、人工智能等新兴技术的快速发展,数字媒体产业获得了前所未有的创新机遇[①],数字媒体产业正经历一场前所未有的变革。网络化已经成为推动数字媒体产业发展的核心动力之一,网络化不仅改变了传统媒体的生产、传播和消费方式,还重新定义了媒体产业的结构和运作模式。本节通过对数字媒体产业网络化的描述,重点探讨数字媒体产业的网络化现象,分析其对内容生产、传播模式、用户行为以及商业模式的深远影响,进一步探讨大数据、云计算等技术在这一过程中发挥的关键作用。

一、数字媒体产业网络化的核心概念

网络化是指通过互联网及相关技术,将分散的资源、信息、用户和设备连接起

---

① 彭依怡.基于乡村振兴的助农直播带货分析——以烟草商业系统为例[J].商展经济,2024,(15):44-47.

来,形成一个高度互动、实时共享的网络系统。在数字媒体产业中,网络化意味着内容的生产、传播和消费不再受到时间和空间的限制,而是通过网络平台进行实时传播和分享。通过网络化,媒体内容可以更快、更广泛地传播,用户可以随时随地获取信息,内容生产者也能够更加高效地与用户互动。

数字媒体的网络化不仅仅是技术的改变,更是内容生产和传播方式的革命。网络化带来了去中心化的内容生产和传播模式,打破了传统媒体的垄断地位,使得任何人都可以通过网络平台参与内容生产和传播。这种去中心化的模式不仅改变了媒体产业的生态结构,也推动了信息的多样化和民主化。

二、网络化对内容生产的影响

1. 去中心化的内容生产与用户生成内容(UGC)

网络化最重要的特征之一是内容生产的去中心化。在传统媒体时代,内容生产集中在少数新闻机构、电视台和出版商手中,用户只能被动地接受信息。而在网络化的数字媒体时代,任何人都可以通过社交媒体平台、博客、视频平台等渠道生产和发布内容,用户生成内容(User-Generated Content,UGC)成为数字媒体的重要组成部分。

UGC 的兴起使得内容生产变得更加多样化和个性化。用户不再依赖传统媒体获取信息,而是通过网络平台获取其他用户生产的内容。像 YouTube(优兔)、抖音(TikTok)、微博等平台,正是通过网络化连接了全球数亿用户,使得每个用户都可以成为内容生产者。这种内容生产方式的去中心化,不仅丰富了内容生态,也推动了内容的多样性和创新。

2. 网络平台的内容生产与分发机制

网络化还改变了内容生产的方式和分发机制。在网络化的数字媒体产业中,内容不再是通过单一的渠道发布,而是通过多个网络平台进行同步分发。内容生产者可以在不同的平台上发布自己的作品,并通过社交网络、搜索引擎等渠道进行传播。网络化的分发机制打破了传统媒体的时间和空间限制,使得内容可以在全球范围内快速传播。

此外,网络平台通常结合了大数据、人工智能等技术,能够根据用户的兴趣和需求,可以帮助媒体更精准地定位目标受众,优化内容的个性化推荐[1]。像今日头

---

[1] 马卿. 媒体融合视角下主流媒体的话语表达创新[J]. 卫星电视与宽带多媒体,2024,21(03):71-73.

条、腾讯新闻这样的平台，能够通过分析用户的浏览记录、点击行为、社交互动等数据，可以为用户提供个性化的新闻推荐。这种基于大数据的内容分发机制，不仅提高了内容的传播效率，还增强了用户的阅读体验。

三、网络化对传播模式的影响

1. 实时传播与社交媒体的崛起

网络化的另一个重要特征是信息传播的实时性。在传统媒体时代，信息传播通常具有较大的时间延迟，新闻通常需要经过编辑、审核等多个环节才能发布。而在网络化的数字媒体时代，信息可以实时传播，用户可以通过社交媒体、新闻聚合平台等渠道，第一时间获取最新的消息。

社交媒体平台的崛起是网络化传播模式的典型代表。社交媒体不仅成为用户获取信息的主要渠道，也成为信息传播的重要平台。通过社交媒体，用户可以随时随地分享新闻、观点、视频等内容，形成一个去中心化的传播网络。像 Twitter、Facebook（脸书）、微博等平台，正是通过网络化连接了全球数亿用户，使得信息能够在全球范围内快速传播。

实时传播的特点，也使得网络化的传播模式更加灵活和互动。用户不仅可以被动接受信息，还可以通过评论、点赞、转发等方式参与信息传播。这种互动性增强了信息传播的深度和广度，使得信息在网络空间中得到了更广泛的传播。

2. 内容的"病毒式传播"与用户的参与度

网络化的传播模式还带来了内容的"病毒式传播"现象。"病毒式传播"指的是某一内容通过网络平台被广泛转发、扩散，迅速传播至大量用户的现象。在数字媒体产业中，"病毒式传播"已经成为内容传播的常态，尤其是在社交媒体平台上，一条热门的短视频、一个新闻热点或是一个社交话题，都可能在短时间内被数百万用户分享和讨论。

用户在网络化传播模式中的参与度得到极大提升。通过社交媒体，用户不仅是信息的接收者，还是信息的传播者，用户可以通过点赞、评论、分享等方式，迅速将信息传播给自己的社交圈，从而形成一个自下而上的传播网络。这种高度互动的传播模式，不仅增强了信息传播的效率，还赋予了用户更强的自主性和参与感。

四、网络化对用户行为的影响

1. 用户行为的个性化与碎片化

网络化的一个显著影响是用户行为的个性化和碎片化。在传统媒体时代,用户的行为是集中的,通常会在固定的时间段观看电视节目或阅读报纸,而在网络化的数字媒体时代。用户的行为变得更加个性化和碎片化,用户可以随时随地通过手机、电脑等设备获取信息,内容的消费不再集中在某个时间段,而是分散在用户的闲暇时间中。

个性化的内容推荐机制进一步增强了用户行为的个性化。通过大数据技术,网络平台能够分析用户的兴趣、偏好、行为等数据,为每个用户提供个性化的内容推荐。这种个性化的内容消费方式,不仅提升了用户的体验,还增加了用户的黏性。

2. 用户角色的转变: 从被动消费者到内容生产者

网络化还改变了用户的角色。在传统媒体时代,用户是被动的信息接受者,而在网络化的数字媒体时代,用户不仅是信息的接收者,还是信息的生产者和传播者。通过社交媒体、博客、视频平台等网络化工具,用户可以轻松地生产和发布内容,并参与到内容生产和传播的过程中。

这种用户角色的转变,赋予了用户更多的自主权和创造力。用户不再仅仅依赖于媒体获取信息,而是通过网络化平台主动参与信息的创造和传播。UGC(用户生成内容)的兴起,正是网络化对用户行为影响的直接体现,通过网络化,用户成为了内容生态中的重要一环,推动了媒体产业的多样化和创新。

五、网络化对商业模式的影响

1. 广告的精准投放与程序化购买

网络化最直接的商业模式创新之一是广告的精准投放与程序化购买。在传统媒体时代,广告投放往往具有较大的盲目性,广告商无法精准确定哪些用户对其产品或服务感兴趣,而在网络化的数字媒体时代,广告投放变得更加精准和高效。

通过大数据技术,网络平台能够分析用户的浏览记录、点击行为、消费习惯等数据,为广告主提供精细化的用户画像,帮助广告主精准锁定目标用户。例如,

Google、Facebook(脸书)等广告平台通过大数据技术,能够根据用户的兴趣爱好、年龄、性别、地理位置等因素,进行精准广告投放。这种基于大数据的精准营销方式,不仅提升了广告的转化率,还优化了广告主的投放成本。

程序化购买也是网络化广告投放中的一个重要创新。程序化购买是指通过自动化的技术平台,实时竞价购买广告空间的过程,广告主可以通过程序化购买平台,实时竞价购买目标用户的广告展示机会,确保广告能够精准到达目标受众。这种基于网络化技术的广告购买模式,极大提高了广告投放的效率和回报率。

2. 付费内容与订阅模式的兴起

随着网络化的发展,数字媒体产业的商业模式也发生了深刻的变化。付费内容与订阅模式逐渐成为数字媒体的重要收入来源。在传统媒体时代,用户获取内容大多是免费的,媒体的主要收入来源是广告,而在网络化的数字媒体时代,越来越多的用户愿意为优质内容付费,付费内容和订阅模式逐渐兴起。像 Spotify(声田)、Netflix(奈飞)、腾讯视频等平台,正是通过提供优质的付费内容,吸引用户订阅会员服务,形成了稳定的收入来源。这种基于网络化的订阅模式,不仅增强了用户的黏性,还为媒体平台提供了可持续的商业模式。

六、网络化对数字媒体产业的未来展望

随着 5G、物联网、人工智能等技术的进一步发展,数字媒体产业的网络化将进一步深化。未来,网络化不仅会推动内容生产、传播和消费的智能化,还将进一步打破行业界限,推动媒体与其他产业的融合。例如,虚拟现实(VR)、增强现实(AR)等新兴技术的应用,将为网络化的媒体产业带来全新的用户体验。此外,随着区块链等技术的应用,网络化还将推动媒体产业的透明化和去中心化发展。通过区块链技术,用户的隐私保护和内容版权管理将得到更好的保障,媒体产业的生态结构将更加健康和透明。

总的来说,网络化已经成为数字媒体产业不可逆转的趋势,通过网络化,数字媒体产业实现了内容生产、传播和消费的深度融合,推动了媒体产业的创新与变革。未来,随着网络化技术的不断发展,数字媒体产业将迈入一个更加智能化、互动化、全球化的发展阶段。

第二节　数字媒体产业的平台化

一、数字媒体产业平台化概述

1. 数字媒体平台化的背景

数字化转型推动了信息技术与媒体行业的深度融合,传统的媒体产业正在向数字化、网络化、智能化的方向加速发展。而在这一转型过程中,平台化成为了行业的主导趋势。数字媒体平台通过整合内容生产者、广告主、消费者等多方资源,构建了一个高度互动的数字生态系统。

互联网的广泛普及、移动设备的普遍使用、大数据和人工智能技术的发展,使得平台能够更精准地把握用户需求,为用户提供个性化的内容和服务。云计算和内容分发网络(CDN)的引入则提升了内容传输的效率与质量,使得数字媒体的分发和消费不再受时空限制。

2. 数字媒体产业平台化的核心概念

平台化是指通过一个集中的技术平台,整合各种资源和服务,连接内容生产者与消费者,形成一个多方参与、协同创新的生态系统。在数字媒体产业中,平台化意味着新闻、娱乐、广告等内容不再通过单一渠道发布,而是通过多样化的线上平台进行内容的生产、分发和消费。这些平台通常结合了大数据、人工智能、云计算等技术,能够根据用户需求和兴趣进行个性化推荐和精准投放。

数字媒体平台化的核心在于它具有强大的聚合能力,它不仅能够聚合内容生产者、广告商、技术服务商等产业链上的各个环节,还能通过数据驱动的方式精准连接海量用户,形成一个高度互动、动态优化的生态系统。平台化的优势在于通过技术手段打破了传统媒体的时间与空间限制,提升了内容的传播效率与覆盖范围。

二、数字媒体平台化的核心特征

1. 内容生产的去中心化

平台化改变了传统媒体由少数大机构主导内容生产的局面。在数字媒体平台上,内容生产已经从传统的大型媒体机构扩展到用户生成内容(UGC)和专业生产内容(PGC)的双向发展。每一个用户都可以通过平台成为内容生产者,上传视频、图片、文字等多种形式的内容。例如，YouTube(优兔)、抖音等短视频平台通过智能算法和推荐系统，让用户生成的内容得以广泛传播。这种去中心化的生产方式不仅极大丰富了内容的多样性，也推动了内容生产的个性化和互动性。

2. 内容分发的智能化与个性化

平台化的另一个显著特征是内容分发的智能化。通过大数据和人工智能技术，平台可以深入分析用户的浏览习惯、偏好、兴趣等行为数据，进而为每个用户生成个性化的内容推荐。算法推荐成为平台化内容分发的核心机制，用户的每一次点击和互动都会进一步优化推荐系统，使得内容的分发更加精准。例如，今日头条、Netflix(奈飞)等平台利用算法为用户推送个性化的新闻或视频内容，大幅提升了用户的参与感和平台的使用黏性。这种智能化的分发机制不仅帮助平台更高效地传播内容，还提升了用户的使用体验。

3. 广告模式的精准化与程序化

广告是数字媒体平台的重要收入来源之一。平台化推动了广告投放的精准化和程序化购买发展。通过大数据技术，平台可以为广告主提供精细化的用户画像，帮助广告主精准锁定目标用户群体，进行高效的广告投放。例如，Facebook(脸书)Ads 和 Google Ads 通过分析用户的浏览记录、社交互动和搜索习惯，能够为广告主提供高度定制化的广告投放服务。广告主可以通过程序化购买平台实时竞价，确保广告展示给最相关的用户群体。这种广告投放模式不仅提高了广告的转化率，还降低了广告主的投放成本。

三、平台化对数字媒体产业的影响

数字媒体产业的平台化不仅仅是技术驱动的结果，更是媒体生产、传播和消费模式的深刻变革。平台化通过大数据、人工智能、云计算等技术，重新定义了内容的生产与分发方式，推动了媒体产业的商业模式创新，并深刻改变了用户的内容消费习惯。

1. 平台化对内容生产的影响

（1）内容生产的去中心化

随着平台化趋势的加速，内容生产的去中心化成为数字媒体产业的重要现象。传统媒体时代，内容生产高度集中化，主要依赖于报社、电视台等大型机构，生产者与消费者之间存在明显的界限。然而，平台化打破了这种界限，将内容生产的权力下放给普通用户,这促进了用户生成内容(UGC)的繁荣。

YouTube(优兔)、抖音等平台是这一现象的典型代表。在这些平台上,任何用户都可以成为内容创作者,上传视频、图片、文字等多种形式的内容。这种去中心化的生产方式不仅丰富了内容的多样性,还激发了用户的创造力,使得内容生态更加多元化,满足了不同细分市场的需求。"参与文化"理论[①]进一步解释了这种现象,认为平台化促进了用户从被动的内容消费者转变为主动的参与者和生产者。这种转变不仅增强了用户对平台的黏性,也推动了内容生产的多样化和创新。

(2)内容生产的智能化

除了去中心化,平台化还推动了内容生产的智能化。依托大数据和人工智能,平台能够为内容创作者提供数据支持,帮助他们更好地理解用户需求,从而生产出更具针对性的内容。例如,Netflix(奈飞)通过对用户观看历史的分析,发现观众偏好复杂的剧情和强烈的角色塑造,基于这些数据,Netflix(奈飞)制作了《纸牌屋》(House of Cards),并取得了巨大的成功。此类基于数据的内容生产不仅提高了内容的针对性,也增强了平台内容的竞争力。长尾理论指出,数字平台能够通过数据挖掘和智能算法,满足个性化和小众化的长尾需求。平台化的智能化生产模式使得内容生产者能够根据用户的偏好,创作细分市场的内容,从而提升内容的多样性和市场适应性。

(3)内容生产的商业化

平台化推动了内容生产的商业化,使得内容创作者不仅能够通过平台发布内容,还能够实现内容的变现。平台通过广告分成、付费订阅、打赏等方式,帮助内容创作者从中获得收益。以YouTube(优兔)为例,创作者可以通过广告收入、频道会员以及"超级留言"(Super Chat)等方式实现盈利。根据YouTube(优兔)官方数据,2021年YouTube(优兔)向内容创作者支付了超过300亿美元的分成收入,这极大地激励了创作者的积极性。

2. 平台化对内容分发的影响

(1)个性化推荐系统

在平台化的背景下,个性化推荐已成为内容分发的核心机制之一。传统媒体的分发模式通常是线性的、单向的,内容生产者决定内容的呈现方式,而用户只能被动接受。而在平台化的数字媒体生态中,内容分发依赖于大数据和人工智能,通过分析用户的行为数据(如点击、浏览历史、互动频率等),为用户提供个性化的内

---

① 廖祥忠. 从媒体融合到融合媒体:电视人的抉择与进路[J]. 现代传播:中国传媒大学学报,2020(1):7.

容推荐。例如,今日头条的推荐算法通过分析用户的阅读习惯,实时推送符合用户兴趣的新闻内容。据统计,个性化推荐使得用户在今日头条上的平均使用时长从最初的 10 分钟增加到超过 70 分钟(今日头条官方数据,2021)。这种个性化的推荐机制,不仅显著提升了内容的分发效率,也增强了用户的使用黏性。学者凯斯·桑斯坦(Cass R. Sunstein)在其著作《Republic:Divided Democracy in the Age of Social Media》(标签:社交媒体时代的众声喧哗)中指出,个性化推荐系统虽然提高了内容分发的精准度和效率,但也存在"信息茧房"的问题,即用户由于长期接收与自己观点相似的内容而逐渐丧失对其他观点的接触和认知。这一现象对信息的多样性和用户的认知构成了潜在威胁。

(2)实时数据驱动的动态分发

平台化的另一个重要特征是实时数据驱动的动态分发。平台能够根据用户的实时行为(如点击、停留时长、互动频率等)调整内容的分发策略。例如,抖音的推荐算法会根据用户对某条视频的观看时长、点赞和评论等行为,动态调整接下来的推荐内容。这种基于实时数据的动态分发机制,不仅提升了内容的精准度,还极大提高了用户的参与度与使用时长。

研究表明,基于实时数据的动态分发能够有效提升用户的停留时间(Deloitte Insights,2020)。以抖音为例,得益于其动态调整的内容推荐机制,抖音的日活跃用户数在 2020 年突破了 6 亿(2021,抖音官方数据),成为全球最受欢迎的短视频平台之一。

3. 平台化对传播模式的影响

(1)互动性增强与社交传播

平台化极大增强了内容传播的互动性和社交性。在传统媒体时代,传播是单向的,用户只能被动接受媒体传递的信息。而在平台化的数字媒体生态中,用户不仅是信息的接收者,还是信息的传播者和再创造者。通过点赞、评论、分享等方式,用户在消费内容的同时参与了内容的传播,甚至对内容进行二次创作和再传播。

以微博和 Twitter 为例,这些社交媒体平台通过用户的互动行为(如转发、评论、点赞等)推动了信息的二次传播,形成了"病毒式传播"的现象。埃利胡·卡茨(Elihu Katz)和保罗·F·拉扎斯菲尔德(Paul F. Lazarsfeld)在 1955 年提出的"两级传播理论"(Two-Step Flow Theory)中指出,信息的传播不仅依赖于媒体,还依赖于受众之间的互动。在平台化的媒介环境中,社交互动成为了内容传播的关键机制,用户通过社交网络参与内容的扩散和再创作,极大提升了信息的传播范围。

（2）去中心化的传播网络。

平台化还推动了传播网络的去中心化,传统媒体时代的信息传播路径是自上而下的,少数大型媒体掌握着信息发布的主导权。而在平台化的数字生态中,信息的传播路径变得更加多元化和去中心化,用户不再依赖于少数媒体机构来获取信息,而是可以通过平台获取多方信息,甚至自己发布内容。

微博和微信公众平台是去中心化传播的典型代表。在这些平台上,任何个人或组织都可以通过平台发布内容,并通过社交传播的方式快速扩散。根据 We Are Social 的数据显示,2021 年全球有超过 40 亿人使用社交媒体获取新闻和信息,这说明平台化赋予了普通用户更多的话语权,甚至改变了传统媒体主导的信息传播模式。

4. 平台化对商业模式的影响

（1）广告模式的精准化与程序化

平台化推动了数字媒体产业的广告模式从广泛投放向精准化投放的转变。依托大数据和人工智能技术,平台能够为广告主提供用户的精细化画像,帮助广告主实现精准的广告投放。这不仅提高了广告的点击率和转化率,也降低了广告主的投放成本。例如,Facebook（脸书）Ads 和 Google Ads 等广告平台,通过分析用户的兴趣、搜索历史、浏览习惯等数据,能够实现个性化广告投放。根据 Statista 的数据显示,2021 年全球程序化广告市场的规模已达到 1550 亿美元,并预计在未来几年内继续增长。这表明,程序化广告已成为数字媒体平台的重要收入来源。

（2）会员订阅与付费内容模式

随着用户对优质内容需求的增加,越来越多的数字媒体平台通过提供付费内容和会员订阅服务,形成了多样化的收入模式。例如,Netflix（奈飞）、Spotify（声田）等平台通过会员订阅提供无广告打扰的流媒体服务,吸引了大量用户付费订阅。根据 Netflix（奈飞）的财报数据显示,截至 2021 年第三季度,Netflix（奈飞）的全球订阅用户数已超过 2 亿,成为全球领先的流媒体服务平台。Deloitte Insights（2021）的研究表明,付费订阅和会员模式不仅为平台带来了稳定的收入,还增强了用户的黏性和忠诚度。这种基于付费内容的商业模式,推动了平台化媒体产业从依赖广告收入向多元化收入模式转型。

5. 平台化对用户体验的影响

（1）个性化服务与用户偏好预测

依托大数据分析,平台化极大提升了数字媒体的个性化服务能力。平台通过对用户行为的持续追踪,能够为每个用户提供个性化的内容推荐和服务。例如,

Spotify(声田)通过分析用户的听歌记录和偏好,生成个性化的音乐推荐列表,如"每日推荐""发现周刊"等。这些定制化的服务不仅极大提升了用户的使用体验,还增强了用户的黏性。

(2)用户互动与内容再创造

平台化赋予了用户更多的互动机会和内容再创造的能力。通过点赞、评论、分享等互动方式,用户不仅可以反馈内容,还可以参与内容的再创造。例如,许多用户通过抖音参与热门挑战、模仿视频等,形成了"创作—传播—再创作"的循环。这种互动性和再创造性,极大增强了用户的参与感和平台的活跃度。

(3)平台化对数据隐私与安全的挑战

尽管平台化为数字媒体产业带来了诸多创新,但也引发了数据隐私与安全方面的挑战。平台在收集、存储和分析用户数据的过程中,面临着如何保护用户隐私的难题。近年来,多个国家和地区加强了对数据隐私的监管,如欧盟的《通用数据保护条例》(GDPR),要求平台必须透明用户数据的使用方式,并确保数据的安全性。

四、数字媒体产业平台化的挑战

尽管平台化为数字媒体产业带来了诸多创新和机遇,但也面临一些挑战。

1. 内容同质化与低质量内容

平台化降低了内容生产的门槛,使得大量内容涌入市场。然而,这也导致了内容同质化和低质量内容泛滥的问题。平台需要通过更智能的推荐算法和内容审核机制,确保优质内容的流通,避免过度娱乐化和低俗化内容的传播。

2. 数据隐私与安全问题

随着大数据技术的广泛应用,平台在采集和分析用户数据的过程中,面临着数据隐私保护的挑战。如何在提供个性化服务的同时,保护用户的隐私和数据安全,成为平台化过程中亟待解决的问题。

五、数字媒体产业平台化的未来展望

展望未来,随着5G、物联网、人工智能等技术的进一步发展,数字媒体产业的平台化进程将进一步深化。未来的数字媒体平台将更加注重智能化、交互性和全球化,推动内容生产、分发和消费的全面升级。5G技术的普及将进一步提升内容传输速度和用户体验,推动超高清直播、虚拟现实(VR)、增强现实(AR)等新兴媒体形式的广泛应用。人工智能将在内容生产和推荐中发挥更加重要的作用,推动内容的个性化和智能化发展,全球化的内容分发和消费将成为主流,平台将连接全球的用户和内容生产者,推动文化的多元传播。

总的来说,平台化已经成为数字媒体产业创新与变革的驱动力量。通过集成大数据、人工智能等技术,数字媒体产来平台化重新定义了内容生产、传播和商业价值链。未来,数字媒体产业的平台化将继续推动全球媒体生态系统的发展与升级。

第三节　数字媒体产业的艺术化

随着数字技术的飞速发展,数字媒体产业的艺术化成为了当代文化和技术融合的重要趋势。数字媒体不仅仅是信息传播的工具,而且正在逐步演变为一个多维度的艺术创作平台,涵盖了视觉艺术、音乐创作、电影制作、虚拟现实(VR)、增强现实(AR)等多个领域。数字媒体的艺术化体现了技术与艺术的深度融合,推动了新的艺术形式的诞生,同时也带来了艺术创作与传播模式的变革。

一、数字媒体艺术化的背景与动因

1. 技术进步驱动艺术创作

数字媒体艺术化的核心动因在于信息技术的快速发展。大数据、人工智能、虚拟现实等技术的引入,使得艺术创作不再局限于传统的创作工具和媒介。数字技术为艺术创作提供了更多的表达方式和技术支持,艺术创作者可以通过多种数字媒介进行创作。虚拟现实和增强现实技术的应用,使得艺术创作不再局限于平面的画布或二维的荧幕。数字艺术家可以在三维空间中进行创作,带给观众全新的艺术体验。数字技术不仅改变了艺术的表现形式,也改变了艺术创作的思维方式。数字媒体通过算法、编码、数据可视化等方式为艺术创作提供新的工具,艺术家可以利用技术手段打破传统媒介的界限,实现跨媒介的艺术表达。

2. 文化与科技的融合

文化与科技的融合是数字媒体艺术化的另一个重要推动力。文化产业与科技产业的高度融合,使得艺术创作不再是单一领域的工作,而是一个多方协作的过程。数字媒体平台为艺术创作提供了广泛的传播途径和受众基础,艺术作品可以通过社交媒体、数字展览、虚拟博物馆等形式传播到全球。比如,数字艺术品交易平台 SuperRare 和 Foundation 等利用区块链技术，实现了数字艺术品的在线交易，极大扩展了艺术市场的边界。

二、数字媒体艺术化的表现形式

1. 数字绘画与视觉艺术

数字绘画是数字媒体艺术化最直观的表现形式之一。借助计算机、平板、绘图板等数字工具，艺术家可以进行全新的绘画创作，不再受限于传统的画布和颜料。例如，Procreate、Photoshop 等数字绘图软件为艺术家提供了丰富的创作工具和效果，使得绘画过程更加灵活和多样。数字绘画的一个典型案例是 Beeple（Mike Winkelmann）创作的数字艺术品《Everydays：The First 5000 Days》，这件作品以 NFT（非同质化代币）的形式销售，最终以 6900 万美元的价格成交，体现了数字绘画在艺术市场中的巨大潜力。

2. 数字音乐创作

数字技术在音乐创作中的应用已经极大改变了传统的音乐制作流程。数字音频工作站（DAW）如 Ableton Live、FL Studio 等软件允许音乐创作者在数字环境中进行音乐编排、混音和制作，打破了传统录音设备和工作室的限制。音乐创作的门槛大幅降低，越来越多的独立音乐人可以通过数字平台发布作品，与全球听众直接互动。此外，人工智能技术的引入使音乐创作的方式发生了革命性变化。AI 可以通过算法分析数百万首歌曲样本，生成新的音乐作品。例如，OpenAI 的 Jukedeck 使用 AI 算法自动生成背景音乐，极大降低了音乐创作的时间和成本。艺术家 Holly Herndon 也通过训练人工智能"Spawn"来协作创作她的音乐，展示了技术与艺术创作的新形式融合。

3. 数字电影与虚拟电影制作

数字技术在电影制作中的应用，使得电影艺术进入一个全新的阶段。电影制作不再依赖于传统的拍摄与后期剪辑，数字特效、虚拟场景、数字角色等技术的应用，使得电影制作更加灵活、成本更低。虚拟电影制作（Virtual Production）是这一趋势的代表性技术，它通过使用实时渲染引擎（如 Unreal Engine）和虚拟摄影技术，允许导演在数字环境中创建并调整场景。这种技术不仅提升了导演的创作自由，还大幅缩短了制作周期和成本。例如，电视剧《曼达洛人》（The Mandalorian）采用了虚拟制作技术，使用 LED 屏幕和虚拟背景技术，在拍摄过程中实时渲染出逼真的虚拟场景,极大降低了拍摄过程中实地取景的需求。正如美国导演乔恩·法弗罗 Jon Favreau 所言,虚拟制作技术"打破了物理世界的限制",为电影艺术带来了无限的创作可能。

4.虚拟现实与沉浸式艺术

虚拟现实(VR)技术为艺术创作带来了全新的体验方式。VR 艺术通过虚拟空间和沉浸式体验,突破了传统艺术的二维平面限制,为观众提供了全新的感官体验。在虚拟现实中,观众不再是被动的艺术欣赏者,而是能够在虚拟空间中与艺术作品互动,甚至成为艺术创作的一部分。例如,Tilt Brush 是由 Google 推出的一款 VR 绘画工具,允许用户在三维虚拟空间中进行绘画创作。艺术家可以使用不同的笔刷、颜色和特效,在三维环境中创作出立体的艺术作品,观众则可以通过 VR 设备进入作品中,进行全方位的沉浸式体验。

玛丽娜·阿布拉莫维奇(MARINA ABRAMOVIĆ)的 VR 作品《The Life》是虚拟现实艺术的代表作之一。在该作品中,观众通过 VR 设备与数字化的艺术家形象互动,体验了艺术家对生命、死亡和时间的思考。VR 艺术不仅拓展了艺术作品的表现形式,也为观众提供了更加个性化和沉浸式的艺术体验。

5.增强现实与公共艺术

增强现实(AR)技术为公共艺术带来了新的可能性。通过智能手机或 AR 眼镜,观众可以在现实世界中体验到数字艺术的扩展。AR 艺术打破了实体艺术作品的物理限制,使得艺术作品能够与现实环境互动,增强了艺术的表现力和观看体验。例如,Snapchat 推出的"Landmarkers"功能,允许用户通过 AR 技术在世界著名地标建筑上叠加数字艺术作品。通过这一功能,艺术家可以为现实中的建筑和公共空间赋予新的艺术意义,观众则通过 AR 设备体验到这些虚拟与现实融合的艺术作品。

三、数字媒体艺术化对艺术产业的影响

1. 艺术创作与传播的去中心化

数字媒体的艺术化推动了艺术创作与传播的去中心化。传统艺术创作通常依赖于画廊、博物馆、音乐厅等物理空间,艺术家需要依托于这些机构的平台展示作品。数字平台的出现使得全球范围内的艺术家能够通过网络发布作品,并直接与观众互动。例如,艺术家可以通过 Instagram、Behance 等平台展示和销售作品,从而打破传统艺术市场的地域限制。

2. 艺术市场的多样化与全球化

数字媒体的艺术化还推动了艺术市场的多样化与全球化。以 NFT 为代表的数字艺术品交易市场成为新兴的艺术产业领域。通过区块链技术,艺术家能够为数字艺术作品提供唯一的"所有权证明",从而实现数字艺术品的买卖。例如,NFT交易平台 OpenSea 和 Rarible 为艺术家提供了全球化的展示和交易平台,使得数字艺术品能够通过网络进行跨国交易。根据 NFT(非同质化通证)的数据,2021 年全球 NFT 市场的交易额已超过 170 亿美元,其中数字艺术品的交易占据了相当大的比例。这一数据表明,数字艺术品市场正在快速崛起,为传统艺术市场带来了新的机会和挑战。

3. 艺术体验的个性化与沉浸化

数字媒体的艺术化还极大提升了艺术体验的个性化和沉浸化。传统艺术作品的观赏通常是静态的、单向的,而数字艺术作品则允许观众进行互动,甚至参与创作。例如,互动艺术展和沉浸式体验馆通过数字技术为观众提供多感官的艺术体验,观众则可以通过触摸、声音、视觉等多维度参与艺术作品的创作和表现。

四、数字媒体艺术化的挑战与未来展望

尽管数字媒体艺术化为艺术创作带来了诸多创新和机遇,但也面临一些挑战。

1. 艺术作品的版权与所有权问题

随着数字艺术品的广泛传播,版权与所有权成为一个亟待解决的问题。数字艺术作品易于复制和传播,使得艺术家的版权保护面临挑战。尽管 NFT 技术试图通过区块链为数字艺术品提供唯一的所有权证明,但这一技术仍处于早期阶段,法律和监管框架尚未完善。

2. 技术依赖与艺术创作的自由

数字艺术的创作高度依赖于技术工具和平台,这在一定程度上可能限制艺术家的创作自由。如何在技术的框架下保持艺术的独立性和创造性,成为数字艺术创作者需要思考的问题。

3. 艺术与技术的深度融合

未来,随着人工智能、虚拟现实、增强现实等技术的不断发展,数字媒体的艺术

化进程将进一步加深。艺术与技术的深度融合将带来更多新的艺术形式和表现手法。例如，AI艺术、AR公共艺术、虚拟现实戏剧等领域将成为未来艺术创作的热门方向。数字媒体艺术化的未来充满了创新的可能性，同时也要求艺术家和技术人员在这一过程中进行更多的跨界合作。

第四节　数字媒体产业的商业化

一、数字媒体产业的商业模式

数字媒体产业作为新兴的行业，其商业模式的探索与创新是其能否持续健康发展的关键因素，随着技术的进步和市场需求的变化，数字媒体产业的商业模式也在不断演变和更新。

数字媒体产业的商业模式可以根据内容的性质和提供方式进行分类，传统的数字出版商多采用"产品＋订阅"模式，即通过销售数字内容产品（如电子书、电子杂志、在线课程等）来获得收入，这种模式下，消费者需要直接支付费用以获取内容的永久拥有权。随着互联网技术的发展，尤其是移动互联网的普及，"免费＋广告"模式开始兴起，这种模式下，平台提供免费的内容给用户，通过展示广告来赚取收入，如谷歌、百度、新浪、搜狐等互联网公司的商业模式。此外，随着广告收入的不稳定性和用户对免费内容的需求增加，"付费＋增值服务"模式逐渐成为数字媒体产业的重要商业模式之一。用户可以免费获取基础内容，但如果需要更深入的访问权限或额外的功能，则需要支付费用，如知识服务平台的会员制模式、沪江网校的增值服务模式等。

随着技术的进步和消费者需求的多样化，"内容＋交易"的模式也在某些领域得到应用，这种模式结合了内容的吸引力和电子商务的转化率。通过内容引导用户参与相关产品或服务的购买，例如在线教育平台的课程购买、电子图书平台的相关教育课程或辅助学习工具的销售等。另外，随着大数据、人工智能等技术的应用，个性化推荐成为数字媒体产业商业模式的新趋势。通过大数据分析用户行为，数字媒体产业将为用户提供个性化的内容和服务，同时结合广告或增值服务来实现收入的增加，如流媒体服务的推荐算法、电子商务平台的个性化购物体验等。

综上所述，数字媒体产业的商业模式正在经历从传统的"产品＋订阅"模式向"免费＋广告""付费＋增值服务""内容＋交易"以及"个性化推荐"等模式的转变。这些模式的发展与创新不仅反映了技术进步和市场需求的变化，也是数字媒体产业持续发展的重要驱动力。未来,数字媒体产业的商业模式将更加多元化,同时也将面临着隐私保护、内容保护、模式创新等挑战。

二、网络媒体平台的商业模式

基于大数据背景下的数字媒体网络平台的特点已经不是呈现于单一的平台特点,网络媒体平台商业模式的构建必须反映对不同平台功能的整合。所以,信息流与物流、资金流的平台整合是网络媒体平台商业模式构建的关键。基于"人—人"结构的经济关系,可以根据企业对企业(B2B)、企业对消费者(B2C)、消费者对消费者(C2C)、线上对线下(O2O)四种双边市场结构来构建平台整合的商业模式。

1. 基于 B2B 的商业模式

基于 B2B 的商业模式,就是建立在"企业—企业"结构经济关系基础上的商业模式。发生交易的双方用户均是企业,并且必须注册为 B2B 平台的会员,才能通过平台参与电子商务交易和享受网站提供的各种服务,所以每年要交纳一定的注册会员费,会员费成为 B2B 商业模式最主要的盈利模式之一。以阿里巴巴为例,作为为中小企业买卖双方提供交易机会的平台,通过给会员提供匹配买卖双方、搜索竞价排名、产品招商、分类网址等信息服务项目收取注册会员费。在运营早期,阿里巴巴主要单纯提供买卖双方的交易信息,集中精力汇聚大量的市场供求信息,专注于信息流。这个时期互联网也刚刚启动快速发展的步伐,网上交易还处于萌芽阶段,有待获得大众的认可,相应的需求也不旺盛。因此,在这一阶段,阿里巴巴以企业需求为出发点,将企业以及相关的信息汇聚并加以整合分类,提供实时有效的信息服务。阿里巴巴的主要收益来源就来自会员收费以及相关的企业站点和网站推广收益。由此可见,基于 B2B 的商业模式,主要是通过信息流实现盈利。

2. 基于 B2C 的商业模式

基于 B2C 的商业模式,就是建立在"企业—消费者"结构经济关系基础上的商业模式。在这个结构里,网络媒体企业本身往往就是这个平台的经营者。这个商业模式下的代表网络媒体平台包括亚马逊、当当网、京东商城等。以亚马逊为例,消费者通过亚马逊自身的平台在其平台内部购物、在网上支付,并且自建物流渠道,专门为其消费者提供快递服务。可以说,B2C 的商业模式将信息流、物流、资金流的平台整合实现了一揽子解决方案。但是这类平台往往都是卖一些特殊商品的,在商品的品类上有局限。当然平台仍然具有无限延展性,随着 B2C 平台发展的不断完善,商品品类问题将会得到突破,比如京东商城。由此可见,基于 B2C 的商业模式,主要是通过平台自身,构建整合信息流、物流、资金流平台商业模式来实现盈利。

3. 基于 C2C 的商业模式

基于 C2C 的商业模式,就是建立在"消费者—消费者"结构经济关系基础上的商业模式。在这个结构里,平台更多的表现是中介的特征,特别是淘宝打破既往收费的模式对双边市场用户实行全免费策略,这一特征显得更加突出。淘宝所提供的网上交易平台,最大的特点就是实现双方交易以免费为基础,虽然在维护平台运营方面会有"烧钱"之说,但是,淘宝通过双边免费,吸引到巨量的个体卖家和买家,聚集极高的人气和品牌价值,进而通过收取高端卖家的广告费、旺铺费和商品推荐费等一系列的增值业务模式,一举战胜 C2C 的先行者易趣。另外更重要的一点,虽然淘宝实行全免费机制,但是其抓住了发展 C2C 平台的命脉,即对资金流的控制。

淘宝利用支付宝实现对资金流的控制。支付宝在淘宝商业模式里发挥需求协调型平台的作用,虽然只是作为保障双边用户之间交易资金流的实现的支付系统,由于在交易达成与资金实现正式交割之间存在时间差,大量的交易资金汇聚于支付宝,支付宝俨然起到银行的作用。巨大的交易资金量,为淘宝带来丰厚的利润回报。由此可见,基于 C2C 的商业模式,最关键的有两点,一是免费机制,另一个就是对资金流的控制。

4. 基于 O2O 的商业模式

基于 O2O 的商业模式,就是建立在"线上—线下"结构经济关系基础上的商业模式。在这个结构里,平台将线上用户与线下商业机会结合在一起。基于 O2O 的商业模式最大的亮点在于它是一种线上虚拟经济与线下实体店面经营相发展的新型商业模式。目前,在具体应用上包括:以携程、大众点评网为代表的线上实现信息流的传递,而资金流和物流在线下完成的模式;以团购网站为代表的线上同时实现信息流和资金流,线下实现物流和用户体验的模式;以及以在线支付为核心的控制资金流、整合线上和线下全业务模式。如支付宝,不仅仅作为支撑 C2C 电商平台的支付系统,更是向 O2O 这样的全业务链模式发展[1]。

---

[1]　林翔.互联网时代媒体经济发展研究[D].武汉大学,2013.

三、商业模式对产业盈利和增长的影响

在数字媒体产业中,商业模式的创新和演化对产业的盈利能力和增长潜力具有深远的影响。商业模式是企业创造价值、传递价值和获取价值的一种系统方法。它涉及产品的创建、定位、销售以及顾客关系的管理等多个方面。本节内容旨在探讨商业模式在数字媒体产业中的作用及其对产业盈利和增长的影响。

商业模式的创新能够为数字媒体产业带来新的收入来源。传统的广告模式、订阅模式和付费下载模式等都是数字媒体企业的主要收入来源。然而,随着技术的进步和消费习惯的变化,新的商业模式不断涌现,如平台即服务(PaaS)、云基础设施、大数据分析等,这些新模式为企业提供了更多的盈利机会,同时也为消费者提供了更多样化的服务。

商业模式的创新有助于提高数字媒体产业的运营效率。通过平台化战略,企业可以集中管理用户界面、内容和服务,从而降低成本并提高效率。利用大数据分析,企业可以更精准地了解用户需求,实现精准营销,这不仅可以提高销售效率,还可以增强用户体验,从而提高用户的忠诚度和生命周期价值。

商业模式的选择和优化还对数字媒体产业的可持续增长至关重要。在竞争日益激烈的市场环境中,企业需要不断调整和优化其商业模式,以适应市场变化和技术进步。随着5G技术的普及,企业可以通过流媒体服务、增强现实(AR)和虚拟现实(VR)等新形式来吸引用户,这些新的商业模式不仅可以为企业带来短期的收入增长,还可以为其长期发展奠定基础。商业模式的创新还能够促进数字媒体产业的技术创新和知识共享,企业通过开放平台和共享经济等模式,可以与其他企业、研究机构和教育机构等建立合作关系,共同开发新技术和新产品。这种合作不仅可以加速技术创新,还可以促进知识的传播和人才的培养,从而推动整个产业的进步。

综上所述,商业模式在数字媒体产业中起着至关重要的作用。它不仅影响着企业的盈利能力,还决定着产业的增长潜力和创新能力。因此,数字媒体企业需要不断创新和优化其商业模式,以适应不断变化的市场环境和技术发展,从而实现可持续的增长和发展。

第六章　数字媒体产业的驱动因素与挑战

　　本章分析了数字媒体产业的发展动力与挑战,探讨了媒体智能化转型的关键驱动因素,如大数据、云计算、人工智能、物联网和5G技术,这些技术正在重塑内容的创造、分发和消费方式,强调了市场需求的重要性,包括由技术进步激发的新需求和消费者行为的演变,这些因素共同推动了产业的增长。政策支持方面,讨论了国家层面的政策如何为产业发展提供坚实基础,包括资金投入、技术创新、人才培养和国际合作,以及法规的完善对保障产业健康发展的重要性,展望了大数据技术如何在未来进一步推动数字媒体产业,特别是在个性化服务、广告市场和内容生产分发中的应用。最后对数字媒体产业发展面临的挑战,包括数据安全、隐私保护、版权管理、技术适应、人才培养和内容创新等问题进行了探讨,这些都是数字媒体产业在追求持续增长和创新必须解决的关键问题。

第一节　数字媒体产业的主要驱动因素

一、智能化转型驱动数字媒体产业智能化发展

(一)媒体智能化转型的驱动力

　　新技术促进媒介演化,而新媒介塑造出新的经济、社会和政治环境,进而影响人的生活方式和媒体消费习惯,反过来对媒介演化提出新的需求,迭代式加速新技术潜能的挖掘和媒介演化,直至形成新的主导性媒介。当前,云计算、大数据、物联网、人工智能、5G、VR、AR等通用性技术,及其衍生的图像识别、机器人写稿、虚拟主播、推荐算法等智能媒体应用技术构成了复杂的智能技术集群,提供了媒体智能化转型的驱动力。21世纪以来,在数字媒体及数字经济的潜移默化影响下,大众的媒体消费习惯和需求发生了根本性变化,而伴随着"Z世代"日益成为社会中坚力量[1],这些变化变得不可逆转,从而形成媒体智能化转型的强劲牵引力。另外,

---

　　[1]　卢刚,李婷婷.Z世代网络话语圈层的生成、特征与引导[J].中国青年社会科学,2023,42(04):65-72.

政策环境的就绪、数字经济迅猛发展也为媒体智能化转型提供了适宜的环境。媒体智能化转型的核心就是充分挖掘智能技术群潜能，促使媒介形态演化，并最终实现媒体产品、组织和运营、价值创造模式和盈利模式等方面的根本性变革。文字的发明带来莎草纸和羊皮纸媒介[1][2]、古腾堡印刷技术的发明带来图书和报纸[3]、无线电传输技术的发明带来广播和电视[4]、计算机和互联网的发明带来数字媒介，尽管莱文森认为某一时期的主导媒介形态是人性化选择的结果，但并没有否定技术本身对媒介特性的决定性影响作用。把新技术影响媒介效能的潜在可能性称为媒介化特性，智能技术群中每一种细分技术的媒介化特性就是促使媒体智能化转型的驱动力[5]。细分智能技术的媒介特性汇总如表 6-1 所示。

表 6-1　智能技术的媒介特性汇总

智能技术	基本概念	媒介化特性
云计算	一种网络环境下计算资源的交付和使用方式，用户通过网络按需、易扩展的方式获得所需服务	实现快速便捷的媒体内容上传、存储、共享和分发；支持灵活、按需和动态的媒体云服务；为媒体组织和管理柔性提供支撑；支持构建跨边界的媒体生态
大数据	对海量多样性数据进行高效的采集、传输、存储、分析处理和可视化，以实现数据价值	洞察用户媒体使用行为和需求；实现数据新闻，广告精准投放；新闻热点追踪与分析；数据驱动媒体运行
5G	具有高速率、低时延、大连接的第五代通信技术	支持超高清视频的传输；支持高质量直播；提升 VR/AR 内容服务性能；支持更多的 MGC、UGC 内容；提升用户体验
物联网	通过各种感应设备，按照约定协议把任何物品连接起来，并在此基础上构建管理、控制和运营的一体化服务体系，以期实现信息流通和决策优化的网络架构	延伸媒体传播的边界；全天候、全方位突破时空限制采集信息；为智能媒体运行提供数据源头；实现万物皆媒

---

① 孙宝国,郭丹彤.论纸莎草纸的兴衰及其历史影响[J].史学集刊,2005,(03):107-110＋112.
② 褚雅越.书籍的起源、发展及流变探析[J].新闻世界,2013,(07):287-288.
③ 耿相新.书籍的革命[J].现代出版,2021,(04):56-63.
④ 郑超然、程曼丽、王泰玄.外国新闻传播史[M].北京:中国人民大学出版社,2000:32.
⑤ 杨青峰.智能化转型重塑传统媒体竞争优势的机理与路径研究[D].中国传媒大学,2022.

智能技术	基本概念	媒介化特性
人工智能	能够完成通常需要人类智慧来执行的工作的计算机系统的理论和开发,以深度学习技术为核心,聚焦于流程自动化的探索	用户行为洞察和需求分析;内容算法推荐;智能算法提升用户体验;精准广告服务;内容自动生成;虚拟主播;辅助内容审核和管理;媒体工作
VR	依靠计算机的模拟技术,虚拟一个逼真的环境,并利用特殊设备调动人们的视觉、听觉、触觉等多种感官体验,以获得超越现实的临场感	沉浸式的媒体体验;创新用户参与和互动模式
AR	将虚拟的信息、影像、物体、场景,即时动态地叠加融合到真实世界中,扩增用户对现实世界的感知,增加对未知信息的认知和了解的系统性技术	沉浸式媒体体验;实施追踪和智能捕捉信息;感知和延伸现实;实现场景智能与语义感知;提升用户知识体验和交互体验①

表 6-1 中的每一项技术都不是孤立的,相互融合是每一项技术发挥价值的关键。VR 技术要给用户带来沉浸式媒体体验,需要融合云计算、大数据、物联网、人工智能、5G 等技术;人工智能算法要想发挥作用,离不开云计算提供的强大算力,以及大数据平台提供的数据资源,算法、算力和数据三位一体;物联网已经成为无处不在的媒体技术,智能终端、媒体内容采集、内容传播都与它紧密相关,其管理后台必须要云计算、大数据提供支持才能发挥作用。尽管表 6-1 中的每一项技术都可以视作相对独立的传播媒介,从时间、空间、感官、情感等各个维度延伸传统媒介的尺度,但它们形成的集群化力量才是当前媒体业颠覆性变革的根本原因,实现融媒体、全媒体、智能媒体离不开智能技术群的支持。

(二)浙报集团的数智化转型实践

1. 浙报集团发展概述

浙报传媒控股集团有限公司(以下称"浙报集团公司")成立于 2002 年,前身为浙江日报报业集团有限公司,是统筹运营浙江日报报业集团经营性资产的市场主

---

① 李苗. 作为智能媒介的增强现实——历史、属性及功能机制[J]. 现代传播(中国传媒大学学报),2019,41(09):145-151.

体,经营业务包括传媒及相关文化产业、资本运营等领域。2011年9月29日,浙报集团公司旗下浙报传媒集团股份有限公司(SH.600633,现更名为浙报数字文化集团股份有限公司,简称"浙数文化")成功上市,浙报集团公司成为全国第一家媒体经营性资产整体上市的省级报业集团。浙报集团公司连续七年(2017—2023年间)入选"全国文化企业30强",是全国唯一入选的报业集团所属企业,连续多年入选"中国500最具价值品牌""亚洲品牌500强""世界媒体500强"。

浙报集团公司强化技术驱动,被授牌"国家级出版融合发展重点实验室""国家文化和科技融合示范基地",是全国首批"数字出版转型示范单位";与复旦大学、中国人民大学等国内知名高校建立博士后流动站、科研工作站等合作关系,聚焦传播智能化的关键技术展开攻坚;自主研发的"媒立方"获得中国新闻科技奖最高奖——王选奖特等奖,支撑媒体深度融合建设的"天目蓝云""天枢"等平台和"融媒通""智岛""洪泽"等技术产品已得到广泛运用。[①]

集团现有5200多名员工,拥有《浙江日报》《浙江在线》《钱江晚报》《浙江共产党员》杂志、《浙江法治报》《浙商》杂志、《美术报》《浙江老年报》等媒体16家,重点打造省级重大新闻传播平台核心战舰"潮新闻"客户端,拥有微博、微信、抖音号、头条号等组成的多个新媒体矩阵。浙报集团公司拥有6.4亿网络注册用户、4000万活跃用户、2000万移动用户,展现了强大的传播力和影响力。

2. 浙报集团数智化建设案例分析

2023年,浙报集团公司坚持文化发展使命与社会效益优先,定位成为浙江全省文化产业高质量发展的科技驱动器,以"传媒控制资本、资本壮大传媒"的发展理念,加快构建"1+3+N"的产业格局,即"一个传媒主业集群,数字文化、数字技术、数据运营三大产业集群",以及文化空间、产业投资等N个新兴业态延伸的产业布局。

(1)构建全媒体传播体系:浙报集团在新闻平台融合与技术创新中的成果分析

①数智化平台建设——省级新闻传播平台。

成功打造了省级新闻传播平台"潮新闻"客户端,整合了浙江日报、天目新闻、小时新闻等资源,构建了省市县一体化全媒体传播大平台。2023年2月18日,由中共浙江省委宣传部指导,浙报集团公司主导打造的省级重大新闻传播平台主力舰"潮新闻"客户端正式上线[②]。作为重大新闻传播平台主力战舰,融合浙报集团

---

① 浙江日报报业集团. 集团简介[EB/OL].（2023-05-01）[2024-8-19]. http://www.8531.cn/groupintroduce/.

② 金春华. 重大新闻传播平台启动暨潮新闻客户端上线 "传媒舰队"下水启航[N].浙江日报.2022-09-05(1-3).

旗下的浙江新闻、天目新闻、小时新闻三大移动客户端为一体,更集聚浙报集团、浙江广电集团、11个市以及90个县(市、区)等全省范围的新闻资源,重塑舆论传播格局、重建传媒底层逻辑、重构融合技术底座,构建成为省市县一体化全媒体传播大平台。该平台的目标定位为"深耕浙江、解读中国、影响世界";在战略考量上做到"移动优先、内容为王、流量说话";在战术打法上做到"自设议题、以快制快、纵贯三级",以思想观点引领为最大特色,在全国热点发出浙江声音,以浙江热点引导全国舆论。[①] 上线以来,潮新闻全网用户破1亿,端内用户突破5000万。这一平台的建设不仅提升了新闻传播的效率和影响力,而且通过技术赋能,增强了媒体的自主可控能力,为舆论引导和信息传播提供了有力支撑。

潮新闻设有"推荐""看浙江""视频""亚运""潮客"等丰富的频道设置,贯通内外、集聚资源,浙江宣传稿库、浙报集团、省级广电新闻媒资、11个市融媒体、90个县融媒体、各类政务账号和优质自媒体账号等[②],为潮新闻提供海量的独家、深度原创内容;重点突出"三点新闻",在议题设置上更加主动,努力实现"全国热点发出浙江声音,浙江热点引导全国舆论"。潮新闻集团作战,形成压倒性舆论优势;以重磅文章出击打开新局;构建视频+图文全类型内容体系,探索更潮、更带网感的传播形式和呈现方式;启动与商业平台互利合作"弄潮"计划,创作者"潮鸣"计划。潮新闻是内容+技术双驱动的平台,发挥"传播大脑"的技术集成优势,将研究AIGC、ChatGPT等新技术赋能;"融媒通"供稿通道直达市县1926家共享联盟。潮新闻还将深化与之江实验室战略合作,打造跨媒体智能创作平台,提升新媒体产品生产效率及视觉化、互动化体验,发展"大数据决策媒体智库"。潮新闻客户端UI采用扁平化设计,以钱江潮的蓝色为主色调,辅以白色,界面上的各种元件简洁统一;栏目设置中,突出重磅推荐潮文章"潮闻深一度";"市县纵贯线"开设市县比拼排行榜;"看浙江"频道"潮"看浙江。

②技术底座的重构——"云""网"融合

浙报集团响应党中央和省委的号召,强化技术在媒体融合中的引领作用,创新性地建设了"传播大脑",为浙江全省主流媒体舰队建设技术底座和动力引擎,以移动互联网新思维新技术,赋能媒体深度融合发展[③]。

2023年1月18日,"传播大脑科技(浙江)股份有限公司"正式挂牌,由浙江省委宣传部指导,浙江日报报业集团牵头,浙江广播电视集团、浙江出版联合集团、浙

① 黄琳."舰队"出征,浙江传媒改革再"弄潮" 浙江重大新闻传播平台启动暨潮新闻客户端上线[N].浙江日报.2023-02-20(1).

② ②黄琳.浙报集团潮新闻客户端上线百日——摆好"七星阵" 破浪"之江潮"[N].浙江日报.2023-06-02(1-2).

③ 姜军.以系统思维推进媒体深度融合[J].中国记者,2023(8):64-67.

江省文化产业投资集团共同筹建。传播大脑的筹划过程历时大半年之久,集聚了浙江省内四家省属文化集团资源,立足浙江省媒体技术集成中心、数据交互中心和融合传播中枢的定位,致力于打造浙江省媒体融合"一张网",以前沿科技推动传媒和文化产业发展①。其核心产品"天目蓝云"实现了省市县三级媒体的上云入网,促进了资源共享、数据共融和运营共助。截至 2023 年底,1/3 的浙江人已成为"一张网"的注册用户,平均每天有 250 万条内容跑在网上。省市县媒体一体化数字营销系统"洪泽"已接入浙江 50 余家媒体,日活总数超 300 万,可实现日曝光量超1000 万。由传播大脑为技术中心点建设的主网,辅之市级媒体、区县级媒体为节点建设的子网,形成的一个共建共享共融的省域媒体生态,蕴藏着无限活力与潜能②。

"传播大脑"作为浙江省媒体技术统一支撑平台和媒体技术统一对外出口,为省级重大新闻传播平台"潮新闻"和省级重大文化传播平台"Z 视介"提供技术支撑的同时,依托核心产品"天目蓝云",将省市县三级媒体上云入网,全面实现场景协同、资源共享、数据共融、内容汇聚、运营共助,通过打通数据、用户、运营,贯通省市县三级媒体资源,形成全省融媒"一张网"。

(2)科技创新赋能媒体升级:浙报集团新质生产力的培育成果分析

①研发"传播大模型",打造媒体工作者的 AI 助理。

旗下子公司——传播大脑公司自主研发的"传播大模型"已通过中央网信办生成式人工智能(大语言模型)上线备案,成为由国内媒体技术公司研发的首个通过备案的媒体垂类大模型。目前,该大模型可提供 5 大类(智能对话、智能创作、智能审校、多模态检索、创意设计),50 余项 AIGC 功能,其中 30 余项为新闻行业定制开发,入选 2023 中国新媒体大会"融媒有技"优秀案例库和 2023"全国报业技术赋能媒体融合"十佳案例。

②积极投身数字基础设施建设与运营。

旗下子公司——富春云科技致力于打造高价值、高品质、高安全性的数据中心,成为数字化时代万物互联的坚实底座、数字化转型强有力的推动者。2023 年,富春云科技成为国内领先的第三方互联网基础设施服务提供商,以国内外最高行业建设标准为客户提供高性能、高安全、高可靠、绿色环保的云计算数据中心,在杭州、北京多地均有布局。

---

① 媒体能够为科技创造更多的未来——传播大脑科技公司成立仪式上业内专家观点摘登[J]. 传媒评论,2023(2):26-28.

② 张宇宜,周翌,周俊杰. 外生赋能与内生激活:浙江"传播大脑"与时代一起思考[J]. 传媒,2024(12):17-19.

③深度参与浙江省数据要素市场化配置改革。

旗下子公司——浙江大数据交易中心深度参与浙江省数据要素市场化配置改革,参与浙江省发改委《浙江省国家数据要素综合试验区建设方案》编制,被列入浙江省数字经济创新提质"一号发展工程"之《数据要素价值释放攻坚行动方案》①。2023 年,浙江大数据交易中心以"1＋3"为特色的建设目标,率先建设浙江省数据交易服务平台,满足数据登记、数据评估、交易备案一站式服务要求;交易中心还与上海、重庆、广东、山东等 7 家省级交易所共同发起建设全国数据交易联盟链。

(三)澎湃新闻的智能化转型探索

1. 澎湃新闻发展概述

澎湃新闻上线于 2014 年 7 月 22 日,由上海报业集团主管主办,前身是创办于 2003 年的《东方早报》。澎湃新闻网依托互联网技术的创新,同时继承新闻采编的优良传统,全天候致力于生产和聚合优质的时政、思想、财经、文化类内容。澎湃新闻拥有互联网新闻信息服务一类资质、信息网络传播视听节目许可证,是全国第一个由传统媒体向新媒体全面转型的产品。如今的澎湃,已成为全国媒体融合转型的标杆,互联网原创新媒体头部品牌,全球中文互联网最重要的全媒体内容供应商之一。

澎湃新闻有 APP、IPAD、PC 和 WAP 四端,兼具微信、微博、抖音、快手、今日头条等平台,产品矩阵全渠道覆盖。截至 2024 年 3 月,澎湃新闻 APP 下载用户超过 2.5 亿,微博粉丝数超过 3242 万,微信公众号粉丝数超过 396 万,抖音粉丝数超过 4177 万,每日全网触达用户 4.5 亿。② 2018 至 2023 年间,澎湃新闻获得中国新闻奖、SND 全球数字媒体设计大奖等超过 400 个国内外奖项荣誉。

澎湃新闻是中文互联网原创新闻中最重要的全媒体内容供应商之一。起家于传统媒体的澎湃新闻一直守护主流价值、提供认知增量,创造了大量高价值的原创内容。澎湃新闻拥有超过 400 名记者与编辑,通过 APP、iPad、PC 和 WAP 四端,综合利用图文、视频、VR、动画等全媒体新型传播方式,为中国互联网用户提供全天候的优质时政、思想、财经、文化类内容③。同时,澎湃新闻采取"借船出海"的策

---

① 浙江数字经济创新提质的"八大攻坚方案"[J].信息化建设,2023(4):15-18.

② 田文璐.在上海的春天里,找准转型的路径——《记者观察》杂志社组队赴上海澎湃新闻、界面财联社参观学习[J].记者观察,2023(10):6-9.

③ 祁兆胜.寻找传统媒体转型密钥——以新华社和澎湃新闻为例[J].新闻文化建设,2022(19):94-96.

略,在微信、微博、抖音、快手等多个平台建立了强大的矩阵传播网络,在全网 110
余个渠道进行分发。

自 2014 年 7 月 22 日上线以来,澎湃新闻根据国家的战略部署、外部经济技术
社会环境和自身发展阶段的需求,对其定位和战略布局进行了一系列的演进和发
展。从创立之初澎湃新闻就担当着国内媒体融合转型先行者的角色,它是国内第
一个直接切入移动客户端的新闻转型产品,第一个定位于互联网原创新闻生产的
新媒体,第一个实现国内最大规模传统媒体采编团队整体建制向互联网转型的媒
体。十年的发展之路,澎湃新闻经历了从打造新媒体,到打造平台,再到打造生态
的定位迭代。其定位和战略布局可以概括总结为,2014 年 7 月:移动优先内容为
王;2017 年 7 月:主流化、平台化、生态化、全球化;2020 年 7 月:全链条内容生态服
务商;2023 年 7 月:坚守媒体初心,拥抱 AI 时代。(见表 6-2)

表 6-2　澎湃新闻产品迭代情况

时间	产品	内容描述
2014 年 7 月	澎湃新闻 APP 1.0 上线	澎湃新闻 APP 1.0 正式上线,标志着澎湃新闻在移动互联网领域的初步探索
2015 年	澎湃"问吧"问世	开拓了中国第一个"新闻问答产品",作为澎湃迈向互动社区的崭新一步
2016 年	SixthTone 上线	创办的外宣英文新媒体 SixthTone 上线,迅速吸引了西方观察家们的注意
2017 年	澎湃问政官方权威政务平台上线	提供一体化的政务互动服务,包括信息发布、官方辟谣、在线问答等多个维度
2018 年	湃客平台上线	标志着澎湃新闻平台化方向的进一步探索,并推出新媒体整体解决方案"澎 π 系统"
2019 年	Sixth Tone App 1.0 上线	澎湃新闻同时推出"澎湃号"和"澎友圈"
2020 年	澎湃 App 8.0、澎 π 系统 2.0 等上线	开发澎湃 App 8.0、澎 π 系统 2.0、Pai 视频素材交易平台、内容风控服务,打造"澎湃全链条内容生态服务商"生态系统
2020 年	"清穹"内容风控平台	具有自主知识产权,基于人工＋智能＋制度的内容风控平台,为监管部门和相关行业提供全方位解决方案

续表

时间	产品	内容描述
2021 年	推出 SIXTH TONE×、IPSHANGHAI 等	推出深度记录中国的开放性平台 SIXTH TONE×、IPSHANGHAI、全球事实核查平台"澎湃明查"
2022 年	推出澎湃智媒开放平台等	推出澎湃智媒开放平台、IP CHINA 矩阵计划、数字内容生态实验室
2023 年	推出 AIGC 创作平台等	推出 AIGC 创作平台、24 小时直播频道、正能量视频共创平台

2. 澎湃新闻媒体平台案例分析

（1）"AI＋"新流程：数智化逻辑深度嵌入主流媒体新闻生产流程

2023 年 10 月，澎湃新闻 24 小时直播频道 π24H live 上线。这一新型直播平台是在澎湃新闻年均 1500 多场直播实战的基础之上应运而生，由四大矩阵组成：全球新闻事件的实时现场（事件直播）、澎湃视角的"千里江山图"（慢直播）、覆盖各个采编部门的"数字人矩阵"、20 个全新栏目以及未来打通内外资源孵化出的更多新闻 UP 主，重新定义 AI 时代的移动互联直播[①]。

从频道的特色栏目来看，采编人员可以通过生成式 AI 设计、创造"数字人"，从而实现一键式、自动化的新闻播报。上海名专栏"澎湃早晚报"打造的"早餐湃""晚安湃"，以及"牛市早报""每日收盘""文化日历""体坛白话""夜读"等栏目，被直接转化为视频与直播，基本覆盖全天信息，在更大程度上释放采编力量，对现有资源进行了优化配置。

（2）"AI＋"新运用：AIGC 技术落地日常，全领域融入采编运营

AIGC 技术带来全新的技术革命，推动新闻生产和传播打开全新领域，但是也不可避免地带来"大模型偏见"和"大模型幻觉"隐忧，诸如公正中立性受损、误导用户、内容虚假、版权侵权、数据安全隐患、信息鸿沟扩大等一系列问题。因此，对于主流媒体而言，智媒体必须首先实现价值观引领，探索如何负责任地使用 AIGC 技术。

澎湃新闻在探索将 AIGC 技术投入采编运用之初，虽然孵化出自身媒体领域的 AI 应用技术，但是基于监管要求以及生成式内容的安全考量，采取谨慎态度，并

---

①　②　夏正玉，孙挥，姜丽钧.澎湃新闻"AI＋"的"五新"级战略[J].新闻战线，2024(11)：29-32.

没有全线放开对所有编辑的使用权。这一切在"清弯"内容风控智能平台系统全面嵌入采编流程之后发生了转变。"清弯"系统凭借先进的数据分析和处理能力,在确保内容质量和合规性的基础上,可提供强有力的安全保障。这使得澎湃新闻能够在内部逐步放宽对于 AIGC 技术的使用限制,将其更广泛地应用于日常的新闻采编工作中。

随着技术的成熟,2024 年 3 月,澎湃新闻开放所有员工对于 AI 应用的访问。这也就意味着,"AI+"在澎湃新闻真正实现了落地,将早期只在重大专项报道中采用的 AIGC 技术融入日常采编工作。

(3)"AI+"新规划:打造适应全场域内容应用的解决方案和服务平台

2024 年,澎湃新闻将全面升级澎湃智媒体开放平台,推出 PAI Studio 垂类模型和应用,利用前沿的 AIGC 技术提供创新性的媒体创作和办公体验。加快推出更多全场域内容应用,分为 3 个核心部分:AI Vision Studio(AI 视觉工作室)、AI Video Studio(AI 视频工作室)和 AI Work Studio(AI 办公工作室)。

其中,AI Vision Studio 作为一站式智能图像生成和处理平台,提供 AI 作画、AI 海报设计、AI 艺术字、AI 改图、AI 消除、AI 抠图等系列服务。AI Video Studio 集成 AI 生成式视频、视频笔刷、AI 背景乐生成、虚拟数字人主播、图文转视频、网页转视频、视频剪辑、自动字幕等一站式智能视频生成和剪辑平台。AI Work Studio 提供一系列智能化办公辅助工具,包括 AI PPT、AI 写作、AI 采访录音智能成稿、AI PDF 智能问答等。,2024 年全国两会期间,澎湃新闻推出"AI 速报""AI 数读""AI 问大咖"等智媒体产品,数字人、大数据齐上阵,解读高频词、"灵魂提问"行业大咖,开启两会 AI 新体验[①]。

二、大数据技术驱动数字媒体产业创新发展

(一)大数据技术驱动数字媒体产业

1. 大数据与数据分析的作用

在当前信息技术迅猛发展的背景下,大数据与数据分析的作用日益凸显,尤其在数字媒体产业的发展中扮演了关键角色。数字媒体产业作为信息生产、传播和消费的重要领域,正经历着由于大数据技术应用所带来的深刻变革。大数据的应用极大地扩展了数字媒体内容的生产和管理能力。通过对用户数据的深入分析,

---

① 曾祥敏,黄睿思,高瑶. 化繁为简　深耕内容·多维联动——2024 年全国"两会"报道融媒体产品创新研究[J]. 传媒,2024(09):9-13.

内容创作者和媒体机构能够准确把握目标受众的偏好和需求,从而制作出更具针对性和吸引力的内容。例如,在新闻报道中,通过大数据分析预测性质的报道不仅能够吸引公众的注意力,还能增强媒体的新闻价值和公众影响力。大数据技术的引入还为数字媒体的内容监管提供了技术支持。数据分析工具可以有效地识别并过滤掉含有敏感词汇和不当言论的内容,确保数字媒体平台的内容健康、合规。这种内容监管的智能化不仅提高了监管效率,还有助于维护良好的网络环境,保障公众利益。通过大数据分析技术的应用促进了数字媒体的个性化服务发展。通过对用户行为数据的分析,数字媒体能够为用户推荐个性化的新闻、视频、音频等内容,极大地提升了用户体验和用户黏性。这种以用户为中心的服务模式,不仅增强了用户的忠诚度,也为媒体产业的可持续发展奠定了基础。

此外,大数据技术的应用还推动了数字媒体内容的多元化与创新。融合媒体建设中大数据技术的应用,使得媒体内容的生产、传播和消费过程更加高效和精准,同时也为媒体提供了更多的商业模式和盈利途径。它的应用对数字媒体产业的长远发展起到了战略性的推动作用,通过对大数据的深入挖掘与分析,数字媒体可以预测行业发展趋势,为制定战略规划和决策提供数据支持。同时,大数据技术的应用也为数字媒体产业的技术创新提供了方向,促进了相关技术的发展和完善。因此,大数据与数据分析在数字媒体产业发展中的作用不仅体现在内容生产和管理的优化上,还包括内容监管、个性化服务、内容创新以及产业战略规划等多个方面。随着技术的不断进步,大数据技术将在推动数字媒体产业发展中发挥越来越重要的作用。

2. 云计算的影响

在大数据时代的背景下,云计算技术对媒介发展的影响已经成为一个不可忽视的重要因素。随着信息技术的快速发展,特别是互联网和移动互联网的普及,数据量的爆炸性增长对数据处理能力提出了新的挑战。云计算作为一种提供弹性、可扩展和经济高效的计算资源的技术,为媒介发展提供了新的动力和可能性。

云计算技术极大地降低了数据存储和处理的成本。传统的媒介组织需要投入大量资金建设数据中心以存储和处理日益增长的数据。通过使用云计算服务,媒介组织可以根据实际需求灵活选择存储空间和计算能力,从而避免了过度投资和资源的浪费。此外,云计算的支付方式通常基于使用量,即所谓的"按需付费",这为媒介组织提供了更加灵活的经济模式。

云计算技术提高了数据处理的灵活性和可扩展性。随着数据量的不断增加,传统的本地服务器可能会因为处理能力不足而成为系统性能的瓶颈。云计算平台可以根据需要动态增加或减少资源,以适应业务需求的变化,从而确保了数据处理的高效率和响应速度。

云计算技术的应用促进了媒介内容的个性化和多样化发展。通过对海量数据的即时分析和处理，云计算平台能够帮助媒介组织快速地对用户行为进行分析，从而更准确地把握用户偏好，为用户提供个性化的内容和服务。同时，云计算的强大计算能力也支持了更多的内容形式，如视频、音频、互动内容等的创建和分发。此外，云计算技术对媒介组织的运营效率也产生了积极影响。云服务通常包括了软件的维护、升级和数据备份等服务，这些都由云服务提供商来负责，这就减轻了媒介组织的 IT 管理负担。同时，云计算还支持了远程协作和团队协作，提高了工作效率。同时，云计算也对媒介组织的广告业务产生了重要影响。在大数据的支持下，媒介组织可以更精确地定位目标广告主，从而提高广告投放的精准度和转化率。

综上所述，云计算技术对媒介发展产生了深远的影响，它不仅降低了成本、提高了效率，而且还促进了媒介内容的创新和个性化发展，为媒介组织的转型升级提供了强大的技术支撑。随着技术的不断进步和市场的进一步发展，云计算技术将继续在媒介领域扮演着至关重要的角色。

3.人工智能的应用

近年来，人工智能技术的快速发展及其在数字媒体领域的应用，为传统的媒体生态带来了革命性的变革。人工智能的应用范围广泛，包括但不限于内容的创作、分发、个性化推荐、内容分析等多个方面，这些应用不仅提高了数字媒体的技术性能和工作效率，还改变了人们的信息消费习惯和内容消费模式。

人工智能技术的应用极大地丰富了数字媒体内容的创作手段。AI 绘画、AI 音乐制作、AI 写作等创新形式的出现，使得内容创作不再局限于传统的人类艺术家，机器能够根据设定的参数和大量数据的学习，自动生成音乐、绘画，甚至是新闻报道。例如，AI 绘画通过深度学习技术分析大量艺术作品的风格和技巧，能够创作出风格各异的画作，有时甚至难以让人辨识其为机器所作。这种技术不仅为艺术家们提供了新的创作工具，也为普通用户提供了创作自由的空间。

在内容的分发和个性化推荐方面，人工智能技术的应用也发挥了重要作用。通过机器学习和数据挖掘技术，数字媒体平台能够根据用户的浏览历史、点击行为、停留时间等数据，智能推荐符合用户兴趣的内容。这种个性化的推荐方式不仅提升了用户体验，也提高了用户的信息获取效率。例如，新闻平台通过人工智能算法，可以将大量新闻信息进行精准的分类和推送，实现了信息传播的精准度和用户黏性的提升。在内容分析和管理的应用方面，也极大提高了数字媒体的运营效率[①]。自然语言处理技术可以自动对文本内容进行分析，提取关键信息，并进行内

---

① 吴伟锋.人工智能时代高校新闻宣传的困境与应对策略探究[J].新闻文化建设，2024(14)：71-73.

容的分类和标签化,这对于新闻机构来说,可以在大量信息中迅速找到相关的新闻线索和有效信息。同时,人工智能技术还能帮助数字媒体进行内容的版权检测、内容安全监控等工作,确保内容的健康和安全。

人工智能技术的应用也为数字媒体产业的未来发展带来了新的可能性。随着技术的不断进步,未来数字媒体的发展趋势将更加注重自适应性、智能化、个性化和多媒体交互。人工智能技术的应用将使数字媒体产品更加贴近用户的需求,从而为用户提供更加丰富和深入的体验。

综上所述,人工智能技术在数字媒体领域的应用已经成为推动数字媒体产业发展的重要力量。通过不断的技术创新和应用实践,人工智能不仅改变了数字媒体的内容创作、分发、管理等环节,也为用户带来了更加个性化、智能化的信息消费体验。未来,随着技术的进一步发展,人工智能将继续在数字媒体产业中扮演关键角色,并推动产业的进一步繁荣和发展。

4. 物联网的贡献

物联网技术作为数字化转型的重要推动力,对数字媒体产业的发展起到了至关重要的作用。在数字媒体产业中,物联网的应用不仅仅局限于简单的数据传输和设备管理,而且它的影响深入到内容创造、分发、消费以及价值链的每一个环节中。

物联网技术的应用极大地丰富了数字媒体内容的形态。通过各种智能设备,如可穿戴设备、智能家居、物联网摄像头等,用户可以更加便捷地获取信息和内容。例如,智能家居系统可以通过用户的使用习惯,自动推荐个性化的新闻、视频等内容。此外,物联网设备的使用还能创造全新的内容交互形式,如通过智能手表观看直播,或是通过虚拟现实头盔体验增强现实内容。

物联网技术提高了数字媒体内容的定制化和个性化水平。通过对用户行为的实时追踪和数据分析,数字媒体企业能够提供更加精准的内容推荐,从而提升用户的体验和满意度。例如,基于用户的在线行为,物联网设备可以推送与其兴趣相符的新闻、广告以及其他服务,实现精准营销。

物联网技术的应用加强了数字媒体的互动性。用户不仅仅是内容的消费者,还可以成为内容的创造者。通过物联网设备,用户的生活环境和个人喜好可以被捕捉并用于内容的创造,如通过智能家居摄像头记录的生活场景可以成为短视频分享的内容。这种互动性的提升,不仅丰富了内容的形式,也为内容创作者提供了新的创作空间和商业模式。

物联网技术对于数字媒体产业的价值链优化也起到了重要作用。通过对物联网设备收集的数据进行分析,数字媒体企业可以优化其内容生产和分发策略,提高运营效率,例如,通过分析智能家居设备使用数据,数字媒体公司可以了解用户对不同类型内容的偏好,从而优化其内容库和推荐算法。物联网技术的应用还扩展了数字媒体的边界,传统的数字媒体主要集中在屏幕上的内容消费,而物联网技术的应用使得内容可以在现实世界中被体验,例如,结合了 AR(增强现实)技术的物联网设备可以在用户的实际环境中展示虚拟内容,为数字媒体产业开辟了新的应用领域。

综上所述,物联网技术对数字媒体产业的贡献是全方位的,它不仅改变了内容的形态、提升了内容的定制化和互动性,还优化了价值链,并为产业开辟了新的应用领域。随着物联网技术的不断进步,其在数字媒体产业中的作用将越来越重要。

5. 5G 技术对数字媒体的影响

随着技术的不断进步,5G 技术的应用对数字媒体产业产生了深远的影响。5G 技术作为移动通信技术的重要阶段,其在速度、容量和稳定性方面的优势,为数字媒体产业的发展带来了新的机遇和挑战。

5G 技术的普及及其高带宽、低延迟的特点,也推动了数字媒体产业的快速发展。5G 技术的应用使得高质量视频内容的即时传输成为可能,这显著提升了用户的观看体验,同时极大地丰富了数字媒体内容的表现形式和交互方式。4G 时代已经见证了视频、直播和移动视频的快速增长,而 5G 技术的进一步发展,使得这些应用体验得到了显著提升,用户可以享受到更高质量的视频流和更快的下载速度,这对于视频内容的创作、编辑和分享都产生了积极影响。

5G 技术的大容量特性为数字媒体产业的内容消费提供了更大的容量和更多的用户容量。这意味着,更多的用户可以在同一时间内访问和消费内容,而且服务的类型也更加多样化。如大型在线视频会议、在线教育、远程教育等应用的普及,都得益于 5G 技术的大容量特性。

5G 技术的低延迟特性对于改善用户交互体验至关重要,在数字媒体产业中,尤其是在直播、在线游戏以及增强现实(AR)和虚拟现实(VR)等领域,低延迟是提供沉浸式体验的关键。5G 技术能够保证数据传输的实时性,从而为用户提供更加流畅和自然的交互体验。

5G 技术的广泛应用还促进了数字媒体产业的创新和多样化。例如,随着 5G 技术的逐步商用化,物联网(IoT)的概念得到了进一步的发展,这为数字媒体产业提供了新的内容创作和服务模式。通过连接更多的设备和服务,数字媒体产业可以创造出全新的用户体验和商业模式。5G 技术对数字媒体产业的影响还体现在安全性和隐私保护方面。随着网络的发展,数据的安全性和用户的隐私保护变得越来越重要。5G 技术的应用需要配备更加严格的安全协议和隐私保护措施,以保证用户数据的安全和隐私不被侵犯。

总之,5G 技术的发展为数字媒体产业带来了前所未有的机遇,同时也带来了相应的挑战。数字媒体产业需要不断地适应和利用这些新技术,以提供更优质的内容和服务,以满足用户不断增长的需求,并在激烈的市场竞争中保持竞争力。

(二)新华社全球视频智媒体平台案例分析

1. 新华社全球视频智媒体平台:创新驱动下的媒体融合与技术革新

新华社全球视频智媒体平台于 2016 年 5 月开始建设。该平台突破了空间聚合、系统孤岛的传统思维与习惯做法,以再造生产流程、构建大系统,整合了新华社全球范围内总社、31 家国内分社和 180 家海外分社等与音视频内容生产和服务有关的内容、人力、技术、数据等资源,实现所有音视频生产系统之间的互联互通、生产全流程的数据追踪,以及基于互联化、移动化的业务生产、供稿和管理。这个视频智媒体平台的建设充分考虑了新华社作为世界型通讯社全球运行的视频业务生产和报道需求,特别是面向传统媒体和新媒体的视频节目和直播融合供稿业务,对全球相关资源和生产要素进行有效整合,基于互联网形成体系化的媒体数据共享、信号分发、产品生产与发布、数据反馈等融合生产服务。新华社全球视频智媒体平台的建设,是以基于互联网的视频稿件供稿、直播流供稿、海外社交媒体和客户端的播发为主要需求,系统建设按照互联网的思维进行,将音视频生产相关的全部系统实现统一管理,实现采编发生产链条的系统间互联互通、无缝对接。在直播信号调度和管理方面大胆创新,采用了全部基于 IP 的汇聚、调度、分发架构。从流媒体协议支持、信源画面信息展示、全球云平台部署等方面进行开发拓展,开发视频直播预约系统,实现自播业务的全流程管理,以移动化、网络化的方式进行业务流程管理和技术运维管理,服务于新华社每年 1000 多场的直播供稿、发布业务。

新华社全球视频智媒体平台作为以新华社全媒体高清演播室为核心的生产平台,依托于互联网思维、虚拟化技术和大数据技术进行建设,高度耦合了新华社视频业务的生产需求。以新华社全球视频智媒体平台上音视频节目生产与管理平台为统一接入平台和主界面,集成了与音视频生产相关的 19 个系统及功能模块。所集成的原有系统包括:视频回传系统、音频采编系统、音像资料库、视频分发系统、电视节目素材交换系统、新媒体数据库、ENEWS(移动采编系统)等。新开发上线投入使用的系统和功能模块,包括高清非编系统、统一发稿系统、管理平台应用门户、统一检索、直播流程管理、统计分析、数据追踪、设备管理、分社约稿管理、文件共享等功能模块。

新华社全球视频智媒体平台上的视频音视频节目生产与管理平台[①]，为新华社全球范围内的视频编辑、记者、雇员和终审人员等相关业务人员提供统一入口和工作平台，满足视频业务人员在采集环节、制作生产环节、编审环节、节目发布环节、数据反馈环节等与视频生产相关的线上报道需求，实现新华社海内外分社和总社各视频编辑部门的跨空间、跨地域全球协同生产与报道[②]。

2. 新华社推动 AI 媒体创新：MediaGPT 模型助力内容生产，AIGCSafe 平台保障内容安全

（1）新华社推出大型语言模型 MediaGPT 解决媒体实际需求

2023 年 7 月，新华社在新媒体大会上推出大型语言模型——MediaGPT，该模型专注于解决中国媒体实际需求。MediaGPT 构建了专门适用于媒体领域的独特数据集，并开发了专门用于生成式任务的验证方法，以新华社媒体可信数据矩阵为大模型基座训练的规范化数据[③]。

（2）新华网测试发布 AIGCSafe，可协助检测和识别虚假信息

2023 年 7 月，新华网举行 AIGCSafe 平台邀请测试发布会。在此次 AIGCSafe 平台测试发布中，重磅上线内容安全检测功能，以领先的检测大模型和深度伪造内容大数据为支撑，覆盖文本、图像及音视频的检测[④]，检测速度快、准确率高、易于部署，能有效保障内容的真实性与合规性。

AIGCSafe，即生成式人工智能内容安全与模型安全检测平台，致力于以大模型对抗大模型，实现用 AI 守护 AI。AIGCSafe 平台产品基于国版链（国数链）的数字资产与数据要素管理技术底座，依托中科院的技术积累打造，已形成 AIGC 深伪内容检测和模型检测两大核心能力，并可开放赋能各类 AIGC 检测业务场景。模型安全从训练数据安全、模型防攻击、模型输入安全三方面来保障从训练到推理的全过程：内容安全覆盖文本、图像及音视频的检测，保障内容的真实性与合规性，实现双重安全防护。

此次 AIGCSafe 平台测试发布，重磅上线内容安全检测功能，以领先的检测大模型和深度伪造内容大数据为支撑，支持 AI 生成文本检测、图像伪造检测、音视频伪造检测。文本检测支持 AI 生成的鉴别；图像与视频检测可覆盖人脸生成、人脸编辑、人脸替换、表情迁移等深度合成伪造，以及 AI 生成、PS 篡改检测；音频伪造

---

① 陆小华. 增强体系竞争力：媒体融合平台构建的核心目标——新华社全球视频智媒体平台的探索与思考[J]. 新闻记者，2019(03)：72-83.

② 陆小华. 新华社全球视频智媒体平台的系统设计与体系构建[J]. 中国传媒科技，2019(06)：7-13.

③ 常湘萍. 需求侧内容生产与人机交互迎来变革[N]. 中国新闻出版广电报. 2023-08-29(1-3).

④ 地方关注[J]. 现代电视技术，2023(12)：13-14.

检测支持 TTS 和 VC 音频合成检测,覆盖主流音频合成算法①。

AIGCSafe 平台内容安全功能检测速度快、准确率高、易于部署,有效降低了产业安全技术投入成本,还可广泛应用于虚假新闻、AI 换脸诈骗、版权内容保护和学术诚信等多种检测场景。

3. 新华社融媒创新:推出"新华融易"云服务与 AI 数字人技术

(1) 下一代融媒体生产云服务:"新华融易"

新华社国家重点实验室推出"新华融易"融媒互动操作系统,旨在推进非媒体机构的媒体化赋能,优化内容生产流程,降低媒体化门槛,打造未来媒体生态。围绕"零低代码、协同管理、AI 赋能提效","新华融易"融媒互动操作系统提供内容云平台、互动式生产、私域流量运营,升级新华社服务形式,提供技术赋能,解决非媒体机构的融媒互动内容生产和发布问题,突破 OGC 生产限制,打造一条数字内容生产柔性供应链,通过技术共用、素材共享、人员协同,从而实现全效兼顾、全息融合。

(2) 新华数字人

新华智云是国内较早投身数字人的科技公司之一,2019 年便试水数字人,开创了新闻领域实时音频与 AI 真人形象合成的先河②。2020 年的地方两会报道中,有 7 个省的两会报道使用新华智云虚拟主播。截至 2023 年 2 月,超过 500 家媒体、政府机构、金融机构、会议会展企业使用新华智云虚拟主播。

得益于多年 MGC(机器生产内容)和数字人技术储备,新华智云如今已具备 AI 全链路生产数字人的能力。AI 训练出的数字,不仅外形逼真,类型多元,而且生产速度不断加快,成本日渐降低,应用场景越发全面。借助 AI 让各行各业实现"数字人自由"已成现实。新华智云数字人借助 AI 能力,万元级别的价格,就能达到足以乱真的效果,基于深度学习模型、动作模拟、情感模拟等智能科技,只需采集 25 分钟的真人视频,AI 最快训练 1 小时,即可生成形象逼真、表情到位、口型匹配的数字分身③。在新华智云数字人制作平台中输入文字,一段由数字人播报和讲解的视频,就可以快速生成。

三、市场需求驱动数字媒体产业多元化发展

在大数据背景下,数字媒体产业的发展受到多方面因素的驱动,其中市场需求是一个重要的驱动因素。

---

① 地方关注[J]. 现代电视技术,2023(12):13-14.

② 杨孔威. 以 AIGC 为代表的人工智能在传媒领域的发展和应用[J]. 中国传媒科技,2023(05):76-80.

③ 同上。

1. 技术进步与新需求驱动数字媒体产业的发展

技术革命的浪潮在全球范围内重塑了信息传播的格局。数字电影的兴起标志着影视作品制作流程的全面数字化转型,同时宣告了一个崭新艺术时代的到来。在这个时代,从剧本创作到后期制作,再到电影的放映,数字化技术贯穿了每一个环节。例如,电影制作人利用电脑生成的图像(CGI)和计算机生成的影像(CGI)创造震撼的视觉效果,这些技术的运用极大地拓展了电影艺术的边界。

数字制作的优势不仅在于提升制作效率和降低成本,更在于为电影创作提供了前所未有的灵活性。以数字摄影为例,导演在后期制作中可以实现更为复杂的视觉效果,这在传统的胶片时代是难以实现的。数字传输技术的进步也使得电影的发行和展示更为便捷,电影可以通过数字格式在全球范围内迅速传播,观众可以通过各种数字平台,如在线流媒体服务,随时随地观看电影,这不仅为观众提供了极大的便利,也为电影的传播开辟了新的渠道。数字放映技术的进步,如 4D 影院和 IMAX,为观众带来了更加沉浸式的观影体验。4D 影院通过结合 3D 影像和物理效果,如座椅移动、风雨、气味等,极大地增强了观影的沉浸感和真实感。这些技术的应用不仅提升了电影的观赏价值,也为电影行业带来了新的增长点。

数字化的影响远不止于电影行业。在新闻传播、广播、电视等传统媒体领域,数字化也正在引发一场深刻的变革。新闻机构通过数字平台,如社交媒体,可以实时发布新闻,实现快速传播;广播和电视节目也可以通过数字平台进行直播,这大大提高了信息传播的时效性。据统计,全球互联网用户的增加,特别是移动互联网用户的增加,已经使得数字媒体成为人们获取信息的主要渠道。总之,数字化技术的发展不仅极大地推动了媒体产业的技术革新,也在全球范围内改变了信息传播的方式,开启了一个全新的数字时代。随着技术的不断进步,我们有理由相信,数字化将继续为媒体产业带来更多的创新和变革。

在媒体产业领域,技术进步不仅极大地扩展了内容生产的边界,也催生了前所未有的消费需求,这一现象在数字技术的快速发展中表现得尤为明显。信息传播渠道的多样化,如社交网络、博客、在线视频平台等的兴起,使得信息的获取和分享方式发生了根本性的变化。根据 Statista 的数据显示,截至 2022 年,全球社交媒体用户已经超过了 78 亿,这一数字的庞大规模足以说明社交媒体已成为信息传播的重要渠道。这种渠道的多样化,加上消费者对内容的个性化需求日益增长,促使媒体产业必须提供更加精准、多元化的内容和服务来满足用户需求。

数字媒体技术的发展还推动了用户参与内容创作的可能性,在这个过程中,用户不仅是内容的消费者,也成了内容的创造者。以 YouTube(优兔)为例,作为世界上最大的视频分享网站,截至 2022 年,其月活跃用户数已经超过 20 亿。在这样的平台上,用户可以轻松地创作和分享自己的内容,这种参与度的提升无疑为媒体产业带来了新的生机。

技术进步与新需求的产生是相互促进的,技术的发展不断拓宽媒体产业的边界,同时也催生了新的消费需求,这些新的需求不仅为媒体产业的发展提供了广阔的空间,也对媒体产业的创新和发展提出了新的挑战。因此,媒体产业需要不断适应技术进步带来的新需求,通过技术创新和模式创新来实现可持续发展。例如,使用人工智能来分析用户的观看习惯和偏好,从而提供更加个性化的内容推荐,这不仅能提升用户体验,也能为媒体产业带来新的增长点。

2. 消费者行为的变化与新媒体消费需求

在数字化时代的大背景下,消费者行为的变化与新媒体消费需求的研究揭示了一个不可逆转的趋势:网络技术、数字技术和移动技术的进步正在深刻地重塑着消费者接触信息的方式,这种变化不仅体现在信息获取的渠道多样化、信息接收的即时性增强,还体现在消费决策过程的个性化和互动性提升[①]。

（1）消费者获取信息的方式变化

随着新媒体的兴起,消费者获取信息的方式经历了翻天覆地的变化。传统媒体如报纸、杂志、电视和广播曾是信息获取的主要渠道,但现在,互联网已经成为信息传播的主渠道。这种转变不仅改变了信息的传播方式,也极大地丰富了消费者获取信息的途径。

互联网的普及为消费者提供了更为广阔的信息接收平台,这些平台的信息传播速度快、覆盖面广,使得消费者能够实时地获取各类产品信息和服务动态。这种实时性和广泛性是传统媒体无法比拟的。例如,社交媒体平台如微博、微信和抖音等,不仅提供了信息的获取,还提供了一个平台让消费者之间进行互动交流,分享评价和使用体验。这种互动性和社交性极大地丰富了消费者的信息获取体验。此外,互联网的普及还带来了信息的多样性。消费者不仅可以获取到产品的基本信息,还可以获取到产品的使用心得、用户评价,甚至是产品的开箱视频等多种形式的信息。这种多样性使得消费者在作出购买决策时,能够从多个角度进行考量,从而作出更加理性的选择。

据中国互联网络信息中心网站消息,中国互联网络信息中心（CNNIC）在 2024年中国国际大数据产业博览会"智能经济创新发展"交流活动上发布第 54 次《中国互联网络发展状况统计报告》(以下简称《报告》)。《报告》显示,截至 2024 年 6 月,

---

① 　王紫薇,宋晓晴,刘坤彪. 新媒体时代消费者购买行为的相关分析[J]. 质量与市场,2020(13)：55-57.

我国网民规模近 11 亿人，较 2023 年 12 月增长 742 万人，互联网普及率达 78％。2024 年上半年，我国互联网行业保持良好发展势头，互联网基础资源夯实发展根基，数字消费激发内需潜力，数字应用释放创新活力，更多人群接入互联网，共享数字时代的便捷和红利①。这些数据充分展示了互联网在中国的普及程度，也说明了互联网已经成为中国消费者获取信息的主要渠道。这种普及程度为消费者提供了一个前所未有的信息交流平台，使得消费者在获取信息的同时，也能够与其他消费者进行互动交流，分享评价和使用体验。

总的来说，新媒体的兴起使得消费者获取信息的方式发生了根本性的变化，互联网的普及为消费者提供了更为广阔的信息接收平台，使得消费者能够实时地获取各类产品信息和服务动态，并能通过网络平台与其他消费者进行互动交流，分享评价和使用体验。这种变化不仅丰富了消费者的信息获取体验，也极大地提高了信息的传播效率和覆盖面。

（2）消费者的购买决策过程已经发生变化

在数字化时代的大背景下，消费者的购买决策过程已经发生了翻天覆地的变化，人们不再是被动的信息接收者，而是积极的信息搜集者和分析者。他们通过比较购物网站、在线评论、社交媒体上的用户评价等渠道获取第三方信息，这些信息帮助消费者更加全面地了解产品的性能、质量和性价比，从而作出更加明智的购买决策。消费者在购买决策过程中的理性和信息化程度在不断提高，他们不再满足于单一的产品信息，而是通过多渠道、多角度的信息收集，来全面评估产品的性价比和自身的需求匹配度。

数字化时代个性化推荐系统和精准营销策略的应用，使得消费者能够在海量的商品中迅速找到符合自己需求和偏好的商品，以提高购物的效率和满意度。以亚马逊为例，其个性化推荐系统"Amazon Personalize"能够根据用户的浏览和购买历史，推荐他们可能感兴趣的商品，这种推荐的准确度高达 70％。这种个性化的购物体验不仅提升了消费者的购物体验，也为电商平台带来了更高的转化率和客户忠诚度。

新媒体的发展也改变了消费者的购买行为模式。在新媒体时代，消费者的购买决策过程更加注重体验性和个性化，不再仅仅关注产品的功能和价格，而是更加关注产品带来的生活方式、价值观念的匹配度以及社会责任感等非物质层面的价值。根据《2022 年全球消费者趋势报告》，超过 60％的年轻消费者更倾向于选择那些社会责任感强的品牌，他们愿意为这些品牌支付更高的溢价。这种消费观念的转变，不仅影响了消费者的购买决策，也对企业的品牌战略和市场定位提出了新的

---

① 杨召奎. 我国网民规模近 11 亿人［N］. 中国出版传媒商报. 2024-08-30(1).

挑战。

　　数字化时代下的新媒体为消费者提供了更加丰富的娱乐和娱乐体验。短视频、直播、增强现实(AR)和虚拟现实(VR)等新型媒体形式的出现,为消费者带来了全新的购物体验和娱乐方式,也为数字媒体产业的发展带来了新的增长点。这种新媒体的崛起,不仅丰富了消费者的娱乐生活,也为数字媒体产业的创新和发展提供了新的机遇。

　　总的来说,数字化时代下的消费者行为变化与新媒体消费需求的研究表明,消费者的信息获取方式、购买决策过程、购买行为模式以及娱乐消费方式都发生了显著变化。这些变化不仅促进了消费者个性化和多样化需求的满足,也为数字媒体产业的创新发展提供了新的机遇与挑战。因此,企业和服务提供者需要不断适应这些变化,利用新媒体的优势,创新营销策略和服务模式,以满足消费者的新需求和新期待。

四、政策法规推进数字媒体产业规范化发展

　　随着大数据技术的不断发展,数字媒体产业在技术进步与市场需求的双重驱动下,出现了显著的变革。与此同时,政策和法规的支持为数字媒体产业的可持续发展提供了坚实的基础和保障,推动了该产业朝着更加规范和高效的方向前进。

1. 国家层面的政策推动为数字媒体产业的发展奠定了坚实的基础

　　2022年8月,中共中央办公厅、国务院办公厅印发的《"十四五"文化发展规划》提出,加快发展数字出版、数字影视、数字演播、数字艺术、数字印刷、数字创意、数字动漫、数字娱乐、高新视频等新型文化业态。数字内容产业是新型文化业态的典型代表,肩负着促进文化产业升级的重任,经济属性和文化属性兼具的特点令其发展走势受政策和舆论的影响较大。2022年以来,直接针对各细分领域的政策并不多,很多是在有关文化、教育、市场监管、网络信息等相关政策中出现。一方面,政策持续推进网络空间治理,净化网络环境,加强示范引导,另一方面,政策积极鼓励产业发展新业态、新模式、新技术。在网络游戏领域,2023年11月,国家新闻出版署发布的《关于实施网络游戏精品出版工程的通知》鼓励企业自主研发并融入中华传统元素、环保题材、科幻科普等主题,代表国际领先水平的游戏作品。在直播领域,2023年2月中共中央、国务院发布的《质量强国建设纲要》提出提高生产服务专业化水平,规范发展网上销售、直播电商等新业态新模式。在视频领域,"推出更多高品质的短视频、网络剧、网络纪录片等网络视听节目,发展积极健康的网

络文化"也已被写入《"十四五"文化发展规划》。① 还有国家广播电视总局等相关部门也陆续发布了多项政策文件,如《进一步加快推进高清超高清电视发展的意见》和《超高清视频产业发展行动计划(2019—2022 年)》等。这些政策旨在推动高清和超高清电视技术的发展,促进电视台和相关产业的技术升级和内容创新。同时,政府还鼓励传统媒体向数字化转型,推广"四融"发展模式,即"内容融合、平台融合、机制融合和管理融合",全面提升媒体的综合竞争力。

2. 政府在资金支持方面也表现出积极的姿态

政府通过一系列政策文件和行动计划,为数字媒体产业的发展提供了全面的资金支持和政策引导。关键文件包括《"十四五"数字经济发展规划》《关于加快推进媒体深度融合发展的意见》《数字中国建设整体布局规划》,以及《数字商务三年行动计划(2024—2026 年)》等②。这些文件强调了创新驱动、数据赋能、融合发展和扩大开放的重要性,明确了推动数字产业化和产业数字化的目标,提出了加强数字基础设施建设、促进数据资源价值释放、提升公共服务数字化水平、强化数字技术创新和保障体系等措施。政府还鼓励企业加大研发投入,提高技术水平和市场竞争力,通过财政补贴、税收优惠、科技创新支持等方式,为数字媒体产业的发展提供坚实的资金和政策支持。例如,通过出台专项资金和税收优惠政策,政府支持关键技术研发和基础设施建设,进一步推动了数字媒体产业的创新与发展。以《超高清视频产业发展行动计划(2019—2022 年)》为例,国家为了促进 8K 技术的研发和产业化,加大资金投入,确保了相关技术和设备在市场中的应用和推广。此外,地方政府也纷纷出台配套政策和资金支持措施,如武汉市政府则出台了《武汉市加快数字内容产业发展三年行动计划(2024—2026 年)》,通过财政资金的引导和支持,促进中小企业数字化转型。深圳市工业和信息化局的数字经济产业扶持计划也表示数字经济产业链关键环节提升项目事后资助,单个项目资助金额不超过 1000 万元且不超过项目总投资的 30%。数字经济产业服务体系项目如公共服务平台类事后资助,单个项目资助金额不超过 300 万元且不超过经专业审计机构专项审计后确认费用的 50%等等,这些文件和措施共同构成了政府对数字媒体产业发展的全面资金支持体系,形成了国家与地方联动的政策支持体系。

---

① 董毅敏,吴素平. 我国数字内容产业发展趋势、挑战与建议——基于 2019 至 2023 年数据观察[J]. 中国出版,2024(05):34-40.

② 张晓林,梁娜. 知识的智慧化、智慧的场景化——探索智慧知识服务的逻辑框架[J]. 中国图书馆学报,2023,49(03):4-18.

3. 技术创新方面政府积极引导、支持、促进数字媒体产业健康发展

技术引导方面,国家通过组织技术研讨会和产业技术联盟,推动技术交流与应用,促进如4K超高清和虚拟现实等新技术的发展。政府通过建立技术标准和规范,确保新技术的健康有序发展。例如,《网络安全法》和《数据安全法》从法律层面为数字媒体产业的发展保驾护航,规定了数据保护和隐私安全的具体措施,确保产业在发展过程中不违背法律法规。同时政府在技术创新方面也为促进数字媒体产业发展采取了多项政策和措施,具体如下:

(1)加大核心技术创新力度:国家重视数字技术驱动数字经济发展的作用,国务院《关于数字经济发展情况的报告》提出要加大集成电路、新型显示、关键软件、人工智能、大数据、云计算等重点领域核心技术创新力度。

(2)创建产业基地和扶持关键技术研发:国家相关部门非常重视和支持数字传媒产业的发展,从创建产业基地到扶持关键技术研发,都投入了大量的人力、物力和财力。

(3)推动产业数字化转型:政府致力于推动传统印刷、出版发行、演艺娱乐、文化会展等行业的数字化转型,并支持融合多种业态和内容形式的联动创意开发模式创新①。

(4)加强知识产权保护:山西省人民政府文件指出,政府将支持原创网络作品创作,加强知识产权保护,推动优秀作品网络传播。

(5)制定政策引导和支持:中共中央、国务院印发《数字中国整体布局规划》,强调通过政策引导、激励和规范数字化发展,加快数字中国建设。

(6)财政支持和激励政策:为了鼓励企业投入数字政府建设领域,政府可以通过财政支持和激励政策(如税收优惠、创新奖励等)促使企业加大研发投入,提高数字政府建设产业的创新力和竞争力②。

(7)设立专项基金:据不完全统计,近五年从中央到省市县层面设置的与数字创意产业相关的产业基金总额达1万亿元以上③。

(8)推动新一代通信技术应用:如广州市《数字经济促进条例》明确要求政府和工业及信息化部门应推动新一代通信产业创新发展,加强通信芯片、基站等研发及产业化。

---

① 张晓林,梁娜. 知识的智慧化、智慧的场景化——探索智慧知识服务的逻辑框架[J]. 中国图书馆学报,2023,49(03):4-18.

② 于一然. 基于SCP模型的尚志市农村黑木耳产业发展研究[D]. 南京林业大学,2023.

③ 李文军,李巧明. "十四五"时期数字创意产业发展趋势与促进对策[J]. 经济纵横,2021(02):71-81.

（9）支持数字创意产业发展：文化和旅游部出台《关于推动数字文化产业高质量发展的意见》，实施文化产业数字化战略，加快发展新型文化企业、文化业态、文化消费模式。

这些政策措施体现了政府在技术创新方面的全面布局，旨在通过政策引导、财政支持、知识产权保护等多种手段，推动数字媒体产业的快速发展。

4. 人才培养方面

在人才培养方面，政府积极鼓励高校与科研机构加强对数字媒体产业相关专业的建设，并通过设立相关学科与技能培训项目，提升从业人员素质。例如，文化和旅游部印发的《"十四五"文化产业发展规划》提出要深度应用5G、大数据、云计算、人工智能等技术，推动数字文化产业高质量发展，并鼓励高校在这些领域加大人才培养力度。这些措施的实施，强化了行业内外的技术人才储备，确保了数字媒体产业的可持续发展。

5. 政府积极参与国际合作，提升数字媒体产业的国际影响力

政府通过举办国际论坛和合作倡议，促进全球技术与经验交流，并拓展国际市场。例如，国家数据局发布的《数字中国发展报告（2023年）》中提到，成功举办第三届"一带一路"国际合作高峰论坛数字经济高级别论坛，以及积极参与WTO框架下的电子商务多边谈判，展示了中国在国际合作中的建设性作用。这不仅为国内企业提供了更多的国际化发展机会，还提高了中国数字媒体产业在全球市场的竞争力。

6. 政策和法规的完善也是保障产业健康发展的重要因素

政府通过不断调整和优化现有政策，及时应对新技术的发展和市场环境的变化。例如，《生成式人工智能服务管理暂行办法》的出台，规范了生成式人工智能的服务内容，提高了人工智能在数字媒体中的应用水平，确保了产业发展的合法合规性。

政策和法规的支持为数字媒体产业的发展提供了有力保障。通过政策推动、资金支持、技术引导、人才培养和国际合作，政府为该产业的高质量发展创造了良好的环境。在大数据和新兴技术的驱动下，数字媒体产业将在政策和法规的持续支持下，继续朝着智能化、个性化和高效化的方向发展，迎来更加广阔的前景。

第二节 大数据技术对数字媒体产业发展的驱动作用

一、数据处理与分析技术的进步

在数字媒体产业的快速发展中,数据处理与分析技术的进步起到了极其关键的推动作用。大数据时代,数据处理与分析技术通过对海量数据的高效处理和深入分析,有效支持了内容生产、用户行为分析、广告投放等多个方面的智能化应用,显著提升了产业整体效率和用户体验。

数据采集是数据处理的首要环节,在数字媒体产业中,数据来源多样,包括用户行为数据、社交媒体数据、传感器数据、文本数据等。这些数据规模庞大且结构复杂,传统的采集方法已无法满足需求,分布式数据采集系统逐渐成为主流,通过分布式数据库和云存储技术,媒体公司能够高效地收集和存储大量数据,同时确保数据的一致性和完整性。接下来是数据预处理,数据预处理的主要任务是清洗、转换和整合数据,以保证数据的质量。在这一过程中,数据清洗技术用于处理数据中的噪声和缺失值,通过填补缺失数据、剔除异常值等方法提高数据的准确性和可靠性。数据转换技术包括数据标准化、归一化处理以及格式转换等,确保不同来源的数据可以在同一平台上进行分析,数据整合技术使得异构数据源的数据可以无缝对接,从而形成完整的数据集,这极大地提高了数据的利用效率。数据存储和管理是数据处理的第三个环节,随着数据量的快速增长,传统的关系型数据库已逐渐无法满足需求,NoSQL 数据库和分布式文件系统(如 Hadoop HDFS)在处理大规模数据存储上展现出显著优势。NoSQL 数据库通过其高拓展性和灵活性,能够有效地存储和管理非结构化和半结构化数据,同时减少了数据读取的延迟。分布式文件系统通过将数据分块存储在不同节点上,有效解决了单节点存储的瓶颈问题,提高了数据存储和读取的效率。随后是数据分析。数据分析技术包括统计分析、机器学习和深度学习等方法,它们能够从海量数据中挖掘有价值的信息。统计分析是最基础的数据分析方法,通过描述性统计、推断统计等技术获得数据整体特征。机器学习技术如分类、聚类和回归分析则用于从数据中发现模式和规律,并据此进行预测和决策。深度学习技术尤其是在图像、语音和自然语言处理等领域取得了突破性进展,通过构建多层神经网络模型,可以实现自动化的特征提取和复杂模式识别。例如,利用卷积神经网络(CNN)技术,媒体公司能够自动分析用户上传的图片内容,从而实现智能化的内容分类和推荐。

在数据结果的展示和可视化方面,数据可视化技术通过将复杂的数据分析结果以直观的图表和图形形式展示出来,帮助决策者更好地理解数据背后的信息[1]。例如,使用 Tableau 和 Power BI 等数据可视化工具,媒体公司能够实时监测用户行为变化、广告效果以及内容传播情况,为策略调整提供及时支持。此外,交互式数据可视化技术使决策者可以动态地探索数据,通过筛选、切片和钻取等操作,深入分析潜在问题和机会。例如,某视频网站通过大数据分析技术,对用户观看行为数据进行深度挖掘,发现用户在特定时间段更倾向于观看短视频内容,而在另一些时间段则偏好长视频节目。基于这一分析结果,平台可优化内容排版策略,在合适的时间推出对应类型的优质内容,从而提升用户黏性和满意度。同时,通过构建用户兴趣模型,运用协同过滤算法和内容推荐系统,平台能够为用户推荐更符合其个人偏好的视频内容,从而实现个性化服务。

数据处理与分析还需注重数据安全与隐私保护。面对海量数据的存储和传输,数字媒体企业需建立健全的数据安全机制,采取数据加密、访问控制等措施确保数据不被非法访问和篡改。在数据处理过程中,需严格遵守数据隐私保护法规,如 GDPR,确保用户数据的合规使用。通过数据脱敏和匿名化技术,企业能够在保障用户隐私的前提下,实现数据的共享和利用。

总而言之,数据处理与分析技术的进步为数字媒体产业的发展注入了强大的动力。通过提升数据采集、预处理、存储、分析和可视化能力,数字媒体企业能够更好地理解用户需求,优化内容生产与分发策略,实现精准营销,并提升广告投放效果。然而,在享受数据处理带来的便利和优势的同时,企业也需高度重视数据安全和隐私保护,确保数据的合规使用和用户隐私的有效保护。

二、大数据在用户个性化服务中的应用

随着大数据技术的不断发展和应用,数字媒体产业中的用户个性化服务成为提升用户体验和黏性的重要手段。个性化服务通过分析用户行为数据,精准推荐内容和广告,从而更好地满足用户需求。在大数据背景下,用户个性化服务不仅提高了媒体内容的吸引力和用户留存率,还显著提升了广告投放的效益。

大数据在用户个性化服务中的应用主要包括用户行为数据的采集与分析、个性化推荐系统的构建与优化、实时交互与反馈机制的提升,以及用户画像和内容定制等方面。

用户行为数据的采集与分析是实现个性化服务的基础。数字媒体企业通过多种途径采集用户在网站、应用、社交媒体等平台上的行为数据,包括点击、浏览、搜

---

① 吕丰秀. 智能技术在计算机与大数据系统中的应用[J]. 2004(): 1-2.

索、分享、点赞和评论等。这些数据为分析用户偏好和兴趣提供了丰富的基础。如通过大数据技术对用户浏览历史和点击行为进行挖掘，可以发现用户偏好的类型和频率，进而为用户构建个性化内容推荐。

构建和优化个性化推荐系统是个性化服务的重要环节。基于大数据的推荐系统通过算法分析用户数据，生成个性化内容推荐方案。常见的推荐算法包括协同过滤算法、基于内容的推荐算法和混合推荐算法，协同过滤算法通过相似用户的行为推荐内容，而基于内容的推荐算法则通过分析内容本身的特征来匹配用户偏好[①]。混合推荐算法结合了协同过滤和基于内容的方法，以提高推荐的准确性和多样性。例如，Netflix（奈飞）采用混合推荐算法，通过分析用户观影历史和相似用户的评分情况，为用户精确推荐个性化影视内容。

实时交互与反馈机制的提升也是个性化服务的关键。通过实时数据的收集和分析，媒体平台可以动态调整推荐内容和广告策略，以更好地匹配用户需求。例如，当用户在视频播放过程中暂停或快进时，系统可以迅速调整并推荐相关内容或广告，从而提升用户体验和广告效果。实时反馈机制的建立，有助于媒体公司及时了解用户对内容和广告的反应，快速优化推荐策略。

用户画像和内容定制进一步深化了个性化服务的应用。用户画像是通过分析用户的行为数据、基本信息、兴趣爱好等，建立用户的全方位信息描述，从而实现精准的内容定制。大数据技术在用户画像构建中的作用不可或缺，它能够整合来自不同渠道的数据，对用户进行精准的分类和描述。例如，基于用户的行为模式和历史数据，平台可以推荐用户感兴趣的新闻、视频、音乐等内容，并在适当的时候推送相关广告，提高广告的转化率和ROI。此外，人工智能技术在个性化服务中的应用也越来越广泛。比如，通过自然语言处理（NLP）和机器学习模型，媒体平台可以实现自动内容生成和推荐。AI技术不仅可以分析用户的文本信息，还能通过语音和图像识别数据获取更加丰富的用户信息，进一步提高推荐的个性化程度。

总之，大数据在用户个性化服务中的应用显著提升了数字媒体产业的用户体验和商业效益。通过采集和分析用户行为数据、构建和优化推荐系统、提升实时交互与反馈机制、构建用户画像以及应用AI技术，数字媒体企业能够更加精准地满足用户需求，提升内容和广告的投放效果。未来，随着大数据和AI技术的不断进步，个性化服务将更加智能化和人性化，从而推动数字媒体产业向更高质量和更加个性化的方向发展。

---

① 范蕾蕾. 个性化新闻推荐的算法把关研究[J]. 新闻研究导刊，2024，15(05)：5-7.

第三节　大数据背景下数字媒体产业面临的主要挑战

一、数据安全与隐私保护的严峻挑战

在大数据背景下,数字媒体产业的发展过程中面临诸多挑战,其中数据安全与隐私保护问题尤为突出。随着大数据技术的广泛应用,数据的采集、存储、分析和使用已成为数字媒体企业日常运作的核心。然而,这也带来了一系列数据安全与隐私保护的复杂问题,需要行业和政府共同加以应对。

1.信息安全的新挑战

随着数字经济的不断发展和大数据时代的到来,数字媒体产业在快速增长的同时,也面临着诸多新的信息安全挑战。这些挑战主要体现在数据的大规模收集与集中存储、处理与分析的过程中,以及个人隐私保护、数据安全合规性和国家安全等方面。

数据的大规模收集与集中存储是数字媒体产业发展的基础。数字媒体企业通过多种渠道收集用户数据,包括在线交互行为、社交媒体活动、位置信息、设备信息等。这些数据一旦被收集和集中存储,便成了企业的重要资产。然而,数据集中存储也意味着一旦发生安全漏洞或遭受攻击,可能会导致大量用户数据的泄露,给用户的隐私带来严重威胁。数据处理与分析过程中的信息安全问题也不容忽视。大数据分析技术的发展使得企业能够从海量数据中提取有价值的信息,但这也增加了数据被非法访问、篡改或滥用的风险。黑客和网络攻击者可以通过数据挖掘技术,定位和获取敏感数据,甚至对企业的商业秘密和用户的个人隐私构成威胁。个人隐私保护是数字媒体产业必须面对的重要挑战。用户的个人信息包括姓名、地址、联系方式等,一旦被不当使用或泄露,可能会对用户的个人安全和隐私权造成损害。因此,如何在追求商业利益的同时,保护用户的隐私权益,是数字媒体企业必须认真对待的问题。

数据安全合规性也是一个重要的考量因素。随着各国对数据保护的法律法规日益严格,例如欧盟的《通用数据保护条例》(GDPR),企业必须确保其数据处理活动符合相关法律法规的要求,否则可能面临重罚。这对企业的数据管理能力提出了更高的要求。数字媒体产业的发展还涉及国家安全的问题。国家安全的考量要求企业在处理涉及国家安全的信息时必须采取额外的安全措施,防止敏感信息的泄露,这对企业的技术保护措施和国际合作提出了更高要求。

综上所述,在大数据时代背景下,数字媒体产业面临的信息安全挑战是多方面的,包括数据的收集与存储、处理与分析、个人隐私保护、数据安全合规性以及国家安全等。这些挑战要求企业必须在追求发展的同时,加强技术投入,完善安全管理,以确保数据的安全性和用户的隐私权得到有效保护。

2. 用户数据隐私的保护

在大数据的背景下,数字媒体产业的快速发展带来了前所未有的数据收集和分析能力,但随之而来的是用户数据隐私保护的严峻挑战。用户数据的隐私问题主要体现在以下几个方面。

首先,用户数据的收集和使用。数字媒体公司通过其服务平台收集用户的个人信息、浏览习惯、购物行为等数据。这些数据虽然可以为公司提供有价值的商业洞察,但如果没有得到用户的充分同意和缺乏透明的处理流程,就可能侵犯用户的隐私权。

其次,数据的存储和安全性。随着数据量的激增,如何安全有效地存储和管理这些数据成为一个挑战。数据泄露的风险始终存在,尤其是当安全措施不足或被黑客攻破时,用户的个人信息和隐私可能被非法获取和利用。

再次,数据的分析与预测。大数据分析技术可以帮助企业预测用户的行为和需求,但这也可能导致对用户的个人生活进行过度监控和预测。如分析用户的购物记录和搜索历史等。

此外,法律与监管的不完善。当前,关于数据隐私的法律法规在很多国家和地区还不够完善,缺乏对数据使用的明确界定和强有力的监管措施。这使得用户在面临数据隐私问题时,往往缺乏有效的法律支持和救济途径。

技术的双刃剑效应。虽然大数据和先进的数据分析技术可以帮助企业更好地提供服务,但如果这些技术被用于对用户隐私的侵犯,那么它们也可以成为侵犯隐私的工具。用户数据隐私的保护在大数据时代成为数字媒体产业必须面对的复杂问题。这要求企业、政府、立法机构和社会各界共同努力,建立起一套全面的数据隐私保护机制,包括但不限于数据收集的透明度、数据使用的合理性、数据存储的安全性、数据分析的合理使用以及法律法规的完善性。只有这样,才能在保障个人隐私的基础上,合理利用大数据带来的商业价值。

总之,数据安全与隐私保护是数字媒体产业可持续发展的基石。面对大数据时代带来的新挑战,企业不仅需要在技术层面加强防护,更需在政策、法规、管理和意识等多方面共同努力,确保数据的安全性和用户隐私的保护,从而实现产业的健康与可持续发展。

二、版权与知识产权保护的瓶颈

1. 数字版权管理的难点

在大数据时代背景下，数字媒体产业面临的核心挑战之一是数字版权管理的难点。数字出版物的广泛传播与使用，以及与之相伴的版权保护问题，已经成为制约数字媒体产业健康发展的瓶颈。

数字版权管理的难点之一是确权的复杂性。在互联网环境下，数字内容的创作与分发几乎不受地域与时间的限制，创作者的真实身份往往难以确定。作者可能使用化名、笔名甚至匿名的形式进行创作，而 IP 地址的变动也增加了追踪的难度。此外，数字出版物的多样化形态，如网络文学作品的衍生作品，如动漫、影视剧、广播剧等，使得版权归属更加复杂，不易明确。

侵权成本低而侵权手段隐蔽是数字版权管理的另一难点。在数字时代，信息的传播速度和范围都得到了极大的提升，但与之相应的是，侵权的成本却相对较低。一些平台甚至采取了技术手段来规避版权管理，如使用加密技术、匿名网络等，这些都给版权的有效管理带来了挑战。加上司法维权的费用高昂且周期长，权利人在实际操作中往往处于不利地位。

现有的知识产权制度在应对数字时代的新挑战时存在局限性。数字媒体内容的创作和分享往往是多主体参与的结果，而现有的知识产权制度尚未能有效应对这种多主体合作的复杂关系。此外，数字媒体内容的创作和使用的协同性、开放性特征，也使得传统的版权归属和利益分配机制显得不够完善，导致了版权归属的争议和利益分配的矛盾。

2. 版权侵权的常见形式与影响

在大数据时代背景下，数字媒体产业的快速发展带来了版权保护的新挑战。版权侵权的常见形式包括但不限于网络盗版、数字水印破解、跨境盗版、随意复制与分发、篡改版权信息以及利用网络的匿名性进行广泛传播等。这些侵权形式的共同特点是技术的广泛应用和低成本的侵权行为，这给权利人的合法权益、数字媒体产业的健康发展以及文化市场的创新活力带来了不利影响。

网络盗版是数字出版物盗版的主要形式之一，通过互联网，盗版者可以轻易地复制和传播数字出版物。这不仅给出版商造成经济损失，而且还可能影响创作者的创作积极性，因为他们的作品被免费传播而没有得到相应的回报。此外，这种侵权行为的广泛性和快速性使得权利人难以迅速采取措施进行维权。

数字水印破解则是利用技术手段破解用于保护数字内容的技术保护措施(如数字水印),从而实施盗版。这种技术的破解并不罕见,且随着技术的发展,破解难度和成本的降低,这种侵权形式的风险正在增加。

跨境盗版则利用不同国家和地区版权法律的差异,通过跨境传播数字出版物来规避版权法律的限制[①],这种侵权形式增加了国际合作的复杂性,使得打击盗版和侵权行为更加困难。

此外,随意复制和分发的行为通常发生在读者利用网络在图书馆等平台借阅电子书时,由于读者自身素养的不同,可能对电子书的内容进行非法复制和分发。而一些企业或组织为了追求商业利益,可能对数字出版物进行篡改版权,这不仅侵犯了版权,也破坏了市场的信任。

这些侵权形式的存在不仅损害了权利人的合法权益,而且对整个数字出版产业的稳定和健康发展产生了负面影响。例如,盗版行为的泛滥可能导致创作者的创作积极性下降,创新活力减弱,从而影响文化市场的活力和国家文化软实力的提升。同时,平台的正版权益受损可能导致其经济损失,影响其商业模式的可持续性。因此,大数据时代下的数字媒体产业需要加强版权保护,并采取有效的法律、技术和管理措施来应对这些挑战。

三、技术变革与人才培养的迫切需求

1. 技术融合与创新的需求

在大数据的背景下,数字媒体产业正面临着技术融合与创新的重要需求。技术的融合不仅仅是简单的技术整合,而是需要在此基础上进行创新,以适应不断变化的市场需求和用户偏好。技术融合是指传统媒体和新媒体之间的技术整合,这涉及数据采集、处理、分析和内容创作等多个环节。传统媒体在这些方面可能拥有一定的基础设施和专业人才,而新媒体则在这些技术的应用上更为灵活和快速。因此,技术融合的关键在于如何将两者的优势进行有效结合,以提高整体的工作效率和内容生产的质量。然而,仅仅实现技术的融合并不足以应对未来的挑战,创新是推动数字媒体产业持续发展的关键动力,这要求媒体机构不仅要在技术上进行创新,还要在内容生产、业务模式、管理模式等方面进行创新,随着数据量的不断增加,数据安全和隐私保护成为用户最关心的问题之一。因此,数字媒体产业在进行技术创新的同时,还需要加强对数据安全的投入,确保用户信息的安全。

---

① 魏中华.大数据时代数字出版产业的发展路径[J].数字通信世界,2023(09):194-196.

总之,在大数据背景下,数字媒体产业面临技术融合与创新的需求,这不仅涉及技术层面的整合,还包括内容创新、业务创新和管理创新等多个方面,只有不断创新,才能在竞争激烈的市场中保持竞争力,满足用户日益增长的信息需求。

2. 人才培养与技术更新的挑战

在大数据时代的背景下,数字媒体产业的快速发展带来了前所未有的机遇,同时也伴随着诸多挑战,尤其是在人才培养方面。技术的迭代更新速度不断加快,要求从业人员必须具备持续学习和自我更新的能力,以适应行业的快速变化。

当前,数字媒体产业的人才培养存在几个主要的问题。首先,课程设置方面存在不足。传统的课程体系可能无法满足新技术发展的需要,导致学生在毕业后面临知识更新的挑战。① 其次,教师队伍的建设也是一个难题。教师们可能需要更新自己的技术知识库,以保证能够教授给学生最新的知识和技能。此外,实践教学的不足也是一个突出问题。数字媒体产业是一个高度实践性的领域,理论知识的学习必须与实际操作相结合,以培养学生的实际操作能力。最后,校企合作的不够深入也限制了人才培养的效果,学生们可能无法及时了解行业的实际需求和发展趋势。

为了应对这些挑战,人才培养模式的创新显得尤为重要。可以采用项目驱动的教学方法,让学生在解决实际问题的过程中学习和应用新的技术。同时,可以引入企业合作,通过实习实训等方式,让学生更早地接触到行业的实际工作环境,从而提高其就业竞争力。此外,还可以通过建立继续教育和在线学习平台,为在职人员提供持续的学习和技能更新的机会。

总之,数字媒体产业的快速发展对人才培养提出了新的挑战,这需要从课程设置、教师队伍建设、实践教学以及校企合作等多方面进行改革和创新,以适应技术更新带来的挑战,培养出能够适应未来发展需求的高素质人才。

四、内容同质化与创新难度的突破

内容同质化和创新难度是数字媒体产业在快速发展中面临的重大挑战。内容同质化指的是由于技术、资源以及市场需求的趋同,导致媒体内容在风格、形式和主题上显得缺乏独特性,而创新难度则指的是在现有的高竞争环境中,开发出具有原创性和差异化的内容变得愈加困难。

近年来,我国数字内容产业在产品功能、内容场景、商业模式方面同质化竞争

---

① 赵中宝. 民办高校产教融合协同育人模式的探索与实践[J]. 中外企业文化,2023(08):172-174.

严重,持续创新力不足导致商业变现空间受限。从曾经火热的知识付费平台到数量激增的 MCN 机构,从激烈的"千播大战"到当下如火如荼的"百模大战",当一个新模式走通后,大量同类竞品迅速涌现,内容、功能、体验相似,导致竞争愈发激烈,而变现模式单薄引发的价格战则不断挤压企业的盈利空间,即使最后脱颖而出的少数也难以走出亏损局面。内容领域商业化变现主要依赖用户付费和广告营收,但与国外同类产品相比,转化率整体偏低,这让不少细分领域虽然坐拥庞大的用户规模,但并不能有效转化为收入。如何找到突破口,不断通过差异化竞争提供独特价值,开拓新市场、提升盈利能力,是内容企业始终要思考的问题①。

　　内容同质化和创新难度是数字媒体产业在信息化和数字化背景下面临的主要挑战。这一问题的解决需要从技术、市场和组织文化多维度入手,整合资源与创新技术,营造一个有利于创意和创新生长的良好环境。只有通过全面考虑和积极应对这些挑战,数字媒体产业才能维持持续的创新活力,实现高质量发展。

---

　　① 董毅敏,吴素平. 我国数字内容产业发展趋势——2019 至 2023 年数据观察[J]. 中国出版,2024(05):34-40.

结　　语

在数字化浪潮的推动下,数字媒体产业正经历着前所未有的变革。随着互联网技术、移动通信和人工智能的飞速发展,数字媒体已经成为信息传播和文化交流的主要渠道。大数据技术的应用,使得数字媒体能够处理和分析海量用户数据,从而实现内容的个性化定制和精准分发。这不仅改变了用户的消费习惯,也为媒体产业带来了新的商业模式和增长点。当前,数字媒体产业涵盖了视频流媒体、社交媒体、在线游戏、数字音乐和电子出版等多个领域,形成了一个多元化、互动性强、创新驱动的生态系统。随着 5G、物联网等新技术的逐步商用,数字媒体产业的发展前景更加广阔,将在全球经济中扮演更加重要的角色。

通过对数字媒体产业的深入分析和研究,本书揭示了大数据时代数字媒体产业的发展现状和趋势。我们有理由相信,随着技术的不断进步和市场的不断成熟,数字媒体产业将在全球经济中扮演更加重要的角色,为人类社会的发展作出更大的贡献。同时,我们也应该清醒地认识到,数字媒体产业的发展仍面临着诸多挑战,需要产业界、学术界和政策制定者共同努力,以实现产业的可持续发展和长远繁荣。我们期待,数字媒体产业能够不断突破自我,实现更加辉煌的成就,为人类社会的进步贡献更多的智慧和力量。

参 考 文 献

[1] 于淼. 基于数字媒体的品牌形象动态化设计研究[D]. 青岛理工大学，2022.

[2] 喻芳. 当代艺术载体的文本语言[D]. 湖北美术学院，2019.

[3] 杨淑. 基于手机媒体信息传播的动画应用与创作研究[D]. 武汉纺织大学，2012.

[4] 李寿芳. 数字媒体视阈下的新闻制作与传播[J]. 新闻爱好者，2012(14)：57-58.

[5] 宗绪锋，韩殿元. 数字媒体技术基础[M]. 北京：清华大学出版社，2018.

[6] 郭永鑫. 多维传达[D]. 南京艺术学院，2020.

[7] 贾寒. 数字媒体在影视动画中的实践探讨[J]. 大观，2021(9)：100-101.

[8] 周晓蒙. 习近平关于全人类共同价值重要论述的国际传播研究[D]. 曲阜师范大学，2024.

[9] 胡晓帆. 浅析电视媒体与新媒体的融合创新[J]. 陕西青年职业学院学报，2023(02)：87-90.

[10] 聂慧超. 我国网民规模近11亿，短视频用户黏性最高[N]. 中国出版传媒商报. 2024-08-30.

[11] 王子硕. 新时代新闻记者采访的"多样态"分析[J]. 新闻文化建设，2024(07)：128-130.

[12] 张辉. 虚拟仿真技术在广播编导中的应用[J]. 电视技术，2024，48(03)：93-96.

[13] 文静. 互联网背景下公证法律服务的创新[J]. 中国公证，2023(11)：50-51.

[14] 谭江汇，周亮，罗小刚. 智能化计算机网络安全技术的应用研究[J]. 中国新通信，2023，25(16)：84-86.

[15] 李克兢，祁怡然，潘静静，等. 基于数字媒体技术的郑州国棉厂区文创产品开发路径探讨[J]. 上海包装，2024(04)：126-128.

[16] 芦娟. 武汉数字媒体艺术产业发展及人才培养研究[J]. 中国商论，2018

（33）：189-190.

[17]贺鹏.数字媒体时代下的专业课程建设[J].中国新通信，2016，18（22）：129.

[18]阴瑞.日本移动新媒体产业发展历程研究——评《日本新媒体产业》[J].新闻爱好者，2019（05）：97.

[19]李在荣，安泳珉.韩国流媒体产业的国际化发展策略研究[J].传媒，2023（09）：19-21.

[20]张守营.《中国传媒产业发展报告（2023）》显示中国传媒产业进入结构性调整阶段[N].中国经济导报，2023：1.

[21]洪钰敏.2023年广州文化产业实现快速增长，产业结构持续优化　广州跃居全国演唱会"第一城"[N].南方日报，2024-01-03.

[22]杨桂霞，汤艳秋.社交电商模式在商贸行业中的应用与效果评估[J].科技经济市场，2024（03）：155-157.

[23]张晓君.融媒体在新闻传播中的实践新样态[J].新闻文化建设，2024（07）：172-174.

[24]刘乐平，钱祎.推动数字经济法治建设　为完善全球数字治理体系贡献智慧和力量[N].浙江日报，2022-01-02.

[25]林浩瀚.区块链技术在传媒领域中的应用分析[J].电视指南，2018（01）.

[26]张志安，丁超逸.内容、渠道、价值:平台重塑新闻业的问题与对策[J].青年记者，2024（05）：15-20.

[27]王锡文.媒体融合视角下的传媒新业态[J].记者观察，2024（18）.

[28]郭佳乐.价值网视角下长视频平台企业盈利模式研究[D].哈尔滨商业大学，2024.

[29]李玉晓.人工智能技术在融合媒体系统中的研究与应用[J].广播电视信息，2023，30（06）：54-56.

[30]杨晓兰.人工智能:地市媒体发展中面临的挑战——德阳日报社智能媒体建设的实践与探索[J].中国地市报人，2024（07）：20-21.

[31]林向阳.跨越虚拟与现实——广电元宇宙与生成式人工智能技术的创新应用[J].新一代信息技术，2023，6（21）：13-18.

[32]吴丹.营销中的社交媒体影响因素研究[J].广东经济，2024（02）：4-6.

[33]王家钰.区块链技术在政务新媒体中的应用研究[D].西安外国语大学，2020.

[34] 陈燕. 非物质文化遗产视角下羌族剪纸色彩语言的保护与重构[J]. 色彩, 2024(04): 113-115.

[35] 政策法规司. 文化和旅游部关于印发《"十四五"文化和旅游发展规划》的通知[EB/OL]. 中华人民共和国文化和旅游部官网, (2021-04-29)[2024-09-1]. https://zwgk.mct.gov.cn/zfxxgkml/ghjh/202106/t20210602_924956.html.

[36] 苏敏, 于欧洋. 从"热量"到"质量": 影视旅游目的地流量消化传播策略探究[J]. 西部旅游, 2023(08): 23-25.

[37] 张航. 主流媒体新闻传播力的提升策略[J]. 记者观察, 2024(09): 134-136.

[38] 相飞旭. 融媒体环境下短视频的发展分析[J]. 记者摇篮, 2022(02): 102-104.

[39] 赵哲涵. 跨界融合: AR 场景设计在文化古街中的应用与实践研究[C] // 博物馆之城建设中的数字化转型—2023 年北京数字博物馆研讨会论文集. 北京: 中国戏剧出版社, 2023: 175-184.

[40] 王亚非, 许艺枢. 基于 SNS 的科研资源共享平台的设计与实现[J]. 科学技术与工程, 2012, 12(27): 6979-6983.

[41] 刘旭颖. 直播电商仍是"618"大促焦点[N]. 国际商报, 2024-6-20(1).

[42] 彭依怡. 基于乡村振兴的助农直播带货分析——以烟草商业系统为例[J]. 商展经济, 2024(15): 44-47.

[43] 马卿. 媒体融合视角下主流媒体的话语表达创新[J]. 卫星电视与宽带多媒体, 2024, 21(03): 71-73.

[44] 廖祥忠. 从媒体融合到融合媒体: 电视人的抉择与进路[J]. 中国传媒大学学报, 2020(1): 7.

[45] 林翔. 互联网时代媒体经济发展研究[D]. 武汉大学, 2013.

[46] 李苗. 作为智能媒介的增强现实——历史、属性及功能机制[J]. 中国传媒大学学报, 2019, 41(09): 145-151.

[47] 浙江日报报业集团. 集团简介[EB/OL]. (2023-05-01)[2024-8-19]. http://www.8531.cn/groupintroduce/.

[48] 金春华. 重大新闻传播平台启动暨潮新闻客户端上线 "传媒舰队"下水启航[N]. 浙江日报. 2022-09-05(1-3).

[49] 黄琳. "舰队"出征, 浙江传媒改革再"弄潮" 浙江重大新闻传播平台启动暨潮新闻客户端上线[N]. 浙江日报. 2023-2-20(1).

[50] 黄琳. 浙报集团潮新闻客户端上线百日——摆好"七新阵" 破浪"之江潮"[N]. 浙江日报. 2023-06-02(1-2).

[51] 姜军. 以系统思维推进媒体深度融合[J]. 中国记者，2023(8)：64-67.

[52] 黄琳.摆好"七新阵"破浪"之江潮"[N].中国新闻出版广电报，2023-06-02 (002).

[53] 宋晓农.媒体能够为科技创造更多的未来——传播大脑科技公司成立仪式上业内专家观点摘登[J].传媒评论，2023(02)；26-28.

[54] 张宇宜,周翌,周俊杰. 外生赋能与内生激活:浙江"传播大脑"与时代一起思考[J]. 传媒，2024(12)：17-19.

[55] 本刊记者.浙江数字经济创新提质的"八大攻坚方案"[J].信息化建设，2023(04)；15-18.

[56] 田文璐. 在上海的春天里，找准转型的路径——《记者观察》杂志社组队赴上海澎湃新闻、界面财联社参观学习[J]. 记者观察，2023(10)：6-9.

[57] 祁兆胜.寻找传统媒体转型密钥——以新华社和澎湃新闻为例[J].新闻文化建设，2022(19)；94-96.

[58] 夏正玉,孙挥,姜丽钧. 澎湃新闻"AI＋"的"五新"级战略[J]. 新闻战线，2024(11)：29-32.

[59] 曾祥敏,黄睿思,高瑶. 化繁为简 深耕内容 多维联动——2024 年全国"两会"报道融媒体产品创新研究[J]. 传媒，2024(09)：9-13.

[60] 吴伟锋. 人工智能时代高校新闻宣传的困境与应对策略探究[J]. 新闻文化建设，2024(14)：71-73.

[61] 陆小华. 增强体系竞争力:媒体融合平台构建的核心目标——新华社全球视频智媒体平台的探索与思考[J]. 新闻记者，2019(03)：72-83.

[62] 陆小华. 新华社全球视频智媒体平台的系统设计与体系构建[J]. 中国传媒科技，2019(06)：7-13.

[63] 常湘萍.需求侧内容生产与人机交互迎来变革[N].中国新闻出版广电报. 2023-08-29(1-3).

[64] 杨孔威. 以 AIGC 为代表的人工智能在传媒领域的发展和应用[J]. 中国传媒科技，2023(05)：76-80.

[65] 王紫薇,宋晓晴,刘坤彪. 新媒体时代消费者购买行为的相关分析[J]. 质量与市场，2020(13)：55-57.

[66] 杨召奎. 我国网民规模近 11 亿人[N]. 中国出版传媒商报. 2024-08-30

(1).

[67] 张晓林,梁娜.知识的智慧化、智慧的场景化——探索智慧知识服务的逻辑框架[J].中国图书馆学报,2023,49(03):4-18.

[68] 王乃祥.融媒体时代新闻记者如何求新求变[J].新闻文化建设,2024(11):166-168.

[69] 崔保国,虞涵.2023年中国传媒产业发展报告[J].传媒,2023,(15):15-20.

[70] 进一步推动文化产业高质量发展,促进中国经济转型升级[N].21世纪经济报道,2022-08-22(001).

[71] 王玲,乌云其其格.日本政府推进数字化转型的战略举措及启示[J].全球科技经济瞭望,2024,39(02):1-7.

[72] 对外经济贸易大学法学院.我们如何看待算法社会?《算法应用的用户感知调查与分析报告(2021)》重磅发布[EB/OL].对外经济贸易大学法学院官网,(2022-06-16)[2024-09-1].https://law.uibe.edu.cn/xwzx/xyxw/8f8630ea27254ca0bf016994877de455.htm.

[73] 崔韦.法媒:全球社交媒体用户突破50亿,脸书用户数量最多[EB/OL].环球时报,(2024-02-02)[2024-09-1].https://world.huanqiu.com/article/4GPsKbknf7Y

[74] 泽亮.短视频月活跃用户数达9.89亿.[EB/OL].新华网,(2024-08-02)[2024-09-1].https://www.xinhuanet.com/tech/20240802/254641b9f6e2462bb799481ae9ccd29e/c.html.

[75] 中兴通讯.5G-A十大优秀案例公布,中兴通讯五项入选.[EB/OL].中兴通讯股份有限公司,(2024-04-12)[2024-09-1].https://www.zte.com.cn/china/about/news/20240412c5.html.

[76] 房琳琳,刘艳 5G.技术为国际传播插上"科技之翼".[EB/OL].光明网,(2022-08-10)[2024-09-1].https://difang.gmw.cn/hlj/2022-08-10/content_35943788.htm.

[77] 张钦坤.中国数字内容产业十年发展趋势回顾[J].新阅读,2023,(02):11-13.

[78] 卢刚,李婷婷.Z世代网络话语圈层的生成、特征与引导[J].中国青年社会科学,2023,42(04):65-72.

[79] 孙宝国,郭丹彤.论纸莎草纸的兴衰及其历史影响[J].史学集刊,2005,

(03):107-110＋112.

[80] 褚雅越.书籍的起源、发展及流变探析[J].新闻世界,2013,(07):287-288.

[81] 耿相新.书籍的革命[J].现代出版,2021,(04):56-63.

[82] 郑超然、程曼丽、王泰玄.外国新闻传播史[M].北京:中国人民大学出版社,2000:32.

[83] 黎娟娟.后真相时代的政府公信力构建[J].湖北社会科学,2023,(08):25-34.

[84] 董毅敏,吴素平.我国数字内容产业发展趋势、挑战与建议——基于2019至2023年数据观察[J].中国出版,2024(05):34-40.

[85] 政策法规司.文化和旅游部关于印发《"十四五"文化和旅游发展规划》的通知[EB/OL].中华人民共和国文化和旅游部官网,(2021-04-29)[2024-09-1].https://zwgk.mct.gov.cn/zfxxgkml/ghjh/202106/t20210602_924956.html.